<u>ACCESO GRATIS</u> *a la Lectura en la Nube*

Para visualizar el libro electrónico en la nube de lectura envíe junto a su nombre y apellidos una fotografía del código de barras situado en la contraportada del libro y otra del ticket de compra a la dirección:

ebooktirant@tirant.com

En un máximo de 72 horas laborables le enviaremos el código de acceso con sus instrucciones.

LA CRISIS DE ASEQUIBILIDAD DE LA VIVIENDA

ANÁLISIS Y PROPUESTAS

LA CRISIS DE ASEQUIBILIDAD DE LA VIVIENDA

ANÁLISIS Y PROPUESTAS

FERNANDO P. MÉNDEZ

Registrador de la Propiedad, Mercantil y de Bienes Muebles

Doctor en Derecho y Ciencia Política

tirant lo blanch

Valencia, 2025

En caso de erratas y actualizaciones, la Editorial Tirant lo Blanch publicará la pertinente corrección en la página web www.tirant.com.

EDITA: TIRANT LO BLANCH
C/ Artes Gráficas, 14 - 46010 - Valencia
TELFS.: 96/361 00 48 - 50
FAX: 96/369 41 51
Email: tlb@tirant.com
www.tirant.com
Librería virtual: www.tirant.es
DEPÓSITO LEGAL: V-4153-2024
ISBN: 978-84-1095-052-8
MAQUETA: Dissset Ediciones

Si tiene alguna queja o sugerencia, envíenos un mail a: *atencioncliente@tirant.com.* En caso de no ser atendida su sugerencia, por favor, lea en *www.tirant.net/index.php/empresa/politicas-de-empresa* nuestro procedimiento de quejas.

Responsabilidad Social Corporativa: http://www.tirant.net/Docs/RSCTirant.pdf

ÍNDICE

1. Introducción

Según el Centro de Investigaciones Sociológicas, la vivienda es el problema que más preocupa a los ciudadanos, tras los políticos y la sanidad[1]. Una situación parecida se vive en Europa[2]. Mientras el porcentaje de población que dedica más de un 40% de sus ingresos a la vivienda es en España un 8.9%, en los países del área euro es el 9.6% y en el total de la UE el 9.8% según los datos de Eurostat correspondientes a 2018[3].

La vivienda ha emergido por ello como uno de los problemas más importantes de los ciudadanos europeos, hasta el punto de que Úrsula von der Leyen, al ser reelegida como Presidente de la Comisión Europea, se refirió a un plan de lanzar una iniciativa de vivienda asequible a nivel europeo. Su estrategia incluirá la designación de un Comisario que lidere los esfuerzos para abordar las causas estructurales de la crisis y fomente la inversión en

---

1 https://www.epdata.es/datos/principales-problemas-espanoles-cis/45. consultado el día 25 de marzo de 2024. Algo parecido sucede en Cataluña. Según el Centre d´Estudis d´Opinió, en la última encuesta realizada, la accesibilidad a la vivienda es el segundo motivo de preocupación entre los ciudadanos catalanes -siendo el primero la mejora de la sanidad- en todos los rangos de edad, siendo mayor entre los menores de treinta años y con pocas diferencias entre las distintas adscripciones ideológicas, si bien es ligeramente mayor entre los votantes de partidos situados más a la izquierda.

2 MALSCH L. Y ROLANDER N., *Europe,s Great Housing Crisis is Only Getting Started,* en Bloomberg, 2 de noviembre de 2023. Sostienen que "*El sector de la construcción en Europa ha sido azotado por las altas tasas de interés, los elevados costos, las regulaciones de eficiencia energética cada vez más estrictas y la lenta burocracia*"

3 ttps://ec.europa.eu/eurostat/statistics-explained/index.php?oldid=498645#Asequibilidad_de_la_vivienda, consultado el 1 de abril de 2024

la construcción de viviendas nuevas accesibles y sostenibles, con la colaboración del Banco Europeo de Inversiones.[4]

El cuarenta por ciento de ingresos es, conforme al estándar de Eurostat, el limite a partir del cual se entiende que un individuo se halla sobreendeudado para satisfacer sus necesidades habitacionales[5]. Una vivienda se considera asequible cuando no es necesario superar ese límite para acceder a ella en una u otra modalidad de tenencia.

Hay que advertir, sin embargo, que la Ley por el derecho a la vivienda ha fijado un estándar más bajo en España, concretamente el 30% de los ingresos de la "unidad de convivencia"[6].

Como señala el Banco de España, los problemas de acceso a la vivienda se han incrementado durante los últimos años y se concentran en los hogares con menor renta -jóvenes y población

---

4 Observatorio Inmobiliario, 18 de julio de 2024. file:///Users/fpmendez/Documents/Vivienda%20Von%20Der%20Leyen%20aborda%20la%20vivienda%20asequible%20para%20Europa%20-%20Observatorio%20Inmobiliario.webarchive

5 Este es el umbral que marca Eurostat en sus datos sobre asequibilidad de la vivienda en Europa. Véase nota anterior.

6 Concretamente, el artículo 3, en sus apartados d y e establece lo siguiente:
"d) Condiciones asequibles conforme al esfuerzo financiero: aquellas condiciones de precio de venta o alquiler, que eviten un esfuerzo financiero excesivo de los hogares teniendo en cuenta sus ingresos netos y sus características particulares, considerando, tanto la cuota hipotecaria o la renta arrendaticia, como los gastos y suministros básicos que corresponda satisfacer al propietario hipotecado o al arrendatario, no debiendo superar con carácter general el 30 por ciento de los ingresos de la unidad de convivencia.
e) Gastos y suministros básicos: el importe del coste de los suministros energéticos (de electricidad, gas, gasoil, entre otros), agua corriente, de los servicios de telecomunicación, y las posibles contribuciones a la comunidad de propietarios, todos ellos de la vivienda habitual."
Ello tiene especial relevancia a la hora de que una vivienda sea considerada o no servicio de interés general.

inmigrante- y en determinadas zonas geográficas -grandes áreas urbanas y turísticas-[7].

Tales problemas pueden agudizarse en el futuro si no se llevan a cabo las políticas adecuadas, debido al aumento previsto de la población. Así, según las proyecciones del Instituto Nacional de Estadística[8], la población española, desde ahora al 2037 aumentará un 8.9% en términos relativos y en 4.236.335 habitantes en términos absolutos. Los mayores incrementos relativos se registrarían en Illes Balears (25,0%), Región de Murcia (16,0%) y Canarias (15,5%). Por el contrario, los descensos más acusados se darían en Principado de Asturias (–6,7%), Extremadura (–4,8%) y Castilla y León (–4,1%). En términos absolutos, el mayor crecimiento lo tendrán las comunidades de Cataluña, Madrid, Valencia y Andalucía.

A nadie se le oculta que la vivienda es un tema complejo, uno de esos objetos de estudio sobre el que influyen gran número de factores, cada uno de los cuales puede ser, a su vez, objeto de estudio singular y, además, desde diferentes puntos de vista. Ello obliga a seleccionar el aspecto o aspectos objeto de análisis.

Centraré, por ello, el estudio en tres aspectos:

1.- En qué medida la evolución legislativa ha sido determinante para el predominio de la opción por la vivienda en propiedad en nuestro país.

2.- En qué medida las normas legales de los últimos años han podido contribuir a dificultar la accesibilidad a la vivienda tanto en régimen de propiedad como de alquiler.

---

7 BANCO DE ESPAÑA, E*l mercado de la vivienda en España: evolución reciente, riesgos y problemas de accesibilidad,* Capítulo 4, pág.3 del Informe Anual 2023

8 https://ine.es/dyngs/INEbase/es/operacion.htm?c=Estadistica_C&cid=1254736176953&menu=ultiDatos&idp=1254735572981. Consultado el 27 de junio de 2024

3.- Qué política debería seguirse en materia de vivienda para facilitar su accesibilidad, tanto en régimen de propiedad, como de alquiler, como de otras formas de tenencia.

Aun centrándome en estos tres aspectos, he de advertir que no trataré por igual todos los subaspectos relacionados con ellos, sino que me centraré en el análisis, desde la perspectiva del Derecho privado, de las diferentes figuras contractuales que vehiculan el acceso a la vivienda, tanto en régimen de propiedad como de alquiler, relegando a un segundo plano otros aspectos de Derecho Público, también importantes, como la legislación urbanística o la legisla fiscal, entre otras, que repercuten sobre el precio final y, por lo tanto, sobre la accesibilidad, de cualquiera de las modalidades de tenencia. No obstante, incorporo al final un anexo con el régimen fiscal de la vivienda tanto en régimen de propiedad como de alquiler por ser las dos formas habituales de tenencia de la vivienda en España. Me centraré asimismo, especialmente, en las normas aprobadas a nivel estatal.

2. La vivienda: ¿derecho subjetivo o mandato de optimización dirigido a los poderes públicos?

Enseguida me referiré a ellos, pero, antes de hacerlo, quiero subrayar que no voy a centrarme en si, dados lo términos de algunos artículos de la Constitución -concretamente, los artículos 47, 50 y 53.3-, la vivienda constituye un derecho subjetivo de rango constitucional en nuestro país, aunque sí voy a hacer una referencia a esta cuestión antes de abordar los tres puntos en los que se centra este estudio.

El Tribunal Constitucional (TC) no considera que la Constitución española (CE) contemple un derecho subjetivo a la vivienda y, como tal, exigible directamente ante los tribunales. En general, considera que el Capítulo III del Titulo I de la CE no contiene auténticos derechos subjetivos sino, en todo caso, mandatos de optimización[9] (STC 247/2007 de 12 de diciembre, 110/2011 de 22 de junio y 93/2015 de 14 de mayo, entre otras).

La STC de 21 de mayo de 2024 recuerda la reiterada doctrina del TC de que ""*el artículo 47 CE no reconoce un derecho fundamental a la vivienda, ni constituye un título competencial autónomo a favor del Estado "sino que enuncia, como consecuencia de su ubicación constitucional "un mandato o directriz constitucional que ha de informar la actuación de todos los poderes públicos" (artículo.53.3 CE) en el ejercicio de sus respectivas competencias" (STC 32/2019, de 28 de febrero, FJ6, con cita de otras*

[9] Sobre el concepto de mandato de optimización, ALEXY R., *Teoría de la argumentación jurídica: La teoría del discurso racional como teoría de la argumentación jurídica,* Ed.: Centro de Estudios Políticos y Constitucionales, Madrid, 2007.

muchas"". En consecuencia, no se puede alegar de forma directa, debido a la previsión del artículo 53.3 CE.

En el mismo sentido se ha pronunciado el Tribunal Supremo (TS), el cual ha calificado de "*concepto jurídico indeterminado*" el de "*vivienda digna y adecuada*" del artículo 47 CE (STS 17 de julio de 1990). No obstante, en su sentencia de 27 de junio de 2006, afirmó que "*la vivienda constituye el espacio necesario para poder desarrollar derechos fundamentales como el de la intimidad personal y familiar y el de la dignidad de la persona*".

En esta misma línea se expresa la mayor parte de la doctrina jurídica. Así, NASARRE AZNAR [10]afirma que el artículo 47 CE, que se refiere al derecho a una vivienda digna y adecuada, no lo recoge como un derecho fundamental, sino como un principio rector de contenido económico y social (artículo 53 CE, SSTC 152/1988, 158/1993, 89/1994, 233/207, 32/2019). No es necesario, por lo tanto, que se regule mediante Ley Orgánica, ni es recurrible *per se* ante el Tribunal Constitucional.

De hecho, en ninguna constitución europea figura como un derecho fundamental[11], aunque, en Francia, desde la Ley DALO, 2007, es reclamable directamente ante los tribunales, algo parecido a lo que sucede en el País Vasco desde la Ley 3/2015 (artículos 6 y 9)[12].

---

10 NASARRE AZNAR, *El proyecto de ley de vivienda de 2022*, Apuntes 2022/11, abril 2022, FEDEA, pág. 3.

11 Figura como principio rector en las constituciones de Finlandia, Polonia, Hungría, Portugal, Eslovenia, Países Bajos y como derecho fundamental en las constituciones de Burkina Faso, Congo, Ecuador, Méjico, Nicaragua, y Paraguay, si bien "la eficacia real de tales pronunciamientos merece un estudio más pormenorizado". NASARRE AZNAR S., *Los años de la crisis de la vivienda. De las hipotecas subprime a la vivienda colaborativa.* Ed.: Tirant lo Blanch, 2020, pág.503.

12 La Ley vasca 3/2015 de vivienda, en su artículo 6 reconoce el derecho subjetivo a la vivienda, en su artículo 9 estipula como se concretará, que es o bien ofreciendo una vivienda o bien, si no la hay, se tiene derecho a una prestación económica.

Yendo más allá, algunos autores, como PONCE SOLÉ, [13]consideran que el articulo 47 CE configura un auténtico derecho subjetivo a la vivienda, exigible judicialmente, del que se derivan las correlativas obligaciones jurídicas para los poderes públicos.

Tal derecho subjetivo, sin embargo, no consiste en el poder de dirigirse a los tribunales para que obliguen a los poderes públicos a entregar una vivienda al demandante, sea a titulo de propiedad, alquiler o cualquier otro, porque tal derecho subjetivo no impone a los poderes públicos una obligación de resultado. Les impone solamente una obligación de medios o actividad y, como tal, solo exige del obligado -en este caso, los poderes públicos-, una prestación de actividad, no de resultado. Este sería el sentido del artículo 47 CE cuando afirma, entre otros extremos, lo siguiente:

> *"Todos los españoles tienen derecho a disfrutar de una vivienda digna y adecuada. Los poderes públicos promoverán las condiciones necesarias y establecerán las normas pertinentes para hacer efectivo este derecho, (...)."*[14]

---

13 PONCE SOLÉ, J.," La tutela judicial del derecho a la vivienda y el papel del Tribunal Constitucional español: luces y sombras en el contexto europeo e internacional." En MOLTÓ DARNER J.M y PONCE SOLÉ J. (coord..), *Derecho a la vivienda y función social de la propiedad*, Ed.: Thomson Reuters Aranzadi, 2017, pág. 61. También PONCE SOLÉ J., *Un nuevo hallazgo jurídico: el art.47 de la Constitución contiene un auténtico derecho subjetivo. A propósito de la Sentencia del Tribunal Constitucional nº.79/2024, de 21 de mayo, el derecho a la vivienda y la Ley estatal 12/2023, de 24 de mayo, por el derecho a la vivienda*, en Acento Local, Blog de Actualidad Jurídica Local. https://www.gobiernolocal.org/acento-local/un-nuevo-hallazgo-juridico-el-art-47-de-la-constitucion-contiene-un-autentico-derecho-subjetivo-a-proposito-de-la-sentencia-del-tribunal-constitucional-n-o-79-2024-de-21-de-mayo-el-derecho-a-la-v/.

14 Según VAQUER CABALLERÍA, el derecho de la vivienda es un derecho constitucional, en un doble sentido: *per se* y *per relationem*. En el primer sentido, es un derecho subjetivo *in fieri*, por ser de configuración legal, lo que significa que la CE dirige un mandato al legislador para que configure no cualquier cosa, sino un derecho subjetivo (en sentido ple-

Se trata, por lo tanto, de una obligación de medios. Aunque no se obtenga el resultado para el que se ponen los medios, el obligado no puede ser responsabilizado por ello si no se prueba que incurrió en *falta de diligencia.* Por ello, como afirma GAVARA DE CARA[15], no hay muchas diferencias con la eficacia normativa derivada de su consideración como principio rector, ya que coincide exclusivamente con la dimensión objetiva del derecho a la vivienda.

La STC de 21 de mayo de 2024 después de afirmar que el hecho de que el artículo 47 CE no contenga un derecho fundamental ni un titulo competencial, o que constituya un principio rector de la política social y económica, no es óbice para que al mismo tiempo se despliegue como derecho constitucional, con sus ver-

---

no, aunque no sea ni universal ni omnicomprensivo). Afirma que en España ha habido un incumplimiento continuado y generalizado de este mandato. El legislador estatal ha descartado, por ahora, -con la sola excepción de las escasas determinaciones sobre vivienda contenidas en la Ley del Suelo- regular las condiciones básicas de la igualdad en el ejercicio del derecho a la vivienda (afirmación realizada antes de la promulgación de la Ley por el derecho a la vivienda), como sí ha hecho para otros derechos sociales, por ejemplo, en materia sanitaria o de dependencia. Y el legislador autonómico ha configurado mayoritariamente un Derecho objetivo de la vivienda más que un derecho subjetivo a la vivienda, al que configura como un derecho subjetivo de medios. En el segundo sentido, el derecho constitucional a la vivienda debe ser interpretado sistemáticamente, por su necesaria conexión con otros derechos constitucionales como la inviolabilidad del domicilio o la dignidad de la persona. VAQUER CABALLERÍA M., "Retos y oportunidades para una política cabal de vivienda tras la crisis económica" en VAQUER CABALLERÍA M., PONCE SOLÉ J. y ARNAIZ RAMOS R., *Propuestas jurídicas para facilitar el acceso a la vivienda,* Fundación Coloquio Jurídico Europeo, 2016, págs. 34-40.

15 GAVARA DE CARA J.C., "La incidencia de la jurisprudencia del Tribunal Constitucional en la Ley por el derecho a la vivienda," en VÁZQUEZ ALBERT (Dir.), ARNÁIZ RAMOS R. y PONCE SOLÉ J, *La Ley por el derecho a la vivienda. Balance de un año de aplicación.* Ed. Tirant Lo Blanch, 2024,pág.52

tientes competenciales, añade que "l*os compromisos internacionales de España en materia de derechos humanos refrendan la existencia de un derecho a la vivienda (…) cuya efectividad es precisamente lo que se encomienda a todos los poderes públicos en el art.47 CE*".

En efecto, conforme al artículo 96.1 CE:" **1.** *Los tratados internacionales válidamente celebrados, una vez publicados oficialmente en España, formarán parte del ordenamiento interno. Sus disposiciones sólo podrán ser derogadas, modificadas o suspendidas en la forma prevista en los propios tratados o de acuerdo con las normas generales del Derecho internacional.* "[16]

El Tribunal Constitucional, por lo tanto, considera el derecho a la vivienda como un derecho de configuración legal. Un derecho que la CE no define pero que reconoce. Se trataría, por lo tanto, de un derecho de garantía institucional.

A este respecto, se pueden citar, entro otros, los siguientes tratados:

1.-La Declaración Universal de Derechos Humanos de Naciones Unidas. En su artículo 25 dispone que el derecho a la vivienda, junto con el derecho a la alimentación, el vestido, la asistencia sanitaria y los servicios sociales son componentes del derecho más amplio *"a un nivel de vida adecuado"*.

Por su parte, el Convenio para la Protección de los Derechos y de las Libertades Públicas de 4 de noviembre de 1950 no contiene un reconocimiento expreso del derecho a la vivienda, si bien el Tribunal Europeo de Derechos Humanos (TEDH) ha considerado en

---

16 Hay que tener en cuenta, como subraya CUENA CASAS, que el TC ha declarado reiteradamente que los tratados internacionales no constituyen canon para el control de constitucionalidad de las normas de rango legal, sin perjuicio de su valor interpretativo en materia de derechos fundamentales en virtud de lo dispuesto en el artículo 10.2 CE. CUENA CASAS M. en "¿La okupación de inmuebles como instrumento para garantizar el derecho a la vivienda?", en MATE SATUÉ L.C., HERNÁNDEZ SAINZ E., ALONSO PÉREZ M.T., *El derecho a la vivienda en tiempos de incertidumbre, Aranzadi, 2024,*págs.248-249.

ocasiones que el artículo 8.1 del Convenio da un cierto amparo a este derecho. Dicho artículo, en su numero 1 dispone :" *1. Toda persona tiene derecho al respeto de su vida privada y familiar, de su domicilio y de su correspondencia.* ". El TEDH no ha considerado contrario al Convenio el desalojo de un poseedor sin título instado por un propietario, al ser un medio proporcionado para salvar el derecho de propiedad (STEDH de 25 de marzo de 2010 en el caso *Belchikova vs.: Russia).* Hay que tener en cuenta, además, que las sentencias del TEDH se refieren a las relaciones entre los particulares y los estados, no a las reclamaciones entre particulares.

2.-El Pacto Internacional de Derechos Económicos, Sociales y Culturales (PIDESC), en su artículo 11.1 dispone:

" *1. Los Estados Partes en el presente Pacto reconocen el derecho de toda persona a un nivel de vida adecuado para sí y su familia, incluso alimentación, vestido y vivienda adecuados, y a una mejora continua de las condiciones de existencia. Los Estados Partes tomarán medidas apropiadas para asegurar la efectividad de este derecho, reconociendo a este efecto la importancia esencial de la cooperación internacional fundada en el libre consentimiento.*"

Por su parte, el artículo 2 dispone:

"*1. Cada uno de los Estados Partes en el presente Pacto se compromete a adoptar medidas, tanto por separado como mediante la asistencia y la cooperación internacionales, especialmente económicas y técnicas, hasta el máximo de los recursos de que disponga, para lograr progresivamente, por todos los medios apropiados, inclusive en particular la adopción de medidas legislativas, la plena efectividad de los derechos aquí reconocidos.*"[17]

---

[17] El Comité DESC de la ONU afirma en su Dictamen de 17 de junio de 2015 respecto de la comunicación nº 2/2014 que "*el derecho humano a una vivienda adecuada es un derecho fundamental que constituye la base para el disfrute de todos los derechos económicos, sociales y culturales y está vinculado en su integridad a otros derechos humanos, incluyendo a aquellos establecidos en Pacto de Derechos Civiles y Políticos*".

Estas normas forman parte del Derecho interno español, pues el PIDESC fue ratificado por España y, en consecuencia, como sostiene PONCE SOLÉ[18], deben influir en la interpretación de los derechos sociales reconocidos en la Constitución y en los Estatutos de Autonomía.

3.-La Carta Social Europea, en su versión revisada de 1996, ratificada por España en 2021. Su Parte I comienza afirmando: "*Las Partes reconocen como objetivo de su política, que habrá de seguirse por todos los medios adecuados, tanto de carácter nacional como internacional, el establecimiento de las condiciones en que puedan hacerse efectivos los derechos y principios siguientes*". En el núm. 31 dispone:

" Toda persona tiene derecho a la vivienda.".

Y en el artículo 31, intitulado *Derecho a la Vivienda* dispone :

" Para garantizar el ejercicio efectivo del derecho a la vivienda, las Partes se comprometen a adoptar medidas destinadas:

1. a favorecer el acceso a la vivienda de una calidad suficiente;

2. a prevenir y paliar la situación de carencia de hogar con vistas a eliminar progresivamente dicha situación;

3. a hacer asequible el precio de las viviendas a las personas que no dispongan de recursos suficientes."

4.-La Carta de los Derechos Fundamentales de la Unión Europea, en su artículo 34.3 establece:

"Con el fin de combatir la exclusión social y la pobreza, la Unión reconoce y respeta el derecho a una ayuda social y a una ayuda de vivienda para garantizar una existencia digna a todos aquellos que no dispongan

---

18 PONCE SOLÉ J., "El derecho subjetivo a la vivienda exigible judicialmente: papel de la legislación. Análisis jurisprudencial y gasto público", en VAQUER CABALLERÍA M., PONCE SOLÉ J. y ARNAIZ RAMOS R., *Propuestas jurídicas para facilitar el acceso a la vivienda*, Fundación Coloquio Jurídico Europeo, 2016, pág.79.

de recursos suficientes, según las modalidades establecidas por el Derecho de la Unión y por las legislaciones y prácticas nacionales".

El Auto del Tribunal de Justicia de la Unión Europea (TJUE) de 16 de julio de 2015 declaró que el artículo 34.3 de la Carta Social Europea "*no garantiza el derecho a la vivienda sino el derecho a una ayuda social y a una ayuda de vivienda basadas en el marco de las políticas sociales basadas en el artículo 153 del Tratado de Funcionamiento de la Unión Europea".*

Contemplado desde esta perspectiva, el contenido del artículo 47 CE permite plantear diferentes cuestiones, entre otras, (1) cuál es el contenido mínimo esencial del derecho a la vivienda al que se refiere el artículo 47 CE y (2) la interesante cuestión de qué sucedería si se demostrara que las medidas legislativas promulgadas por los poderes públicos han sido la causa, o una de las causas determinantes, de que la vivienda, un bien de primera necesidad, haya devenido mas inaccesible para los ciudadanos que si no se hubieran aprobado tales medidas, especialmente si las mismas tienen un contenido que contradice los análisis teóricos preexistentes, los cuales vaticinaban que, de aprobarse medidas de ese tipo, la vivienda devendría más inaccesible, tanto en propiedad como en alquiler.

Por lo que se refiere a la primera cuestión, el contenido esencial no parece que pueda ir más allá de lo que dispone el artículo 53.3 CE:

"3. El reconocimiento, el respeto y la protección de los principios reconocidos en el Capítulo tercero informarán la legislación positiva, la práctica judicial y la actuación de los poderes públicos. Sólo podrán ser alegados ante la Jurisdicción ordinaria de acuerdo con lo que dispongan las leyes que los desarrollen."

Y las leyes que lo desarrollan, de las que forman parte los tratados internacionales referidos, lo configuran, en la interpretación más favorable, como un derecho subjetivo de medios, cuyo contenido mínimo debe ser el de que los poderes públicos deben facilitar la obtención de una ayuda para vivienda -que puede revestir diferentes formas- a quienes no dispongan de medios propios para acceder a una vivienda en ninguna modalidad de tenencia. Esto es lo que hace, por ejemplo, el País Vasco desde la Ley 3/2015 (artículos 6 y 9).

Por lo que se refiere a la segunda cuestión, llama la atención que , por un lado, el preámbulo de la Ley 12/2023 por el derecho a la vivienda hable reiterada y acertadamente de la necesidad de aumentar la oferta de viviendas, tanto públicas o sociales como privadas[19] y, por otro lado, articule sólo en relación a las primeras, una serie de medidas cuyo efecto es aumentar la oferta, mientras que, en relación a la segundas, articule medidas–v.gr.: de control de precios de los arrendamientos en las zonas denominadas de mercado residencial tensionado-, cuyo efecto, a la vista de las experiencias habidas en nuestro país y en otros países y de la opinión más extendida entre los autores, será restringir la oferta, como efectivamente está sucediendo y como argumentaré más adelante.

En relación a la cuestión planteada, hay que tener en cuenta que el artículo 9.1 CE dispone:

---

19 Así, dice,:" *A través de todo ello se trata de favorecer el equilibrio entre la oferta de vivienda y la necesidad de residencia habitual en las zonas definidas como de mercado residencial tensionado, promoviendo los instrumentos, la planificación y las medidas necesarias para revertir, desde los poderes públicos, tal situación.*" O también:" *La Ley establece varios mecanismos para ampliar la oferta de vivienda social: se permitirá que se califique como uso compatible de los suelos dotacionales, el uso de vivienda dotacional pública; se podrá obtener suelo para vivienda dotacional o social con cargo a actuaciones de trasformación urbanística y, además, se garantiza que se construya vivienda dotacional en los suelos procedentes del cumplimiento del deber previsto en la letra b) del apartado 1 del artículo 18 del texto refundido de la Ley del Suelo y Rehabilitación Urbana, aprobado por Real Decreto Legislativo 7/2015, de 30 de octubre. Para ello se impide que, en los municipios donde exista desajuste entre la oferta y la demanda de vivienda habitual, pueda sustituirse la entrega de este suelo por otras formas de cumplimiento del deber o que se pueda destinar a otros usos de interés social distintos al anterior.*"

"Los ciudadanos y los poderes públicos están sujetos a la Constitución y al resto del ordenamiento jurídico".

Ello significa que están sujetos a la Constitución todos los poderes públicos, incluido, por lo tanto, el poder legislativo. De ahí, la posibilidad de plantear un recurso o una cuestión de inconstitucionalidad[20]. No solamente están sujetos a la Constitución, sino también al Derecho Europeo y a los Tratados Internacionales suscritos por España. De ahí, la posibilidad de plantear, por ejemplo, una cuestión prejudicial ante el Tribunal de Justicia de la Unión Europea[21].

El artículo 9.1 CE, a los efectos de la cuestión planteada, debe ser puesta en relación, con el artículo 47 CE.

Este precepto reconoce a los españoles el derecho a disfrutar de una vivienda digna y adecuada, derecho exigible ante los poderes públicos -incluido, por lo tanto, también el legislativo-, los cuales tienen una obligación al respecto: promover las condiciones necesarias para ello. Pero para cumplir esta obligación solo se les impone una obligación subsidiaria o instrumental: regular la utilización del suelo de acuerdo con el interés general para impedir la especulación. Es lo que GAVARA DE CARA[22] denomina la dimensión objetiva del artículo 47 CE, a la que la doctrina ha prestado tradicionalmente menos atención que a la dimensión subjetiva, esto es, a la declaración contenida en el citado artículo referente a que los españoles tienen derecho a disfrutar de una vivienda digna y adecuada.

---

20 *De conformidad con el artículo 29* de la Ley Orgánica del Tribunal Constitucional.

21 De conformidad con el artículo 267 del Tratado de Funcionamiento de la Unión Europea

22 GAVARA DE CARA J.C., "La incidencia de la jurisprudencia del Tribunal Constitucional en la Ley por el derecho a la vivienda," en VÁZQUEZ ALBERT (Dir.), ARNÁIZ RAMOS R. y PONCE SOLÉ J, *La Ley por el derecho a la vivienda. Balance de un año de aplicación.* Ed. Tirant Lo Blanch, 2024,pág.50

Estas son las dos únicas obligaciones que impone el artículo 47 CE a los poderes públicos para satisfacer el derecho de los españoles a disfrutar de una vivienda digna y adecuada. Los poderes públicos pueden asumir más obligaciones por disposición legal, como han hecho, pero no por imperativo constitucional. Es preciso subrayar que la CE no impone a los ciudadanos ninguna obligación para satisfacer el derecho a una vivienda digna y adecuada, sino solo a los poderes públicos y limitadas a las dos expuestas, las cuales delimitan el contenido constitucional del derecho de los españoles a disfrutar de una vivienda digna y adecuada.

Estos preceptos constitucionales plantean algunos interrogantes. ¿Podría, exigirse judicialmente que las leyes en materia de vivienda tuviesen un contenido que, en lugar de reflejar una ideología, respondiesen a los análisis teóricos y evidencias empíricas que muestran cuáles son las medidas que deben adoptarse para que la vivienda sea más accesible en lugar de cada vez más inaccesible?., ¿Podrían considerarse inconstitucionales las leyes que, apartándose de tales evidencias, diesen lugar a que la vivienda fuera más inaccesible que si no se hubieran aprobado tales leyes?.¿No está el legislador vinculado por las evidencias empíricas disponibles? ¿Se podría, en tal caso, exigir responsabilidad pecuniaria a los poderes públicos?.

Probablemente sí, si tales leyes fueran declaradas inconstitucionales por esa razón y los ciudadanos demandantes pudiesen demostrar que tal circunstancia les ha producido daños individualizables, concretos e identificables, como exige el Tribunal Supremo[23]. De hecho, esa parece ser la línea que sigue la Ley 40/2015, de 1 de octubre, de Régimen Jurídico del Sector Público.[24]

---

23 Sentencias del Tribunal Supremo (SSTS) de 3 mayo de 1999 y de 17 de junio de 2004.

24 El articulo 32.4 de la Ley dispone que "*para que se reconozca un derecho a ser indemnizado por daños derivados de la aplicación de una norma contraria al Derecho europeo haber intentado defenderse contra la actuación administrativa que generó el daño (art. 32.5 LRJSP), porque ese requisito (haber recurrido en su momento alegando la inconstitucionalidad) también se exigirá para pedir responsabilidad por daños derivados de una ley declarada inconstitucional* ".

Desde una perspectiva más general, es preciso subrayar la deficiente calidad regulatoria existente en nuestro país, pese a los avances habidos en los últimos veinte años[25]. GARCÍA TERUEL y NASARRE AZNAR [26], ante la problemática presentada en el marco de las políticas de vivienda, que no parecen haber seguido las recomendaciones internacionales en materia de calidad normativa ni haber conseguido los objetivos que se habían propuesto, se han planteado cómo puede contribuir la investigación en vivienda y la ciencia de datos para mejorarlas.

En su opinión, la política basada en evidencias puede ayudar a determinar la efectividad de las opciones políticas antes de su implementación, incluso también a evaluar las implementadas, lo que puede conducir a ajustes y mejoras.

Véase RODRIGUEZ DE SANTIAGO J.M., *Responsabilidad del Estado por leyes inconstitucionales o contrarias al Derecho Europeo* ,Almacén del Derecho, 17 de noviembre de 2015 file:///Users/fpmendez/Documents/Vivienda%20Responsabilidad%20del%20Estado%20por%20leyes%20inconstitucionales%20o%20contrarias%20al%20Derecho%20Europeo%20-%20Almacén%20de.webarchive

25 La Ley 50/1997 encargó al Ministerio de la Presidencia la calidad de la actividad normativa, asegurando su congruencia con el resto del ordenamiento jurídico, la elaboración de memorias de análisis de impacto, etc. Pero no fue hasta 2017 que se publicaron diversas disposiciones relativas a la calidad normativa, como el RD 286/2017, por el que se regulan el Plan Anual Normativo, el Informe Anual de Evaluación Normativa de la Administración General del Estado y se crea la Junta de Planificación y Evaluación Normativa ~~67~~; el RD 931/2017, de Memoria del Análisis de Impacto Normativo ; y se introduce una nueva Oficina de Coordinación y Calidad Normativa a través del RD 1081/2017. GARCÍA TERUEL, R. Mª y NASARRE AZNAR, S.: *Quince años sin solución para la vivienda. La innovación legal y la ciencia de datos en política de vivienda,* RCDI, núm.789, enero-febrero 2022, pasg.197.

26 GARCÍA TERUEL, R. Mª y NASARRE AZNAR, S.: *Quince años sin solución para la vivienda. La innovación legal y la ciencia de datos en política de vivienda,* RCDI, núm.789, enero-febrero 2022, pp.199-212.

Además, puede ayudar a una mejor comprensión de los problemas sociales a abordar, siendo un método neutral y objetivo, que aspira a ir más allá de una ideología determinada. Y, como mecanismo para asegurar la neutralidad de la ciencia, en especial de las ciencias sociales, plantean la utilidad de la denominada "ciencia de datos", entendida como el uso de amplias bases de datos, que se suele servir de técnicas como el minado de datos o el *machine learning*. La "ciencia de datos" puede mitigar la problemática de la politización en las políticas basada en evidencias. Del mismo modo, puede usarse la tecnología *big data*, que sería un término más acotado, pues requiere de un volumen de datos variados e indefinidos, que pueden ser tratados a alta velocidad.

Por ello, no es sostenible; la opinión manifestada por DE LA QUADRA-SALCEDO[27], conforme a la cual :"La *dificultad para disponer de conocimientos económicos científicamente fundados que permitan sostener la corrección de una o de otra alternativa constituye la base para, en lo que se refiere al juicio de necesidad, ser totalmente deferente con el legislador*".

Aunque la Economía no sea una ciencia exacta -ninguna lo es-, sin embargo, existen evidencias empíricas sólidas que permiten predecir qué efectos se producirán si se adoptan determinadas medidas en materia de vivienda, como es sabido y como expondré a lo largo de este estudio.

Conviene subrayar, además, que, aunque no se dispusiera de las mismas -lo que no es el caso-, no todos los argumentos son igualmente consistentes, por lo que no está justificada ninguna deferencia particular con el legislador cuando la ley contradice argumentos más robustos.

---

27 DE LA QUADRA-SALCEDO-JANINI T., *Los derechos fundamentales económicos del Estado social*, Ed.: Marcial Pons, 2022, pág.92.

Como afirma PONCE SOLÉ[28], en términos generales, se aprecia una ausencia de evaluación *ex ante* de la normativa de vivienda, como, en general, también ocurre respecto de los impactos futuros de su aprobación, en la línea del movimiento de la *better* o *smart regulation.* Adicionalmente, cuando existen obligaciones de resultado y, en términos generales, también en relación con las obligaciones de medios, carecemos de una evaluación *ex post* de la normativa de vivienda que nos permita conocer su funcionamiento real y mejorarla.

Como he advertido, no desarrollaré esta cuestión sino que me limito a llamar la atención sobre la trascendencia que puede tener y, por lo tanto, la conveniencia de estudiar el denominado derecho a una vivienda digna también desde esta perspectiva.

Más allá de lo que pueda afectar a la política de vivienda, la duda expuesta es un aspecto particular de una cuestión más general y fundamental: la de si el legislador, a la hora de legislar, está vinculado por el estado de los conocimientos sobre la materia o puede ignorarlos y aún desafiarlos, postulando una fuerza taumatúrgica de la norma jurídica que, evidentemente, no puede tener, cuando es contraria a las leyes que gobiernan el comportamiento humano, regido por la ley de la supervivencia en un contexto de recursos escasos.

---

28 PONCE SOLÉ J., "El derecho subjetivo a la vivienda exigible judicialmente: papel de la legislación. Análisis jurisprudencial y gasto público", en VAQUER CABALLERÍA M., PONCE SOLÉ J. y ARNAIZ RAMOS R., *Propuestas jurídicas para facilitar el acceso a la vivienda, Fundación Coloquio Jurídico Europeo,* 2016, pág.188.

3. La evolución legislativa como determinante para el predominio de la vivienda en propiedad

Como sostiene LEAL MALDONADO[29], la forma de acceso a la vivienda en términos de tenencia es uno de los grandes temas de la literatura sobre política de vivienda en Europa. La dinámica generalizada de todas las grandes ciudades europeas en las últimas décadas ha conducido a un incremento de la proporción de propietarios en todas ellas, aunque con dinámicas diferentes entre sí.

España tuvo, desde la primera mitad del siglo pasado, una política de apoyo a la propiedad, manifestada no solo en una política restrictiva de la libertad contractual en materia de arrendamiento de vivienda, sino en un balance de ayudas muy favorable al acceso a la vivienda como propietarios, de lo que resulta que las ciudades españolas están entre las que tienen mayor proporción de propietarios dentro de la Unión Europea, exceptuando las ciudades de los países del Este, ya que en algunos de ellas la cesión o venta de forma generalizada del gran patrimonio público de la vivienda a sus inquilinos, se ha traducido en unas proporciones de alquileres que llegan a estar por debajo del 10%.[30]

---

29 LEAL MALDONADO J. L. (Coord.), "Las políticas de vivienda en alquiler en las grandes ciudades europeas", *Introducción,*, Ayuntamiento de Madrid, 2008, pág.7

30 Otros datos relevantes, según resulta de http://ec.europa.eu/eurostat/statisticsexplained/index.php/Housing_conditionsson :
1.- **Tipo de vivienda**: En 2014, 4 de cada 10 personas de la EU-28 vivían en pisos, poco más de una cuarta parte (25,6 %) en casas adosadas y algo más de una tercera parte (33,7 %) en viviendas unifamiliares aisladas (véase el gráfico 1). La proporción de personas que viven en

Según el CERCLE D'ECONOMIA, en España más de tres cuartas partes de las familias (el 76 %) viven en una vivienda de propiedad. De ellas, 46%; sin préstamo hipotecario pendiente

---

pisos fue la más alta, entre los Estados miembros de la UE, en España (66,5 %), Letonia (65,1 %) y Estonia (63,8 %; datos de 2013), mientras que la mayor proporción de personas que viven en casas adosadas se registró en los Países Bajos (61,2 %), el Reino Unido (60,0 %) e Irlanda (58,3 %; datos de 2013). El porcentaje de personas que residen en casas aisladas alcanzó su cota más alta en Croacia (72,6 %), Eslovenia (65,4 %) y Hungría (63,0 %); Noruega (62,4 %) y Serbia (60,5 %; datos de 2013) también registraron tasas elevadas de población alojada en viviendas unifamiliares aisladas.

2.-Calidad de la vivienda: Una de las dimensiones clave para evaluar la calidad de la vivienda es la disponibilidad de espacio suficiente en la misma. La tasa de hacinamiento indica la proporción de personas en viviendas sobreocupadas con arreglo al número de habitaciones disponibles en la vivienda, el tamaño de la misma y la edad y la situación familiar de sus miembros ocupantes .

En 2014, el 17,1 % de la población de la EU-28 vivía en viviendas sobreocupadas (véase el gráfico 3); las tasas de hacinamiento más altas en los Estados miembros de la UE se registraron en Rumanía (52,3 %), Hungría (44,6 %), Polonia (44,2 %), Bulgaria (43,3 %) y Croacia (42,1 %), mientras que se también se registraron tasas superiores al 50 % en Serbia y la Antigua República Yugoslava de Macedonia (datos de 2013). Por el contrario, Bélgica (2,0 %), Chipre (2,2 %), Irlanda (2,8 %; datos de 2013), los Países Bajos (3,5 %) y Malta (4,0 %) registraron las tasas más bajas de hacinamiento, mientras que otros siete Estados miembros de la UE, así como Noruega, Suiza e Islandia (datos de 2013 correspondientes a los dos últimos) notificaron que registraron menos del 10,0 % de sus respectivas poblaciones que vivían en viviendas sobreocupadas.

Los mayores incrementos de la proporción de población que residía en viviendas sobreocupadas entre 2013 y 2014 se registraron en Letonia, Países Bajos, Austria y Luxemburgo, donde los porcentajes aumentaron en al menos 0,5 puntos porcentuales. Por el contrario, la tasa de hacinamiento se redujo en 15 de los 26 Estados miembros de la UE para los que se dispone de datos (no se dispone de datos relativos a Estonia e Irlanda). Las reducciones comprendidas entre 2013 y 2014 fueron superiores a 1,0 puntos porcentuales en Portugal, la República Checa, Hungría, Eslovaquia y Dinamarca.

y el 30% restante con préstamo pendiente de pago, lo que hace que la proporción de renta que le dedican sea relativamente pequeña, a pesar de que la subida de los tipos de interés en los últimos años ha elevado de forma importante la carga por el pago de las hipotecas.

Este porcentaje de vivienda en propiedad en España es significativamente más elevado que la media de la UE (66 %). Seguramente, ello tiene que ver con las desgravaciones fiscales que se aplicaron a la compra de vivienda (con hipoteca) durante largos años y con los planes públicos de vivienda que han priorizado esta forma de tenencia. En cualquier caso, esa elevada proporción de vivienda en propiedad puede ayudar a explicar la notable estabilidad social que ha mostrado España en los últimos años, a pesar de que la crisis financiera de 2008 y el impacto de la COVID-19 han sido más graves que en el resto de la UE

Por lo que se refiere a la vivienda de alquiler, el control de rentas aplicado durante el franquismo unido a las desgravaciones en la compra que se aplicaron, diezmaron el sector del alquiler en España. La particularidad de España se encuentra sobre todo en el segmento de vivienda de alquiler a precio de mercado, que representa un 16 % del total, frente al 23 % de la media europea. Es una diferencia muy importante que ayuda a entender que parte del problema del acceso a la vivienda en España se encuentra en una escasez relativa de viviendas de alquiler a precio de mercado.[31]

Como subraya el CERCLE D´ECONOMIA, "*Los problemas del sector de la vivienda en España se han visto, además, agravados por la casi desaparición del parque de viviendas de protección oficial que se fue construyendo durante el siglo XX, puesto que esas viviendas tenían fecha*

---

[31] CERCLE D´ECONOMIA, *De la desconfianza a la colaboración. Por un partenariado entre el sector público y el privado que resuelva de verdad el problema del acceso a la vivienda en Cataluña y en España. https://admin.cercledeconomia.com/content/uploads/2024/06/nota-de-opinion-cde_vivienda_junio24.pdf.*, págs..12-14.

de finalización de su calificación y han pasado a ser viviendas de precio libre. (…) entre 1960 y 2022 se han construido 6,2 millones de viviendas de protección oficial en España y ochocientas mil en Cataluña.

De forma que en España, para atender necesidades de vivienda asequible o social, solo se cuenta con un parque de vivienda pública que se sitúa alrededor del 2 % del total de viviendas, una cifra muy por debajo de la que registran los países de nuestro entorno, y no se puede contar con un parque privado protegido a precios controlados por la administración, que actuaría como colchón de respuesta a la demanda más débil y que sería el que tendríamos si los 6,2 millones de viviendas de protección oficial del siglo XX no se hubieran descalificado."

Hecha esta breve introducción, paso a examinar la primera de las cuestiones sobre las que se centra este estudio.

3.1. PLANTEAMIENTO

Las formas de tenencia más habituales en la Unión Europea son la propiedad y el alquiler y, en todos los estados miembros, el régimen predominante de tenencia es el de propiedad, no el de alquiler, siendo Alemania el país en donde hay mayor proporción de vivienda en alquiler -solo el 51.4% de los alemanes viven en régimen de propiedad[32] -, si bien España es uno de los países donde hay más proporción de vivienda en propiedad, aun cuando el alquiler está creciendo en los últimos años.[33]

---

[32] Eurostat https://ec.europa.eu/eurostat/statistics-explained/index.php?oldid=498645#R.C3.A9gimen_de_tenencia. Consultado el 1 de abril de 2024.

[33] Según el Censo de Población y Vivienda -INE- de 2021, en España, en 2001 se alcanzó el pico máximo de vivienda en propiedad -82.1-. En el censo de 2011 era del 78.9 y en el último de los realizados hasta ahora, el de 2021, es del 75.5%. En esos mismos años, el porcentaje de viviendas en alquiler en régimen de mercado era de del 11.4 y 16.1 % respectivamente, y el de otras formas de tenencia -cesiones gratuitas, alquiler social- el 6.5 y el 8.4% respectivamente. Parece conveniente

Sin embargo, no ha sido siempre así. En las épocas en las que ha habido mayor libertad contractual para el alquiler de la vivienda, éste se ha desarrollado más y, por lo tanto, ha habido mayor proporción de vivienda en régimen de alquiler, pero, en la medida en la que se ha restringido la libertad contractual, normalmente congelando precios y estableciendo una duración mínima del contrato obligatoria para el arrendador , la oferta en alquiler se ha debilitado y, en consecuencia, ha aumentado la oferta de vivienda en régimen de propiedad, apoyada en un sistema financiero eficiente, desarrollado en paralelo, así como en el apoyo a la vivienda en propiedad mediante la desgravación de los intereses de los préstamos hipotecarios destinados a la adquisición de vivienda en el Impuesto sobre la Renta de las Personas Físicas[34]. o la subvención de los mismos para las diferentes

---

subrayar que Barcelona (31.1 %), Girona (30.9 %), Tarragona (24.6 %) y Lleida (23.2%) son, por este orden, la primera, segunda, sexta y p octava capitales de provincia con mayor porcentaje de vivienda en alquiler. Según el Banco de España, el mercado del alquiler muestra una notable expansión y alcanza unos 3,6 millones de viviendas principales en 2023, en las que residen el 18,7 % de los hogares. De ese modo, se estima un aumento de 1,3 millones de viviendas adicionales en el parque de vivienda en alquiler respecto a 2007, con un crecimiento acumulado del tamaño de este mercado superior al 50 %. El auge del régimen de tenencia en alquiler se explica por su crecimiento entre el colectivo de hogares más jóvenes y por su predominio entre la población de origen extranjero, colectivos donde se concentran los hogares con menor nivel de renta. Esta evolución ha contribuido a la progresiva convergencia de España hacia las cifras del promedio de la UE27, si bien la proporción de tenencia en propiedad en 2022 seguía siendo superior en España (75 %, frente al 65 %). BANCO DE ESPAÑA, E*l mercado de la vivienda en España: evolución reciente, riesgos y problemas de accesibilidad,* Capítulo 4, pág.10, del Informe Anual 2023

34 La deducción por inversión en vivienda del IRPF se suprimió con efectos desde el 1-1-2013. Desde entonces, sólo pueden aplicarla aquellos contribuyentes que cumplen los requisitos previstos en la Disposición Transitoria 18ª de la Ley del IRPF. Es decir, los que hubieran adquirido la vivienda habitual antes del 1-1-2013, o satisfecho al menos, cantidades para su construcción. Y los que hubieran practicado la deducción

modalidades de vivienda protegida, las cuales, para gozar de esos beneficios, debían y deben cumplir ciertas condiciones relacionadas con los ingresos del adquirente, el tamaño y la imposibilidad del dueño para disponer de ellas durante un determinado periodo de tiempo, so pena de perder la subvención.

La política de control de precios de los alquileres se compensó apoyando la adquisición de la vivienda en propiedad, manifestada en un balance de ayudas muy favorables a este fin.

Puede afirmarse, por ello, que la amplia prevalencia de la vivienda en propiedad en nuestro país es una consecuencia, entre otros factores, de que la norma general en relación al arrendamiento de la misma ha sido la de un fuerte intervencionismo, con algunos breves periodos en los que ha habido una mayor libertad contractual, lo que ha obligado a desarrollar políticas de adquisición de vivienda asequible en régimen de propiedad.

Así, como ha señalado ARRUÑADA[35], los ensanches de nuestras ciudades se construyeron en unas pocas décadas posteriores a la Ley de inquilinatos de 1842, durante las cuales el Estado liberal protegió la libertad de las partes para pactar las condiciones del contrato de arrendamiento, incluida su terminación. A ello hay que añadir que el Código civil de 1889 consagró el principio de libertad contractual (artículo 1255 del Código civil), en general, y también en materia de arrendamiento (Título VI del Libro IV del Código civil).

Gracias a todo ello, a principios del siglo XX, España contaba con un boyante mercado de alquiler de viviendas, con variedad de oferta y muchos arrendadores de múltiples viviendas y, por lo tanto, relativamente especializados. Muchos de los edificios de esa época, que tanto admiramos hoy, fueron construidos para alquilarlos por pisos. Con

---

por inversión en vivienda en relación con las cantidades satisfechas para su adquisición o construcción, en un ejercicio anterior del IRPF.

35 ARRUÑADA B., *Comentarios a las nuevas regulaciones del alquiler*, Revista del Instituto de Estudios Económicos núm.3, 2022, pp. 135-136.

leyes de arrendamientos urbanos como la mayor parte de las posteriores, incluida la vigente, que analizaré, esto no hubiera sido posible.

Sin embargo, como señala ARGELICH[36], ese mercado perdió su carácter profesional y se convirtió en artesanal, tras promulgarse toda una serie de normas a favor de los arrendatarios vigentes.

Como sostiene VAQUER CABALLERÍA, aunque hay precedentes más remotos, las políticas de vivienda pueden considerarse inauguradas en España con la Ley de Casas Baratas de 1911, concebidas, conforme a su artículo 2, "*para alojamiento exclusivo de cuantos perciban emolumentos modestos como remuneración de trabajo*". Son el antecedente de la actualmente denominada "vivienda protegida" o, en el ámbito internacional, "vivienda social". A esta ley le siguió la de 1921, seguida de su reglamento provisional del mismo año y, durante la II República, la denominada Ley Salmón de 1935, llamada así por el Ministro de Empleo que la promovió, lo que pone de manifiesto una de las principales características definitorias de la política de vivienda en España: ha estado más concebida para impulsar la economía y el empleo que para posibilitar el ejercicio del pretendido derecho a una vivienda digna.[37]

Durante el franquismo, el máximo exponente de la política de vivienda fue el Plan Nacional de Vivienda 1961-1976, junto con las leyes de arrendamientos a las que me referiré posteriormente.

La Constitución de 1978 descentralizó la competencia sobre vivienda que fue asumida por todas las CCAA a través de sus respectivos estatutos de autonomía, pese a lo cual el Estado nunca ha dejado de publicar planes de vivienda de vigencia temporal.

---

36 ARGELICH C., *La evolución histórica del arrendamiento forzoso de vivienda: de la imposición a la expropiación*, e-Legal History Review, 2017, 25 de julio.

37 VAQUER CABALLERÍA M., "Retos y oportunidades para una política cabal de vivienda tras la crisis económica" en VAQUER CABALLERÍA M., PONCE SOLÉ J. y ARNAIZ RAMOS" R., *Propuestas jurídicas para facilitar el acceso a la vivienda*, Fundación Coloquio Jurídico Europeo, 2016, págs. 13-16.

De todo ello, concluye VAQUER CABALLERÍA[38], se deriva que, históricamente, ha habido una correlación entre política de vivienda, vivienda protegida y planes de vivienda, correlación que, sin embargo, no es exclusiva ni excluyente. En efecto, como sostiene este autor, las políticas de vivienda han venido mucho más marcadas en España por las leyes fiscales, del mercado hipotecario y de arrendamientos urbanos, por ejemplo, que no por las leyes y los planes de vivienda. Y es importante destacarlo para no depositar expectativas exageradas en la planificación de vivienda, cuya capacidad para incidir en los mercados de vivienda es limitada.

Ello explica que dichas políticas hayan primado de forma casi permanente la obra nueva sobre la rehabilitación, la promoción privada sobre la pública, -incluso en el segmente de la vivienda protegida, concebida en España no como un patrimonio público sino como un mercado regulado alternativo al mercado libre- y a la propiedad sobre el alquiler u otras formas temporales de acceso, rasgos que nos diferencian netamente de los países europeos de nuestro entorno.

3.2. EVOLUCIÓN LEGISLATIVA DE LA REGULACIÓN DEL ARRENDAMIENTO DE VIVIENDA DESDE 1920 HASTA LA CRISIS DE 2007.

Podemos agrupar la evolución legislativa en los siguientes periodos:

3.2.1. Periodo 1920-1964

Se caracteriza por una congelación absoluta del precio de los alquileres de los contratos de arrendamiento de vivienda existentes, la imposición de la prórroga forzosa de los mismos para el

---

38 VAQUER CABALLERÍA M., "Retos y oportunidades para una política cabal de vivienda tras la crisis económica" en VAQUER CABALLERÍA M., PONCE SOLÉ J. y ARNAIZ RAMOS R., *Propuestas jurídicas para facilitar el acceso a la vivienda,* Fundación Coloquio Jurídico Europeo, 2016,, págs.14-15

arrendador y la limitación del precio de los nuevos contratos en función de la renta vigente con anterioridad.

Se inició esta regresión con el Decreto Bugallal de 1920 que ya otorgó al inquilino la opción de prorrogar el contrato sin aumento de renta. Esta opción fue diluida para viviendas de nueva construcción por la República en diciembre de 1931, pero acabó siendo reforzada por la Ley de Arrendamientos Urbanos (LAU) de 1946, que "*reafirma el principio de prórroga obligatoria del contrato para el arrendador.*"

Según los datos del censo de edificación y vivienda, en 1953, el 51% de las viviendas principales de nuestro país estaban dedicadas a alquiler[39]. Es más, en las dos principales ciudades españolas, Madrid y Barcelona, ese porcentaje superaba el 80%. Según el censo de población y vivienda de 2001, en ese año la situación había evolucionado y se había más que invertido: sólo el 11.5% de las viviendas principales en España estaba dedicada al arrendamiento. En las provincias de Barcelona y Madrid el porcentaje era superior, aunque no mucho mayor: 13,8 y 13,7% respectivamente. Es decir, en cincuenta años, en las dos principales ciudades españolas se había pasado de algo más del 80% de vivienda en alquiler a menos del 14%.

Lo expuesto, por sí solo, sirve para poner en tela de juicio la extendida creencia de que el español tiene una especial querencia por la vivienda en propiedad. La evolución descrita pone de manifiesto que la actual preponderancia de la propiedad es una consecuencia de la política seguida al respecto por la dictadura franquista, continuada, en este punto, por los diferentes gobiernos democráticos.

---

39 MÉNDEZ GONZÁLEZ F.P., "Los Fondos de Inversión Inmobiliaria como instrumentos para el desarrollo del mercado de arrendamiento de vivienda", en ORTÍ VALLEJO A. y ROJO ALVAREZ-MANZANEDA R. (Coords.), *Estudios sobre los Fondos de Inversión Inmobiliaria,* Ed. Thomson-Reuters, Cizur Menor (Navarra), 2009, págs. 99-140

En efecto, la dictadura franquista llevó a cabo una política sostenida de promoción de viviendas protegidas, de un modo u otro, -"viviendas sociales"- dirigida, en todo caso, a facilitar su adquisición en propiedad, mientras que otros países europeos –v.gr.: Alemania, Francia- estaban llevando a cabo políticas públicas dirigidas a facilitar el acceso a las mismas en régimen de alquiler.

No solo eso, sino que el desarrollo del mercado de alquileres de viviendas en nuestro país se vio dificultado gravemente como consecuencia del carácter excesivamente tuitivo de las diferentes leyes arrendaticias urbanas.

Al final de este periodo, se promulgó la Ley de Propiedad Horizontal de 21 de julio de 1960, aún en vigor, tras sucesivas reformas, que estimuló fuertemente la adquisición en propiedad. En Cataluña fue sustituida por la Ley 5/2006 del Libro V del Código civil de Cataluña que, con sucesivas modificaciones, regula la propiedad horizontal en Cataluña.

3.2.2. Período 1964-1985

La Ley de Arrendamientos Urbanos de 1964 (LAU) estableció la libertad de fijación de la renta en los nuevos contratos y la posibilidad de pactar una cláusula de actualización de rentas, hasta entonces ilegal. Mantuvo la obligatoriedad de la prórroga para el arrendador y consagró, además, un régimen de subrogaciones, tanto *ínter vivos* como *mortis causa,* favorable a los intereses del arrendatario. Los contratos antiguos tendrían seis aumentos, que se mantendrían por debajo de la inflación, el último de los cuales fue en 1977[40].

---

40 La Ley anterior a la de 1964 era la de 13 de abril de 1956, que es la fecha del Decreto que aprobó el texto articulado sobre las Bases que aprobó la Ley de 22 de diciembre de 1955. La Ley de 11 de junio de 1964 la reformó en parte y la reforma entró en vigor el 1 de julio del mismo año. Después se redactó el Texto Refundido con lo que había subsistido de

En este periodo se aprobaron los denominados Pactos de La Moncloa por las diversas fuerzas políticas que integraban el arco parlamentario en 1977.[41]

El texto que sirve de base a toda la política de reformas estructurales y de política económica seguidas por los diferentes gobiernos democráticos es, sin duda, el de los denominados Pactos de la Moncloa, firmados por las diferentes fuerzas del arco parlamentario en 1977. Dichos acuerdos –que están en la base del consenso alcanzado para hacer posible la Constitución de 1978- explican la continuidad de la política económica durante todo este periodo, continuidad que es la base del éxito económico alcanzado, si bien los consensos parecen haberse roto desde 2010.

En la materia que nos ocupa, los aspectos más relevantes de dichos *Pactos* son los siguientes:

El apartado V de los mismos se refiere a *Política de urbanismo, suelo y vivienda* y se subdivide en dos apartados: *A) Urbanismo y suelo y B) Vivienda.*

Pues bien, en el apartado V.B –*vivienda*- contiene las siguientes previsiones:

> 1.-"*En lo referente a vivienda, la actuación del Gobierno se orientará en una doble vertiente: de una parte, hacia el establecimiento de mecanismos que garanticen la financiación de la vivienda dentro de plazos adecuados, y, de otra, hacia el aumento de la construcción de viviendas para los sectores más necesitados de la población.*

---

la Ley anterior y las modificaciones introducidas por la nueva Ley, resultando de todo ello el texto que he citado como Ley de Arrendamientos Urbanos de 24 de diciembre de 1964.

41 MÉNDEZ GONZÁLEZ F.P., "Los Fondos de Inversión Inmobiliaria como instrumentos para el desarrollo del mercado de arrendamiento de vivienda," en ORTÍ VALLEJO A. y ROJO ALVAREZ-MANZANEDA R. (Coords.) *Estudios sobre los Fondos de Inversión Inmobiliaria*, Ed. Thomson-Reuters, Cizur Menor (Navarra), 2009, págs. 114-116

2.-Prioridad absoluta a la construcción de viviendas con destino a la población de menor renta durante 1978 y 1979, elevando el número de las programadas en 1977 y favoreciendo el disfrute de parte de las mismas en régimen de alquiler.

7.-Realización de los estudios pertinentes para conocer el mercado de la vivienda de alquiler en España, de tal forma que, a partir de los resultados obtenidos, se posibilite una actualización de la Ley de Arrendamientos Urbanos u otras medidas pertinentes.

9.-Remoción de los obstáculos jurídicos y administrativos que se oponen a la creación de un mercado amplio de hipotecas, revisando para ello el impuesto que grava las transmisiones patrimoniales en el ámbito de los bienes inmuebles[42] *y proponiendo la regulación de fondos de inversión mobiliaria que tomen como activo las hipotecas sobre inmuebles".*

El apartado VV –*Reforma del sistema financiero*- se refería, como indica su encabezamiento, a la reforma del sistema financiero, íntimamente ligado al desarrollo de mercado inmobiliario. Y, entre otras, contenía las siguientes previsiones:

"7.-Respecto al mercado de hipotecas, se eliminarán las trabas legales y administrativas que actualmente obstaculizan el desarrollo del mismo.

9.-Se revisará la legislación vigente en materia de inversión colectiva".

Esta última revisión se halla en la base de la posterior regulación de los Fondos de Inversión Inmobiliaria (FII).

En dichos Pactos, la prioridad sigue siendo la construcción de viviendas dirigida a su adquisición en propiedad, como se deduce de la previsión referente a la potenciación de un mercado eficiente de hipotecas, para cuya financiación ya se hace referencia

---

[42] Ello dio lugar al Real Decreto Legislativo 3050/1980 de 30 de diciembre por el que se aprueba el Texto Refundido de la Ley del Impuesto sobre Transmisiones Patrimoniales y Actos Jurídicos Documentados, posteriormente transferido a las CCAA mediante la Ley 14/1996, de 30 de diciembre, de cesión de tributos del Estado a las Comunidades Autónomas y de medidas fiscales complementarias

a la necesidad de "*regulación de fondos de inversión inmobiliaria que tiene como activo las hipotecas sobre inmuebles*".

Esta previsión hay que entenderla referida no tanto a los entonces futuros Fondos de Inversión Inmobiliaria (FII) cuanto a la necesidad de creación de un mercado de títulos hipotecarios como instrumento de financiación de la demanda de crédito necesario para la construcción y adquisición de inmuebles destinados a vivienda.

A ello respondió la Ley 2/1981 de Regulación del Mercado Hipotecario, que atribuyó a las entidades financieras la posibilidad de conceder préstamos y créditos garantizados con hipotecas –competencia que hasta poco antes tenía atribuida el Banco Hipotecario de España, si bien, posteriormente, también las Cajas de Ahorros y mediante autorización del Banco de España, también los Bancos -, lo que supuso un aumento de la capacidad productiva y de la competencia dentro del sector.

A pesar de las referencias a los arrendamientos contenidas en los Pactos de la Moncloa, la opción arrendaticia seguía siendo contemplada como puramente residual, dirigida, además, a los sectores de la población con menores niveles de renta, lo que no contribuía, precisamente, a dotar a la opción arrendaticia de una reputación atrayente.

Considerando todo lo expuesto, resulta difícil concebir un contexto institucional más inapropiado para el desarrollo de un mercado arrendaticio de viviendas en nuestro país

3.2.3. Período 1985-1994

El Real Decreto-Ley 271/1985, de 30 de abril sobre medidas de política económica –popularmente conocido como *Decreto Boyer*[43], *estableció la duración mínima del contrato en un año y derogó el derecho*

43 La denominación se debe a al nombre del Ministro de Economía, Hacienda y Comercio que lo impulsó: Miguel Boyer Salvador.

de prórroga forzosa del arrendatario establecido por el artículo 57 LAU/1964, si bien sin efectos retroactivos y, por lo tanto, tal medida era aplicable únicamente a los contratos celebrados con posterioridad a la entrada en vigor del Real Decreto-Ley[44]*, así como lo dispuesto por los artículos 34 y 38 de la Ley Hipotecaria, cuyo ámbito de aplicación incluía los contratos de arrendamiento celebrados con posterioridad a la entrada en vigor del citado Real Decreto-Ley*[45]*. Resulta de sumo*

---

44 El artículo 9 del denominado Decreto Boyer establecía lo siguiente: *" Supresión de la prórroga forzosa en los contratos de arrendamientos urbanos: 1.-Los contratos de arrendamientos de viviendas o locales de negocio que se celebren a partir de la entrada en vigor del presente Real Decreto-Ley tendrán la duración que libremente estipule las partes contratantes, sin que les sea aplicable forzosamente el régimen de prórroga establecido por el art. 57 de la Ley de Arrendamientos Urbanos, Texto Refundido aprobado por Decreto 4104/1964 de 24 de diciembre y sin perjuicio de la tácita reconducción prevista en el artículo 1566 del Código Civil. 2.- Dichos contratos, salvo lo dispuesto en el apartado anterior, se regularán por las disposiciones vigentes en materia de arrendamientos urbanos."*
Aunque suele afirmarse que el efecto de este Real Decreto-Ley fue el de alumbrar al mercado unas trescientas mil viviendas en alquiler, ello dista de estar confirmado empíricamente.

45 Lógicamente, al quedar derogado el derecho de prórroga forzosa por el arrendatario, volvió a recuperar su plena vigencia el artículo 1571 del Código civil (Cc), en relación a los arrendamientos posteriores a la entrada en vigor del *Decreto Boyer,* así como lo dispuesto por los artículos 34 y 38 de la Ley Hipotecaria (LH), cuyo ámbito de aplicación incluía los contratos de arrendamiento celebrados con posterioridad a la entrada en vigor del citado Real Decreto-Ley y, por tanto, en caso de venta de la vivienda arrendada por el propietario, para que el arrendamiento se impusiese a tercero de buena fe, era necesario que el derecho arrendaticio constase inscrito.
Sin embargo, no hubo una regulación específica de la inscripción del derecho arrendaticio hasta 1996. En este año, el Real Decreto 297/1996, de 23 de febrero, sobre Inscripción en el Registro de la Propiedad de los Contratos de Arrendamientos Urbanos, reguló esta cuestión, como consecuencia de lo establecido por la Ley 29/1994, de 24 de noviembre, de Arrendamientos Urbanos, en materia de prórroga forzosa.

interés la justificación de la Exposición de Motivos de las medidas adoptadas en materia de arrendamientos:

"La situación del sector de la construcción ha aconsejado aplicar a este tipo de inversión el mismo tratamiento fiscal en el Impuesto sobre la Renta de las Personas Físicas que disfrutan otros activos, así como la supresión de la prórroga forzosa de los arrendamientos urbanos que, sin duda, estimulará la construcción de viviendas y locales destinados a alquiler.

Pero esta medida tiene una trascendencia que va más allá de la mejora en la actividad del sector de la construcción. En efecto, el mercado de arrendamientos no se caracteriza sólo por una oferta reducida y en retroceso desde hace décadas, sino porque los alquileres iniciales se fijan en unos altos niveles como consecuencia de que el propietario, al contratar, tiene presente la eventual indemnización que debe pagar al arrendatario para que acepte la rescisión del contrato.

La reforma incluida en este Real Decreto-ley al aumentar la oferta reducirá la presión al alza de los alquileres con beneficio para el propietario y para el arrendatario, lo que permitirá satisfacer las necesidades de vivienda a una generación de jóvenes que, debido a la situación de bajo crecimiento económico, tienen dificultades para adquirir una vivienda, y además una mayor movilidad geográfica de los recursos humanos, lo cual va a facilitar los procesos de ajuste sectorial que todavía deben producirse en la economía española.

Esta reforma, no obstante, sólo afectará a los contratos que se celebren a partir de la entrada en vigor de este Real Decreto-ley, pues tanto la complejidad de la materia como la trascendencia social de revisar la situación de los contratos en vigor aconsejan que se realice a través de una ley ordinaria, que se enfrente no sólo a aspectos parciales, sino a la problemática de los arrendamientos urbanos en su conjunto.".

Lógicamente, al quedar derogado el derecho de prórroga forzosa por el arrendatario, volvió a recuperar su plena vigencia el artículo 1571 del Código civil, en relación a los arrendamientos posteriores a la entrada en vigor del *Decreto Boyer*, así como lo dispuesto por los artículos 34 y 38 de la Ley Hipotecaria, cuyo ámbito de aplicación incluía los contratos de arrendamiento celebrados con posterioridad a la entrada en vigor del citado Real Decreto-Ley y, por lo tanto, en caso de venta de la vivienda arrendada por el propietario, para que el arrendamiento se impusiese a tercero de buena fe, era necesario que el derecho arrendaticio constase inscrito.

Sin embargo, no hubo una regulación específica de la inscripción del derecho arrendaticio hasta 1996. En este año, el Real Decreto 297/1996, de 23 de febrero, sobre Inscripción en el Registro de la Propiedad de los Contratos de Arrendamientos Urbanos, reguló esta cuestión, como consecuencia de lo establecido por la Ley 29/1994, de 24 de noviembre, de Arrendamientos Urbanos, en materia de prórroga forzosa.

Aunque suele afirmarse que el efecto de este Real Decreto-Ley fue el de alumbrar al mercado unas trescientas mil viviendas en alquiler, ello dista de estar confirmado empíricamente. De hecho, algunos autores[46] sostienen que no consiguió relanzar el alquiler como forma de tenencia ni consiguió abaratar el precio de los alquileres

3.2.4. Ley de Arrendamientos Urbanos de 1994

La Ley 29/1994, de 24 de noviembre de Arrendamientos Urbanos derogó la LAU/ 1964 y también el denominado Decreto Boyer de 1985, cuyo artículo 9 había derogado, a su vez, el artículo 57 de la LAU/1964 referente al derecho de prórroga forzosa del arrendatario.

En esta materia, la Ley 29/1994 supuso un retroceso en relación al Decreto Boyer, aunque sin llegar a los límites del artículo 57 de la LAU/1964, a cuyos perjudiciales efectos se refiere la Ley

---

46 FERNÁNDEZ CARBAJAL A., *Veinticinco años de política de vivienda en España (1976-2001), una visión panorámica,* Tribuna Económica, ICE, julio-agosto, 2004, pág. 15.

en su Preámbulo. El Preámbulo justifica la restricción de la libertad de contratación de las partes en materia de arrendamiento de vivienda -no así de local de negocio- del siguiente modo:

> *"El Real Decreto-ley 2/1985 ha tenido resultados mixtos. Por un lado, ha permitido que la tendencia a la disminución en el porcentaje de viviendas alquiladas que se estaba produciendo a principios de la década de los ochenta se detuviera, aunque no ha podido revertir sustancialmente el signo de la tendencia. Por otro lado, sin embargo, ha generado una enorme inestabilidad en el mercado de viviendas en alquiler al dar lugar a un fenómeno de contratos de corta duración. Esto a su vez ha producido un movimiento de incremento de las rentas muy significativo, que se ha visto agravado por su simultaneidad en el tiempo con un período de elevación de los precios en el mercado inmobiliario."*

Y, en última instancia, justifica la restricción contractual introducida en relación al tiempo mínimo de duración del contrato de arrendamiento de vivienda, apelando al artículo 47 CE:

> *"Por ello, la finalidad última que persigue la reforma es la de coadyuvar a potenciar el mercado de los arrendamientos urbanos como pieza básica de una política de vivienda orientada por el mandato constitucional consagrado en el artículo 47, de reconocimiento del derecho de todos los españoles a disfrutar de una vivienda digna y adecuada.*
>
> *La consecución de este objetivo exige una modificación normativa que permita establecer un equilibrio adecuado en las prestaciones de las partes, y aunque es evidente que el cambio normativo por sí mismo no constituye una condición suficiente para potenciar la oferta en este sector, sí es una condición necesaria para que ello se produzca."*

Resulta sorprendente este razonamiento, pues parte de que la libertad contractual es contraria al derecho a la vivienda del articulo 47 CE porque dificulta la oferta de vivienda, mientras que la restricción de tal libertad, concediendo prerrogativas no negociables a los potenciales arrendatarios, favorece el aumento de la misma. Este razonamiento es contrario a toda evidencia empírica, a la historia del arrendamiento en nuestro país y a todo modelo teórico. La inconsistencia lógica y económica de este razonamiento explica gran parte de los errores cometidos en la política arrendaticia de vivienda y, por lo tanto, la debilidad del mercado arrendaticio de viviendas.[47]

En líneas generales, con la nueva Ley, por lo que se refiere al arrendamiento de viviendas, la duración mínima del contrato se establece en cinco años –aunque el pactado fuera inferior- con posibles prórrogas anuales, si no media denuncia, por períodos máximos de tres años.[48]

Otras novedades importantes introducidas por la nueva Ley fueron las referentes al régimen de revisión de rentas de los contratos anteriores y la reforma procesal para agilizar el desahucio.

Al propio tiempo, de acuerdo con la filosofía que inspira la nueva Ley –si bien aún notablemente tuitiva en materia de viviendas- el Preámbulo manifiesta que :

---

47 No hace menos inconsistente el razonamiento el hecho de que se mitigue el régimen de las subrogaciones. A este respecto dice el Preámbulo: *"El establecimiento de un plazo de duración limitado permite mitigar el impacto que el instituto de las subrogaciones pudiera tener sobre el equilibrio de las prestaciones. En la medida en que el derecho de las personas subrogadas a continuar en el uso de la vivienda arrendada sólo se mantiene hasta la terminación del plazo contractual, no existe inconveniente en mantener dicho derecho en el ámbito mortis causa a favor de aquellas personas con vinculación directa con el arrendatario. Destaca como novedad el reconocimiento de este derecho al conviviente «more uxorio».*
En relación con las subrogaciones ínter vivos, sólo se reconoce su existencia previo consentimiento escrito del arrendador. Al mismo tiempo, se introduce una novedad en casos de resoluciones judiciales que, en procesos de nulidad, separación o divorcio, asignen la vivienda al cónyuge no titular. En estos casos, se reconoce «ex lege» a dicho cónyuge el derecho a continuar en el uso de la vivienda arrendada por el tiempo que restare del contrato".

48 *El régimen de prórroga forzosa venía establecido en los artículos 9 y 10 de la LAU/94. La STC 89/1994, de 17 de marzo sobre la LAU//94 declaró constitucional la prórroga forzosa por tratarse de "una delimitación del derecho de propiedad que encuentra una justificación en la proclamación del artículo 47 del Texto Fundamental".*

"al mismo tiempo se consagra expresamente la posibilidad de todos los contratos de arrendamiento de acceder al Registro de la Propiedad, intentando, por otro lado, potenciar esta posibilidad de acceso mediante la vinculación de determinadas medidas de fomento o beneficio al hecho de la inscripción. Este hecho no solo contribuye a reforzar las garantías de las partes, sino que incrementa la información disponible para el Estado, permitiéndole el diseño y ejecución de aquellas medidas que puedan contribuir a la mejora de la ordenación normativa y de la práctica de los arrendamientos".

De conformidad con esta previsión, la Disposición Adicional Segunda modificó la Ley Hipotecaria suprimiendo algunas de las restricciones existentes para la inscripción de los arrendamientos[49], al tiempo que concedía al Gobierno un plazo de nueve meses para regular *"reglamentariamente los requisitos de acceso de los contratos de arrendamientos urbanos al Registro de la Propiedad".*

En ejecución del mandato contenido en dicha Disposición Adicional se promulgó el Real Decreto 297/1996 de 23 de febrero, sobre Inscripción en el Registro de la Propiedad de los Contratos de Arrendamientos Urbanos. En el artículo 7. 1 dispone:" *Cancelación.-1. Conforme a lo dispuesto en el art. 353, apartado 3, del Reglamento Hipotecario, se cancelarán de oficio por el Registrador de la Propiedad las inscripciones de los arrendamientos urbanos de duración inferior a cinco años, cuando hayan transcurrido ocho años desde la fecha inicial del contrato y no conste la prórroga convencional de éste".*[50]

---

49 La Disposición Adicional Segunda establece en su núm.1: *"El art.2, número 5° de la Ley Hipotecaria, aprobada por Decreto de 8 de febrero de 1946, tendrá la siguiente redacción: 5°.-Los contratos de arrendamiento de bienes inmuebles y los subarriendos, cesiones y subrogaciones de los mismos".*

50 Los demás números del art. 7 disponen:
"2. Por el mismo procedimiento se cancelarán de oficio las inscripciones de los demás arrendamientos urbanos, una vez que haya transcurrido el plazo pactado y no conste en el Registro la prórroga del contrato.
3. La copia del acta notarial por la que el arrendatario notifica al arrendador su voluntad de no renovar el contrato, en los casos comprendidos en el párrafo primero

Es decir, el RD 297/1996 venía a introducir tímidamente el principio de que, una vez transcurridos los cinco primeros años del contrato, para que la prórroga afectase a tercer adquirente debía constar inscrito el ejercicio del derecho por el arrendatario. No otro es el sentido de lo dispuesto por el artículo 7 RD 297/1996, pues, en otro caso, no tendría sentido la inscripción de los contratos de arrendamiento en el Registro de la Propiedad.[51]

El regulador no se atrevió a dar el paso requerido para compatibilizar el derecho de prórroga forzosa –que tan sólo favorece al arrendatario vigente, no a los potenciales arrendatarios- con las exigencias de seguridad del tráfico jurídico, que favorece a todos, incluidos también los potenciales arrendatarios, pues, por un lado, facilita el tráfico y, como consecuencia, la asignación eficiente de recursos y, por otro, abarata el crédito con garantía hipotecaria. La LAU /94 no proporcionaba cobertura suficiente para ello[52].

---

del artículo 10 de la Ley 29/1994 será título suficiente para la cancelación del arrendamiento.

4. Del mismo modo podrá cancelarse la inscripción en los supuestos comprendidos en dicho párrafo primero del artículo 10 de la Ley 29/1994, mediante la presentación de la copia del acta notarial por la que el arrendador notifique al arrendatario su voluntad de no renovar el contrato, siempre que la notificación se haya hecho en tiempo oportuno y personalmente por el Notario en la forma prevenida por el artículo 202 del Reglamento Notarial."

51 Sobre la inscripción de los arrendamientos en el Registro de la Propiedad, véase PAU PEDRÓN A. *La protección del arrendamiento urbano,* Civitas, Madrid,1991,*La inscripción de los arrendamientos de bienes inmuebles,* Boletín del CORPME, núm.1 -segunda época-, febrero de 1995. GRADO SANZ Mª C. y RUANO BORRELLA J.P., *Inscripción del arrendamiento de bienes inmuebles. Efectos en cuanto a tercero del arrendamiento no inscrito. El derecho de retorno,* RCDI, núm.583, noviembre-diciembre de 1987, págs.677-1702.MÉNDEZ GONZÁLEZ F.P., *Derechos reales y titularidades reales.* RCDI, núm.:736., marzo 2013, págs.,763-859, MOLINA IGLESIAS S., *Arrendamientos urbanos y Registro de la Propiedad,* Ed. Aranzadi, 2024

52 La Ley 23/2003, de 10 de julio, de Garantías en la Venta de Bienes de Consumo modificó diferentes preceptos de la Ley de Enjuiciamiento

Según la Cámara de la Propiedad Urbana de Barcelona[53], puede afirmarse que, como consecuencia de esta política restrictiva, la vivienda en régimen de alquiler en el conjunto de Cataluña se hallaba en pleno retroceso desde hace siete décadas. El año 1950, las viviendas en alquiler en Cataluña representaban el 70% de las viviendas principales y, de acuerdo con los datos del censo de población, en 2011 representaban el 19.8% del total.

En ese mismo periodo el parque de viviendas de residencia permanente en Cataluña creció en 2.169.125 unidades, pero solamente 39.770 corresponden al mercado de alquiler.

En la ciudad de Barcelona el retroceso del mercado del alquiler ha sido todavía mayor. En 1950, el 93% de las viviendas principales eran de alquiler, cifra que se había reducido al 30.1% en 2011. En términos absolutos, las cifras son sorprendentes: actualmente, en la ciudad de Barcelona hay 54.260 vivienda menos en alquiler que hace siete décadas.

El hecho de que a lo largo de nuestra historia hayan prevalecido la restricción contractual frente a la libertad de pactos en materia arrendaticia urbana, ha impedido la profesionalización y, por lo tanto, el desarrollo del mercado arrendaticio urbano, lo cual ha tenido como consecuencia el desarrollo de la vivienda en propiedad, incentivado, además, por el fomento de políticas públicas de viviendas sociales en régimen propiedad.

Dicho modelo fue consolidado por los Pactos de la Moncloa de 1977 y entró en crisis con la denominada crisis de las *subprime* de 2007, de la que no hemos acabado de salir.

Civil (LEC). Entre ellos, el párrafo segundo del apartado cuarto del artículo 22 con la finalidad de agilizar los desahucios por falta de pago –Disposición Adicional Primera-

53 Revista de la *Cambra de la Propietat Urbana* de Barcelona, junio de 2018, pág.3.

3.3. LA BURBUJA FINANCIERA Y EL AGOTAMIENTO DEL MODELO

Hasta el año 2007 el mercado hipotecario español se fue desarrollando a un ritmo sin precedentes, llegando a ser uno de los más importantes de la Unión Europea[54]. A ello contribuyeron diferentes factores, entre los que cabe citar los siguientes:

En primer lugar, la regulación del mercado hipotecario por la Ley 2/1981 de 25 de marzo –desarrollada por el RD 685/1982 de 17 de marzo-, que atribuyó a las entidades financieras la posibilidad de conceder préstamos y créditos garantizados con hipotecas –competencia que hasta poco antes tenía atribuida el Banco Hipotecario de España-, lo que supuso un aumento de la capacidad productiva y de la competencia dentro del sector. La ley supuso la liberalización del mercado primario de préstamos hipotecarios y la regulación del mercado secundario de títulos de la misma clase.

En segundo lugar, la promulgación de la Ley 2/1994, de 30 de marzo sobre subrogación y modificación de préstamos hipotecarios, la cual, al articular un procedimiento sencillo y eficaz para hacer efectivo el derecho que el art. 1211 del Código civil reconoce a los deudores de amortizar anticipadamente la deuda mediante otro préstamo concedido específicamente con esa finalidad, manteniendo la hipoteca el rango correspondiente a la deuda extinguida, contribuyó a incrementar la competencia entre las entidades financieras, lo que, a su vez, contribuyó notablemente a la contención de los tipos de interés de los préstamos hipotecarios[55].

En tercer lugar, el ingreso de España en la moneda única europea contribuyó a que los tipos de interés se situaran, por debajo,

---

54 Véanse los datos facilitados por la Federación Hipotecaria Europea en ttp://www.hypo.org/content/default.asp?PageID=524

55 Dicha Ley se basa en el artículo "*Coste del cambio de hipoteca*" publicado en el diario La Vanguardia el 3 de octubre de 1993 por Fernando P. Méndez González y Alfonso Hernández Moreno.

incluso, de la tasa de inflación de la economía española, como consecuencia, entre otros factores, de la política monetaria seguida por el Banco Central Europeo, especialmente influida por las necesidades de las economías más productivas y poderosas de la Unión Europea.

Todo ello contribuyó a configurar un panorama en el que las cuotas de amortización mensual del préstamo hipotecario destinado a la adquisición de vivienda competía –incluso con ventaja– con el importe mensual del alquiler de una vivienda de similares características, lo que contribuyó a un fuerte incremento de la demanda de viviendas en propiedad, la cual, a su vez, contribuyó poderosamente a la escalada de precios de la vivienda hasta finales de 2007.

Los precios alcanzados y la evolución de los tipos de interés dieron lugar a que el esfuerzo para adquirir una vivienda llegara a sobrepasar en algunas comunidades autónomas el 50% de la renta familiar (vgr.: Madrid o Baleares).

Adicionalmente, la parte de intereses de la cuota mensual del préstamo hipotecario podía llegar a superar el importe de las rentas arrendaticias para inmuebles equivalentes, a partir de cuyo momento ya no sería rentable, en esas condiciones y en las previsibles, endeudarse para comprar, sino alquilar. En esa situación muchos ciudadanos y familias comenzaron a contemplar la opción arrendaticia como una opción racional.

En todo caso, ese modelo se agotó con la crisis financiera que se inició en Estados Unidos a finales de 2007 y que dio lugar a la denominada *Gran Recesión*, la mayor crisis económica experimentada por el mundo desarrollado desde la crisis de 1929[56] y que afectó especialmente a las economías con un alto nivel de endeudamiento privado, como el caso de España, país en el que los ciudadanos se endeudaron extraordinariamente como

---

56 WOLF M., *La gran crisis: cambios y consecuencias.* Ed.: Deusto, 2014, págs. 93-100. KAY J., *El dinero de los demás,* RBA, 2017, págs. 59-60.

consecuencia de la denominada "burbuja inmobiliaria", que no fue sino una consecuencia más de la "burbuja financiera", cuestiones estas en las que no me extenderé por quedar al margen del objeto de este trabajo.[57]

Quiero dejar claro, sin embargo, que sin burbuja financiera no hubiera habido burbuja inmobiliaria y que la burbuja inmobiliaria no fue la única que produjo la burbuja financiera.[58]

Es preciso resaltar que la existencia de una moneda única en un área económica que no reúne las condiciones para ser un área monetaria y que es gestionada de acuerdo con los intereses de las áreas económicas más fuertes, produce información errónea en las áreas económicas más débiles, con las consecuencias que hemos visto y aún peores[59] .

---

57 Para el análisis de este periodo, véase cfr. MONTALVO, JM., "Financiación inmobiliaria, burbuja crediticia y crisis financiera: lecciones de la recesión 2008-09 https://jgmontalvo.com/wp/BURBUJAS%20 INMOBILIARIAS%20Y%20CRISIS%20FINANCIERAS.pdf . NASARRE AZNAR, S., *Los años de la crisis de la vivienda. De las hipotecas subprime a la vivienda colaborativa,* Tirant lo Blanch, 2020. MÉNDEZ GONZÁLEZ F.P., "Crisis hipotecaria y reacción institucional: una perspectiva registral", en ANDERSON M., ARROYO E. APARICIO A. (Dirs.), en *Cuestiones hipotecarias e instrumentos de previsión. El impacto del Derecho de la Unión Europea,* Ed. Marcial Pons, 2021. MÉNDEZ GONZÁLEZ F.P.,*Mortage Gate:Las incertidumbres sobre la ejecutabilidad de las hipotecas gestionadas por el Morgage Electronic Registration System en Estados Unidos.* Revista Crítica de Derecho Inmobiliario, núm. 724.

58 MÉNDEZ GONZÁLEZ F.P., "Crisis hipotecaria y reacción institucional: una perspectiva registral, " en ANDERSON M., ARROYO E. APARICIO A. (Dirs.), en *Cuestiones hipotecarias e instrumentos de previsión. El impacto del Derecho de la Unión Europea,* Ed. Marcial Pons, 2021, págs.19-24.

59 DE LA DEHESA, G., *Fallos de diseño y de gestión del área euro,* en *El País Negocios,* de 8 de mayo de 2011, donde se hace un excelente resumen de los fallos de diseño y de sus consecuencias, unidos a los fallos de gestión que contribuyeron a dificultar la salida de la crisis a los países periféricos del área euro.

Si en vez de pertenecer al club del euro hubiésemos tenido una moneda nacional, los tipos de interés de los préstamos hipotecarios no hubieran podido situarse por debajo de nuestro nivel de inflación, lo que hubiera inducido una demanda de crédito menor y más acorde con nuestra situación económica. La realidad fue que, debido a un exceso de liquidez, en buena parte relacionado con nuestro ingreso en el euro, la economía española vivió, toda ella, inmersa en una *burbuja crediticia*, de la que la *burbuja inmobiliaria* no fue sino una consecuencia más[60].

En una situación tal, los consumidores dedicaron el crédito, tan fácilmente obtenido, a la adquisición de bienes imposibles de adquirir sin el recurso al mismo, singularmente la vivienda, aunque no solamente la vivienda. Esta sobredemanda -es decir, este exceso de demanda de crédito debida al precio excesivamente bajo del dinero- tuvo como consecuencia un crecimiento paralelo de los precios de la vivienda, por encima de lo que hubieran crecido si el precio del dinero hubiera sido el que correspondía a nuestra economía.

A esta situación se la denominó -y aún continúa denominando- *burbuja inmobiliaria*. Esta expresión encierra unos sobreentendidos que han dificultado y siguen dificultando la instrumentación de una política adecuada en relación al sector inmobiliario, un sector fundamental en cualquier economía y no solo en la española, aunque lo haya sido de un modo especial en el pasado reciente.

---

60 Desarrollo más ampliamente esta tesis en MÉNDEZ GONZÁLEZ F.P., *Origen de la crisis hipotecaria y activismo judicial*, en RAED, Tribuna Plural,, núm.14, 1/2017, págs. (305-335) También en MÉNDEZ GONZÁLEZ F. P, "Crisis hipotecaria y reacción institucional: una perspectiva registral," págs.. 19-44, en ANDERSON M., ARROYO E. APARICIO A . (Dirs.), en *Cuestiones hipotecarias e instrumentos de previsión. El impacto del Derecho de la Unión Europea*, Ed. Marcial Pons, 2021. Allí reviso y pongo al día el articulo anterior. En primer lugar, es preciso ser conscientes -cuando se utiliza esta expresión- de que tal fenómeno no se produjo únicamente en el sector inmobiliario, sino en otros muchos sectores.

En efecto, conviene recordar -cuando se utiliza esta expresión- que tal fenómeno no se produjo únicamente en el sector inmobiliario, sino también en otros sectores. Baste observar cómo durante la "década prodigiosa" el valor de las acciones del Ibex subió lo mismo que el de la vivienda y, sin embargo, no se habla de *burbuja bursátil*, o el hecho de que la deuda de algunas de las empresas del Ibex ascendía aproximadamente a la misma cantidad a la que ascendía el valor en Bolsa de algunos de los principales bancos, o el hecho de que la deuda de las empresas del *Ibex* igualaba a la deuda pública.

Tal es el efecto devastador de un precio del dinero excesivamente barato[61] . La realidad ha sido que, debido a un exceso de liquidez, en buena parte relacionado con el ingreso de España en el euro, la economía española vivió, toda ella, inmersa en una burbuja crediticia, de la que la burbuja inmobiliaria no fue sino una consecuencia más.

De acuerdo con lo expuesto, muchos individuos y familias pagaron por su casa un sobreprecio y, además, se endeudaron excesivamente, dedicando una parte desproporcionadamente elevada de su renta personal y/o familiar a la amortización del crédito hipotecario solicitado y obtenido para la compra de la vivienda.

La demanda de crédito hipotecario crecía a tal ritmo[62] —superior al 20 por 100 anual, llegando en marzo de 2006 al crecimiento récord del 27,3 por 100— que, ya desde el año 2002, el

---

61 Sobre este particular, resulta de especial interés el artículo publicado en *The Economist*, el 18 de noviembre de 2010, *Taking Von Misses to pieces, Why is the Austrian Explanation for the crisis so little discussed?*–Economist.com/blogs/buttonwood/, con referencias específicas a los casos de España e Irlanda. Es preciso ser conscientes de que el comportamiento de los agentes económicos no ha sido irracional, sino completamente racional, de acuerdo con la estructura de incentivos configurada por el precio del dinero disponible, no solamente muy bajo, sino, incluso, negativo en términos reales, es decir, en relación a la tasa de inflación.

62 Los datos que se citan proceden de la Asociación Hipotecaria Española.

ahorro nacional no bastaba para cubrirla, por lo que las entidades financieras —bancos, cajas y demás entidades de crédito— se vieron obligadas a recurrir a los mercados mayoristas de crédito para obtener recursos monetarios con los que poder satisfacer la demanda interna de crédito hipotecario.

Así, ya en 2006, el 34 por 100 del total crédito hipotecario se había financiado con títulos hipotecarios, y, lo que es aún más significativo, el 64 por 100 de la nueva demanda de crédito hipotecario[63]. En 2007, el saldo total de títulos hipotecarios compuesto por cédulas y activos hipotecarios titulizados, se situaba por encima de los cuatrocientos mil millones de euros, un 32% más que el registrado en octubre del año anterior y representaba el 40% del saldo hipotecario total. Tal situación, sin embargo, no se consideró excesivamente peligrosa en un entorno de crecimiento sostenido del precio de la vivienda.

Tras dos ejercicios de suave desaceleración, la contratación del crédito hipotecario durante 2007 registró, por primera vez, crecimiento negativo, tanto en importe formalizado como en saldos dispuestos, con respecto a los datos registrados en 2006.

Pero en el verano de 2007 estalló, en los Estados Unidos, la crisis de las denominadas hipotecas *subprime* que, posteriormente, se fue extendiendo también a las *prime*, dando lugar a una crisis financiera de proporciones desconocidas desde 1929[64].

---

63 Véase el Informe del Presidente de la Asociación Hipotecaria Española a la Asamblea de dicha Asociación correspondiente al año 2007.

64 *The Financial Crisis InquiryReport. Final Report of the National Comission on the Causes of the Financial and Economic Crisis in the United States,* de enero de 2011. Tambien es imprescindible el Informe *Reforming America´s Housing Market. A Report To Congress,* de febrero de 2011, realizado conjuntamente por el Departamento del Tesoro y el de Vivienda y Desarrollo Urbano de EEUU. SCHILLER J. R., *The Subprime Solution,* Princeton University Press, 2008, especialmente, págs. 29 -29. WOLF M., *La gran crisis: cambios y consecuencias.* Ed.: Deusto, 2014, págs. 93-100. KAY J., *El dinero de los demás,* RBA, 2017, págs. 59-60.

Como consecuencia, los mercados mayoristas de crédito entraron en el dique seco, y, por lo tanto, los bancos y cajas no podían seguir obteniendo dinero con el que financiar la demanda interna de crédito hipotecario, al tiempo que comenzaban a vencer las deudas que habían contraído para poder seguir prestando dinero, lo que restringió el crédito a promotores y compradores y produjo una contracción económica general y, especialmente, del sector inmobiliario, contracción que generó una crisis financiera interna de grandes proporciones, la reducción del número anual de hipotecas a la quinta parte aproximadamente del número anual de hipotecas de los años punteros, con una caída dramática del número de transacciones, así como un aumento dramático del desempleo.

Ello dio lugar a una bajada de los precios de los inmuebles y a un aumento de las ejecuciones hipotecarias, dada la imposibilidad de muchos compradores de atender los pagos de sus créditos. Lo mismo hay que decir en relación a los alquileres, pues muchos inquilinos no pudieron pagar sus rentas y fueron desahuciados.

La crisis financiera no solo ha afectado a nuestro país sino también a los países de la Unión Europea y, en general, a los países desarrollados de un modo especial, si bien se focalizó en aquellos en los que el tamaño del sector inmobiliario en relación a su economía era mayor y la financiación dependía en gran medida de los mercados mayoristas de crédito[65].

---

[65] A diferencia de otros países de nuestro entorno, en España disponemos de estadísticas fiables sobre ejecuciones hipotecarias y desahucios. Entre 2010 y 2017 existían alrededor de 6 millones de préstamos hipotecarios para la adquisición de vivienda. En ese periodo el total de ejecuciones hipotecarias con entrega de vivienda fue de 247.779 (0.45% de las hipotecas vivas) y los lanzamientos resultantes de alquileres fue aproximadamente de 277.332 (0.82%). Teniendo en cuenta que solo el 15.5% de la población vivía de alquiler, se concluye que se vieron mucho más afectados los arrendatarios. Los países de nuestro entorno no facilitan estadísticas desagregadas o, sencillamente, no las tienen. No obstante, recurriendo a diferentes fuentes, NASARRE AZNAR concluye

En este punto, conviene subrayar un dato importante: mientras la tasa de morosidad de los compradores con hipoteca, en su punto álgido, llegó al 6.3% en marzo de 2014, sin embargo, la del crédito al promotor llegó a alcanzar el 38% en junio del mismo año, aspecto éste central y al que no se le ha prestado la atención que merece. [66]

---

que. por lo que se refiere a las ejecuciones hipotecarias, en Alemania se ejecutaron el 0.46%, en los Países Bajos el 0.15%, en Dinamarca el 0.29% y en Irlanda el 0.15%. Por lo que se refiere a los arrendamientos, las tasas de desahucio fueron: el 0.3% en Austria, el 0.23% en Países Bajos, el 0.4 en Dinamarca, el 1.6% en Francia, el 0.20% en Flandes; el 0.4% en Inglaterra y Gales. NASARRE AZNAR S., *Los años de la crisis de la vivienda. De las hipotecas subprime a la vivienda colaborativa.* Ed.: Tirant lo Blanch, 2020, págs.321-326.

66 Concretamente, los datos de estadística judicial en España indican que entre los años 2009 y 2015, se iniciaron 587.995 procesos especiales de ejecución hipotecaria, mientras que en los años anteriores a la crisis, las ejecuciones eran estrictamente residuales, como consecuencia de la baja dudosidad hipotecaria (0,39% en junio de 2006, según la Asociación Hipotecaria Española). En aquellos momentos, además, España seguía siendo el único país de la UE carente de una regulación de las situaciones de sobreendeudamiento, carencia parcialmente cubierta a través de la reforma de la legislación concursal y de la denominada Ley de Segunda Oportunidad. Sobre este particular véase mi intervención el 20 de julio de 2011 en la Comisión para la Reforma del Sistema Hipotecario del Congreso de los Diputados. Puede verse en MÉNDEZ GONZÁLEZ F.P., *Intervenciones en el Congreso de los Diputados, Comisión de Vivienda y Comisión para la Reforma del Sistema Hipotecario,* RCDI, núm. 729, págs.. 197 a 252, especialmente, págs. 221 ss. Lo primero que debemos hacer para intentar entender adecuadamente la situación es dimensionar el problema. Si examinamos los datos que ofrece la Asociación Hipotecaria Española, observaremos que el índice de dudosidad del crédito a los hogares para la adquisición de vivienda con garantía hipotecaria llegó, en su momento álgido, al 6.3% en marzo de 2014, para, a partir de ese momento, ir bajando hasta situarse en el 4.6%,, lejos todavía de las tasas de dudosidad previas a la crisis -0.39% en junio de 2006-. En la anterior crisis -1993-1996, el punto de inflexión de la dudosidad hipotecaria fue la tasa del primer trimestre de 1994, cuando alcanzó el 5.54%, la mayor tasa registrada durante la anterior crisis. La

3.4. REFERENCIA A LA REACCIÓN DE DIVERSAS INSTITUCIONES EUROPEAS

Antes esta panorama, las instituciones comenzaron a reaccionar. Así, en el Libro Blanco sobre Integración de los mercados de crédito hipotecario de la Unión Europea, en diciembre de 2007, la Comisión Europea, decía:

> *"La Comisión considera que los estados miembros deberían mejorar la eficiencia de los procedimientos de ejecución y los procedimientos de registro. Estos factores incrementan los costes para los prestamistas hipotecarios, elevan la incertidumbre para los inversores acerca de la calidad de la seguridad subyacente y elevan los costes de refinanciación, reduciendo la eficiencia de los proveedores existentes y desanimando la entrada de nuevos proveedores"*

En esta misma línea se pronunciaba, en 2012, la Federación Hipotecaria Europea, si bien ya advertía que, como resultado de las presiones políticas y económicas, la Comisión había variado su focalización, desde la mejora de los procedimientos de ejecución hipotecaria hacia la adopción de medidas para la prevención de la misma.[67]

---

diferencia entre las tasas máximas de dudosidad entre ambas crisis, por lo que respecta al crédito hipotecario destinado a financiar la adquisición de vivienda, es de 6.3 décimas. Conviene subrayar, sin embargo, que en la última crisis, la tasa de dudosidad que afectó a las actividades inmobiliarias en general, lo que incluye el crédito a los promotores, llegó a alcanzar el 38% en junio de 2014, habiendo descendido hasta el 25.4% en el último trimestre de 2016, según las estadísticas facilitadas por la Asociación Hipotecaria Española.

67 *"Mortgage lenders in the EU are committed to the provision of sustainable long-term access to housing for borrowers.*
As such, EU lenders grant loans based on the assessment of the borrower's capacity to repay the loan based on his income, and not only on the lender's ability to foreclose in the event of borrower default.
In this context, it is important to remember that foreclosure is costly for both lenders and borrowers and preference will always be given to attempts to reach alternative arrangements.

El borrador de las recomendaciones contenidas en el Libro Blanco, sin embargo, fue pospuesto *sine die* porque, como reconocía la propia Comisión Europea, todas las medidas dirigidas a racionalizar y acortar los procedimientos de ejecución hipotecaria deberían ser cuidadosamente evaluados, dado el clima político existente, especialmente sensible a estos factores.

Entretanto, el documento sobre *Responsible Credit and Debt* anunciado en el Libro Blanco fue publicado el 15 de junio de 2009.

En este clima político fue aprobada la Directiva 2014/17/UE del Parlamento Europeo y del Consejo, de 4 de febrero de 2014, sobre los contratos de crédito celebrados con los consumidores para bienes inmuebles de uso residencial y por la que se modifican las Directivas 2008/48/CE y 2013/36/UE y el Reglamento (UE) nº 1093/2010. La Directiva debía ser traspuesta por los estados antes del 21 de marzo de 2016. En España la transposición tuvo lugar en 2019.

En octubre de ese mismo año, la United Nations-Economic Comission for Europe (UN-ECE) aprobó el *Geneva UN Charter on Sustainable Housing*. De acuerdo con el mismo:

> *"Una contabilidad transparente, eficiente y efectiva, procedimientos regulatorios y unas reglas hipotecarias dirigidas a asegurar una disponibilidad apropiada de crédito, protegen a los consumidores, refuerza la seguridad de acceder a una casa, aumenta las posibilidades de elección de casa y reduce los riesgos de perderla".*

Como vemos, Entre 2007 y 2014 el clima político y los textos aprobados por diversas instituciones europeas habían variado sustancialmente.

However, this does not change the fact that the existence of the mortgage and the lender's ability to foreclose is a cornerstone of the mortgage lending business, which makes mortgage lending a low risk and low cost way of providing housing finance. As a result of political and economic pressures, the Commission has shifted its focus away from measures to increase the efficiency of foreclosure procedures to foreclosure prevention". Puede consultarse en http://www.hypo.org/Content/default.asp?PageID=433, visitada el 25 de agosto de 2012

4. *En qué medida las normas posteriores al estallido de la crisis de las hipotecas subprime han contribuido a dificultar la accesibilidad a la vivienda tanto en régimen de propiedad como de alquiler*

4.1. CUESTIÓN PREVIA: UNA CARACTERÍSTICA COMÚN A LOS CONTRATOS DE PRÉSTAMOS Y ARRENDAMIENTO

Agotado el modelo vigente de política de vivienda basado en la dualidad propiedad/alquiler, con escasa presencia del alquiler social y de otras formas de tenencia -propiedad superficiaria, arrendamiento con opción de compra, usufructo y otras -, todas ellas residuales, el legislador español ha ido adoptando una serie de medidas con la finalidad de hacer frente a la situación creada de escasez de vivienda en alquiler e imposibilidad de acceso a la vivienda en propiedad para amplias capas de población, especialmente jóvenes[68] e inmigrantes, como consecuencia, entre otros

---

68 Según el Banco de España :" *Las cohortes nacidas a partir de 1980 muestran un progresivo retraso en su edad de emancipación . De las grandes economías europeas, España presenta el mayor aumento desde 2008 a 2022 en la proporción de jóvenes con edades entre 18 y 34 años que residían en el hogar familiar. En concreto, el 65,9 % de los jóvenes españoles en ese rango de edad no se había emancipado en 2022, cerca de 13 pp más que en 2008 y 16 pp. por encima de la media de la UE-27. Esta elevada ratio y su notable aumento a lo largo de los últimos años son un indicio de los problemas crecientes de acceso a la vivienda, ya sea en alquiler o en propiedad, de un colectivo que también tiene unas peores*

factores, de la crisis financiera y posteriormente, de las crisis ulteriores relacionadas con la Covid-19, la invasión de Ucrania y el proceso inflacionario paralelo -el mayor desde la creación del euro-.

Llegados a este punto, se impone abordar el segundo aspecto sobre el que se centra este estudio, a saber: en qué medida las decisiones legislativas y jurisprudenciales de los últimos años han podido contribuir a dificultar la accesibilidad a la vivienda tanto en régimen de propiedad como de alquiler.

Antes de abordar las respuestas concretas a esa cuestión, creo conveniente realizar una consideración previa sobre los contratos de préstamo y de arrendamiento de vivienda.

---

condiciones en el mercado de trabajo. Si se considera el conjunto del colectivo de jóvenes con edades comprendidas entre los 18 y los 34 años, solo un 12,5 % residía en viviendas de alquiler en España en 2022, frente a proporciones del 52,5 % en Alemania, el 35,5 % en Francia o el 20 % en el promedio de la UE-27. Al mismo tiempo, la proporción de jóvenes propietarios de vivienda en España en 2022 (en torno al 17,5 %) era similar a la de Italia y Francia, pero superior a la de Alemania (alrededor del 13,5 %).
En 2022, el 48,5 % de los hogares españoles cuya persona de referencia tenía entre 18 y 34 años residía en una vivienda que no era de su propiedad. Esta proporción se sitúa unos 3 pp. por encima de la cifra del promedio de la UE-27, tras el fuerte aumento que dicha ratio ha experimentado en nuestro país durante la última década. No obstante, esta proporción se situaba aún por debajo de los niveles observados en las grandes economías del área del euro como Alemania (80 %) o Francia (67,5 %), si bien era algo superior a la de Italia (46,2 %). Por otra parte, entre el conjunto de grandes economías europeas, España destaca por el peso más elevado que tiene entre los hogares jóvenes la residencia en viviendas cedidas de manera gratuita (12,3 %, frente al 6,5 % en la UE-27), un fenómeno que probablemente refleja la importancia del apoyo familiar en el caso de los hogares con mayor capacidad económica. Por el contrario, en la economía española el alquiler a precio reducido tiene una escasa relevancia entre los hogares jóvenes (2,7 %) en comparación con otras economías europeas (26 % en Francia) o con el promedio de la UE-27 (10 %), como resultado del reducido peso del alquiler social en España “. BANCO DE ESPAÑA, E*l mercado de la vivienda en España: evolución reciente, riesgos y problemas de accesibilidad,* Capítulo 4, págs. 3-.33, del Informe Anual 2023

Como he expuesto, la política de vivienda en España se ha basado, tradicionalmente, en la dualidad propiedad/alquiler, con fuerte prevalencia de la primera sobre el segundo, siendo las demás formas de tenencia puramente residuales.

Los contratos necesarios para adquirir la vivienda en propiedad o la posesión de la misma en alquiler son, típicamente, los contratos de compraventa y de arrendamiento.

La compraventa suele ser al contado, por lo que el contrato se ejecuta en un solo momento en el que ambas partes, vendedor y comprador, cumplen simultáneamente con sus respectivas obligaciones: el vendedor, entregar la posesión con la finalidad de transmitir la propiedad; el comprador, pagar el precio acordado. En consecuencia, ninguna de las partes corre el riesgo de cumplir su obligación y que la otra incumpla. El comprador, teóricamente, puede correr el riesgo de que el vendedor no sea dueño o le oculte cargas preferentes al derecho que adquiere, pero la existencia de un Registro de derechos le inmuniza frente a tales riesgos, si despliega la diligencia necesaria[69]

Ahora bien, la compraventa suele ser al contado porque el comprador suele financiarse mediante el recurso al préstamo garantizando con hipoteca sobre la propia vivienda objeto de compra[70]. Conviene subrayar que la financiación de la compra de la propiedad residencial es el elemento principal del mecanismo de asignación de capital de una economía moderna.[71]

---

69 MÉNDEZ GONZÁLEZ F.P. *Evolución institucional de los sistemas de transmisión onerosa,* Ed.: Tirant Lo Blanch, 2023, págs. 587-639.

70 En los últimos años, sin embargo, ha aumentado el número de compras realizadas sin necesidad de recurrir a préstamos hipotecarios. Mientras en el año 2010, el 54% de las compras de vivienda recurrió a la financiación hipotecaria, en 2022 ese porcentaje descendió al 49%. Fuente: datos elaborados y facilitados por el Presidente de la Asociación Hipotecaria de España, Santos González, sobre la base de las estadísticas del MITMA y del Consejo General del Notariado.

71 KAY J., *El dinero de los demás,* RBA, 2017, pág.182

A diferencia de la compraventa al contado, tanto el arrendamiento como el préstamo hipotecario conllevan una interactuación entre las partes a lo largo de un periodo de tiempo más o menos dilatado.

Adicionalmente, en el caso del préstamo, una vez que el prestamista, normalmente una entidad de crédito, entrega la cantidad acordada, ha cumplido con su obligación. A partir de ese momento, solo existen obligaciones para el deudor hipotecario, singularmente, la de devolver el capital y los intereses en los plazos acordados. Lo mismo sucede en el caso del crédito: una vez entregada la cantidad acordada, el concedente del crédito ha cumplido con su obligación y el acreditado se convierte en prestatario.

Similarmente sucede con el contrato de arrendamiento: una vez entregada la posesión de la vivienda, el arrendador ha cumplido con su obligación principal y, a partir de ese momento, es el arrendatario quien debe cumplir con los pagos periódicos pactados.

Es decir, una vez perfeccionados tanto el préstamo como el arrendamiento, en última instancia, solo hay obligaciones para el prestatario y para el arrendatario. Ello significa que, racionalmente, no tienen ningún incentivo para cumplir, salvo que tengan la seguridad de que, si incumplen, el sistema judicial dictará sentencia ordenando, en el caso del préstamo hipotecario, su vencimiento anticipado, obligando al pago de las cantidades impagadas y de las pendientes de pago. Si el deudor no cumple lo ordenado por la sentencia, se ejecutará forzosamente sobre la finca hipotecada, así como sobre el patrimonio del deudor si la subasta no cubre el importe debido, que conllevará, adicionalmente, la pertinente indemnización por daños y perjuicios. En el caso del arrendamiento, la sentencia debe decretar el pago de las cantidades debidas, la indemnización pertinente y el desahucio por impago, dando por finalizado el contrato.

Partiendo de este esquema conceptual, resulta claro que si el legislador excusa en mayor o menor grado el incumplimiento, si dificulta la obtención de una sentencia favorable para prestamistas y arrendadores en caso de incumplimiento de sus respectivos deudores, así como su ejecución forzosa, la consecuencia es inevitable: al ver aumentado su riesgo, tanto arrendadores como prestamistas exigirán mayor solvencia y mayores garantías a los potenciales arrendatarios y prestatarios y, además, elevarán los precios de sus respectivas prestaciones.

Adicionalmente, en el caso del arrendamiento, se produce la consecuencia de una disminución del número tanto de pequeños ahorradores como de inversores profesionales que están dispuestos a invertir su capital en construir o comprar una vivienda para dedicarla al alquiler, con lo que la oferta de viviendas en arrendamiento, inevitablemente, disminuye. Esta consecuencia adicional se agrava, al tratarse de un mercado artesanal, poco profesionalizado, debido a la tradicional legislación intervencionista sobre arrendamientos.

Como consecuencia de todo ello, quedan excluidas tanto de la adquisición en propiedad como del alquiler, las dos formas tradicionales de tenencia de la vivienda en nuestro país, amplias capas de población, especialmente, las de menor nivel de renta.

Ello da lugar, por un lado, a la ocupación ilegal de viviendas por quienes no pueden acceder a una de ellas y, además, por oportunistas que convierten la situación generada por el debilitamiento de los mecanismos de protección de los derechos de acreedores y arrendadores en un negocio, ocupando viviendas y transmitiendo, mediante precio, la posesión obtenida ilegalmente a terceros. Por otro lado, surgen empresas que ofrecen a los arrendadores un servicio de recuperación de la posesión desalojando a los ocupantes ilegales e inquilinos incumplidores.

Por el momento, baste reseñar que se trata de fenómenos que ponen de manifiesto que, cuando el Estado no cumple con su función, el mercado genera mecanismos alternativos para suplirlo[72].

---

[72] En Cataluña, la Ley 1/2022 de 3 marzo, además, es, de hecho, una ley que protegía a los denominados *okupas* .*El* Pleno del Tribunal Constitu-

4.2. DECISIONES MÁS RELEVANTES EN MATERIA DE PRÉSTAMOS HIPOTECARIOS.

Hechas estas consideraciones previas, ya estamos en condiciones de responder a la cuestión planteada. Y la respuesta es que las medidas legislativas de los últimos años, protectoras de prestatarios y arrendatarios incumplidores, con la finalidad de hacer frente a las sucesivas crisis habidas desde 2007, adoptadas tanto por el legislador estatal como por los legisladores autonómicos, han dificultado la accesibilidad a la vivienda tanto en régimen de propiedad como de alquiler para un número creciente de ciudadanos.[73]

---

cional, por providencia de 30 de junio de 2022, ha acordado admitir a trámite el recurso de inconstitucionalidad número 3955-2022, contra la Ley del Parlamento de Cataluña 1/2022, de 3 de marzo, de modificación de la Ley 18/2007, la Ley 24/2015 y la Ley 4/2016, para afrontar la emergencia en el ámbito de la vivienda y, subsidiariamente, contra los artículos 1.1, 1.3, 7, 8, 9.2, 10, 11, 12 y disposición transitoria de la Ley 1/2022 («B.O.E.» 8 julio/«D.O.G.C.» 8 julio). La regulación y la actitud tolerante de no pocas autoridades con jurisdicción en Cataluña explican que esa comunidad acumule el 42% del total de ocupaciones ilegales en España. La ley 1/2023, de 15 de febrero, de modificación de la Ley 18/2007, del derecho a la vivienda, y del libro quinto del Código civil de Cataluña, relativo a los derechos reales, en relación con la adopción de medidas urgentes para afrontar la inactividad de los propietarios en los casos de ocupación ilegal de viviendas con alteración de la convivencia vecinal, hace responsables a los dueños de los daños que causen los *okupas* conflictivos si no han iniciado acciones al respecto.

73 No obstante, como señala el Banco de España, por lo que se refiere a los desahucios por impago del alquiler, los lanzamientos se situaron en 2023 en una cifra cercana a los 20.000, cuantía que supone un 55 % de los lanzamientos registrados en el promedio anual del período 2013-2019, a pesar del aumento del número de viviendas en alquiler durante la última década Por lo que se refiere a los deudores hipotecarios destaca la reforma del Código de Buenas Prácticas (CBP) a finales de 2022 y la mejora de sus condiciones a finales de 2023. Estas medidas suponen un mecanismo de cobertura para los hogares hipotecados con menor renta en el caso de que, como consecuencia principalmente del fuerte repunte

No solamente las medidas adoptadas por el legislador, sino también las decisiones judiciales, tanto de los tribunales de instancia[74], como del Tribunal Supremo, especialmente las dictadas

---

de los tipos de interés en los últimos años, se materialicen riesgos que afecten a su solvencia. BANCO DE ESPAÑA, E*l mercado de la vivienda en España: evolución reciente, riesgos y problemas de accesibilidad,* Capítulo 4, pág. 48, del Informe Anual 2023.

74 En este contexto, comenzaron a aparecer en nuestro país algunas decisiones judiciales que pueden calificarse de "alarmantes". Por ejemplo, el Auto de la Audiencia Provincial de Navarra de 17 de diciembre de 2010 el cual inadmitió la pretensión de la entidad bancaria en un procedimiento de ejecución hipotecaria, relativa a la tasación del inmueble, porque era "moralmente rechazable" a pesar de ser ajustada a Derecho según la propia Audiencia: así colocaba su visión moral por encima del Estado de Derecho. Nadie pareció escandalizarse. Este Auto es una muestra representativa de la forma en la reaccionaron muchos juzgados de nuestro pais. No solo rechaza la pretensión de la entidad ejecutante por razones morales, a pesar de afirmar que se ajusta a Derecho, sino que, además, adopta la tesis de que la crisis financiera se debe a la mala praxis de las entidades financieras, de las que forma parte la entidad ejecutante. Merece la pena, por ello, transcribir la siguiente parte del Auto:
"c.- Cabe además hacer una pequeña consideración, que podríamos unir con lo ya señalado en relación con el abuso de derecho, en el sentido de que si bien formalmente cabria entender que la actuación del banco se ajusta a la literalidad de la ley y que efectivamente tiene derecho a solicitar lo que ha solicitado, por lo que cabría entender que no existiría el abuso de derecho que se le imputa, pero ello no obstante no deja de plantemos una reflexión, cuando menos moralmente intranquilizante, relativa a la razón por la que la parte apelante impugna el Auto recurrido, por considerar que en realidad el valor de la finca subastada y adjudicada materialmente al banco, hoy por hoy, tiene un valor real inferior al que en su día se fijó como precio de tasación a efectos de subasta. Y decimos esto, porque la base de la manifestación de que la finca subastada tiene hoy por hoy un valor real inferior, se base en alegaciones como que la realidad del mercado actual ha dado lugar a que no tuviera la finca el valor que en su momento se le adjudicó como tasación, disminución importante del valor que une a la actual crisis económica, que sufre no sólo este país sino buena parte del entorno mundial con el que nos relacionamos. Y siendo esto así y en definitiva real la importantísima crisis económica, que ha llegado incluso a que la finca que en su día tasó en una determinada cantidad, hoy

en día pudiera estar valorada en menos, no podemos desconocer que ello tiene también en su origen una causa precisa y que no es otra, y no lo dice esta Sala, sino que ha sido manifestado por el Presidente del Gobierno Español, por los distintos líderes políticos de este país, por expertos en economía y por líderes mundiales, empezando por el propio Presidente de Estados Unidos, que la mala gestión del sistema financiero del que resultan protagonistas las entidades bancarias, recuérdense las "hipotecas basuras" del sistema financiero norteamericano.

No querernos decir con esto que el BANCO BILBAO VIZCAYA ARGENTARIA sea el causante de la crisis económica, pero sí no puede desconocer su condición de entidad bancaria y por lo tanto integrante del sistema financiero, que en su conjunto y por la mala gestión de las entidades financieras que sean, en definitiva bancos y otras entidades crediticias y de naturaleza financiera, han desembocado en una crisis económica sin precedentes desde la gran depresión de 1929.

El artículo 3 del Código Civil, en apartado 1, señala que las normas se interpretarán según la realidad del tiempo en que han de ser aplicadas, atendiendo fundamentalmente al espíritu y finalidad de aquéllas, y ello nos obliga a hacer la presente reflexión, en el sentido de que, no constituirá un abuso de derecho, pero moralmente es rechazable que se alegue para intentar continuar la ejecución la pérdida de valor de la finca que servía de garantía al préstamo, que no se hubiera concedido si no hubiera tenido un valor suficiente para garantizar el préstamo concedido, que fue fijado por la entidad bancaria ahora ejecutante, o cuando menos aceptado, siendo que dicha pérdida de valor es directamente achacable a la crisis económica, fruto de la mala praxis del sistema financiero, que repetimos, aun cuando no quepa atribuirla directa y especialmente al BANCO BILBAO VIZCAYA ARGENTARIA, sí que no deja de ser una realidad que forma parte de los protagonistas de dicho sistema financiero, y de ahí que resulte especialmente doloroso, que la alegación que justifica su pretensión, esté basada en unas circunstancias que esencialmente y como vulgarmente se dice, ha suscitado una gran sensibilidad y levantado "ampollas"."

Sin embargo, la Audiencia de Navarra mantuvo posiciones diferentes posteriormente —véase Auto 4/2011 de la sección Tercera de la Audiencia de Navarra, de 28 de enero de 2011—. En una línea parecida, destaca el Auto del Juzgado de lo Mercantil, número 3 de Barcelona, de 26 de octubre de 2010, -que, posteriormente, planteó la cuestión prejudicial que dio lugar a la sentencia Aziz del Tribunal de Justicia de la Unión Europea- que aplicaba analógicamente a las personas físicas la solución prevista en el número 3 del artículo 178 de la Ley Concur-

en los años más duros de la crisis, como del Tribunal de Justicia de la Unión Europea, que han determinado en gran medida, tanto la actuación del legislador como de los tribunales españoles.

No haré una exposición pormenorizada de cada una de las decisiones adoptadas desde 2007, tanto normativas como jurisprudenciales, y tanto en el ámbito español como en el de la Unión Europea, en materia de préstamos hipotecarios destinados a la adquisición de la vivienda. Haré referencia únicamente a las que, en mi opinión, han tenido una mayor relevancia, entendiendo por tal mayor impacto a la hora de dificultar el acceso posterior a la vivienda en régimen de propiedad.

Haré referencia, asimismo, a las medidas mas relevantes adoptadas por el legislador español en materia de arrendamientos urbanos, para referirme, finalmente, a la configuración legal del derecho de propiedad sobre la vivienda llevada a cabo por la Ley por el derecho a la vivienda de 2023, la cual plantea serias dudas

---

sal para las personas jurídicas, con lo que la conclusión del concurso liquidaría sus deudas concursales y los bienes futuros no responderían de las mismas. Por otra parte, el Auto del Juzgado de Primera Instancia, número 44 de Barcelona, de 14 de febrero de 2011, consideró una pretensión similar a la vista por la Audiencia de Navarra constitutiva de "abuso de derecho". En ambos casos, sin embargo, los juzgadores reconocieron que la pretensión del actor se ajustaba a la literalidad de la norma. A este respecto MARIN CASTÁN sostiene :"*Movimientos sociales como el de* "Los Indignados" *en mayo de 2011 o el de* "Stop Desahucios" *obligaban a los gobernantes a buscar soluciones legislativas, que también parecían necesarias algunas decisiones judiciales que, interpretando las leyes españolas más allá de su letra, acordaban la dación en pago, es decir, la entrega de la vivienda al Banco acreedor, como medio de cancelación total de la deuda , cualquiera que fuese el importe del préstamo pendiente de devolución*". MARIN CASTÁN F., *Ejecuciones hipotecarias, crisis económica y protección del deudor*, en XVIII Congreso Internacional IPRA-CINDER, Amsterdam 2012, pág.193. Todo ello sugería la existencia de un cierto activismo judicial en torno a la problemática existente. Por aquel entonces, se hallaba extendida la opinión de que el Tribunal Supremo acabaría moderando los excesos que se estaban observando en las decisiones de los tribunales de instancia.

sobre si ha vulnerado el contenido esencial de tal derecho, lo cual está vedado por el artículo 53CE.

4.2.1. La modificación del artículo 12 de la Ley Hipotecaria por la Ley 41/2007 de 7 de diciembre, por la que se modifica la Ley 2/1981, de 25 de marzo, de Regulación del Mercado Hipotecario.[75]

Ante los rumores que, desde el verano de 2006, comenzaron a extenderse en relación a las hipotecas *subprime* norteamericanas y ante la necesidad creciente de las entidades financieras españolas de acudir a los mercados mayoristas de crédito para poder financiar su actividad hipotecaria, el legislador español reaccionó mediante la Ley 41/2007, la cual modificó, entre otras, la Ley 2/1981, de 25 de marzo, de regulación del mercado hipotecario en el sentido de incrementar la solidez jurídica y económica de los títulos hipotecarios españoles, y hacerlos así más atractivos en el mercado de capitales.

También modificó la Ley 2/1994 de Subrogación y Modificación de préstamos hipotecarios. Interesa resaltar dos modificaciones de la misma:

1.- El artículo 9 sustituye la "comisión por amortización anticipada" por la "compensación por amortización anticipada", la cual se subdivide en dos: a.-La compensación por desistimiento y b.-La

---

[75] El titulo completo de la Ley es Ley 41/2007 de 7 de diciembre, por la que se modifica la Ley 2/1981, de 25 de marzo, de Regulación del Mercado Hipotecario y otras normas del sistema hipotecario y financiero, de regulación de las hipotecas inversas y el seguro de dependencia y por la que se establece determinada norma tributaria Desarrollo más ampliamente la tesis de este trabajo en MÉNDEZ GONZÁLEZ F.P., *Origen de la crisis hipotecaria y activismo judicial*, en RAED, Tribuna Plural,, núm.14, 1/2017, págs. (305-335) También en MÉNDEZ GONZÁLEZ F. P, "Crisis hipotecaria y reacción institucional: una perspectiva registral", págs.. 19-44, en ANDERSON M., ARROYO E. APARICIO A.(Dirs.),en *Cuestiones hipotecarias e instrumentos de previsión. El impacto del Derecho de la Unión Europea*, Ed. Marcial Pons, 2021

compensación por el riesgo de tipo de interés. Lo más relevante es que suprime los límites máximos y deja tal compensación a lo pactado por las partes, con la precisión de que no puede haber compensación si la operación implica una ganancia de capital para la entidad subrogada.

2.-Conforme a la nueva redacción del artículo 2 párrafo cuarto de la Ley 2/1994 dada por el artículo 13 de la Ley 41/2007, el acreedor tiene derecho a frustrar la subrogación si iguala la oferta presentada por la entidad que esté dispuesta a subrogarse.[76] La Ley 5/2019, en su Disposición Final Tercera, vuelve a reconocer al deudor el derecho a subrogar a una entidad financiera, aun cuando la entidad acreedora iguale su oferta.

La Ley 41/2007 introdujo otras medidas, entre ellas, la modificación del artículo 12 de la Ley Hipotecaria (LH)[77], modificación que pasó desapercibida fuera del ámbito registral y que, sin embargo, ha tenido una gran trascendencia en relación a la evolución legislativa y jurisprudencial posterior. [78]

---

76 La STS de 25-11-2003 ya se había pronunciado, negando al deudor el derecho a la subrogación si la entidad acreedora igualaba la oferta de la entidad que pretendía subrogarse en su lugar.

77 La nueva redacción disponía: "*En la inscripción del derecho real de hipoteca se expresará el importe del principal de la deuda y, en su caso, el de los intereses pactados, o, el importe máximo de la responsabilidad hipotecaria, identificando las obligaciones garantizadas, cualquiera que sea la naturaleza de éstas y su duración.*
Las cláusulas de vencimiento anticipado y demás cláusulas financieras de las obligaciones garantizadas por hipoteca a favor de las entidades a las que se refiere el artículo 2 de la Ley 2/1981, de 25 de marzo, de Regulación del Mercado Hipotecario, en caso de calificación registral favorable de las cláusulas de trascendencia real, se harán constar en el asiento en los términos que resulten de la escritura de formalización."

78 Además de la Ley 41/2007, se adoptaron diferentes medidas, una vez estallada la crisis. Entre otras muchas, y a los efectos de este estudio:
1.- Ley 2/2009 de 31 de marzo por la que se regula la contratación con los consumidores de préstamos o créditos hipotecarios y de servicios de intermediación para la celebración de contratos de préstamo o crédito

La nueva redacción imposibilitaba, de hecho, la calificación registral de las cláusulas financieras de las hipotecas, tal y como interpretó la Resolución de la Dirección General de los Registros y del Notariado (RDGRN) de 24 de julio de 2008, la cual entendió que tras la Ley 41/2007, la inscripción en el Registro de la Propiedad debería ser una transcripción de las cláusulas financieras en los mismos términos que resultaran del título, sin poder rechazar ninguna cláusula por abusiva.

Ello conllevaba, además, la imposibilidad del control judicial de las mismas en el procedimiento especial de ejecución hipotecaria, en el que solo se podía alegar[79] que la hipoteca inmobiliaria o la obligación garantizada se habían extinguido, o bien, que había habido error o falsedad en la liquidación, lo que, en este último caso, exige el inicio de un proceso penal -artículo 697 de la Ley de Enjuiciamiento Civil (LEC)- y, por lo tanto, en dicho

---

2.-Ley 2/2011, de 4 de mayo, de Economía Sostenible.
3.-Orden del Ministerio de Economía y Hacienda de 28 de octubre de 2011, a la que siguió la Circular 5/2012 de 27 de junio, del Banco de España, a entidades de crédito y proveedores de servicios de pago, sobre transparencia de los servicios bancarios y responsabilidad en la concesión de préstamos.
4.-El Real Decreto-Ley 8/2011, de 1 de julio, de medidas de apoyo a los deudores hipotecarios, de control del gasto público y cancelación de deudas con empresas y autónomos contraídas por las entidades locales, de fomento de la actividad empresarial e impulso de la rehabilitación y de simplificación administrativa.
5.- El Real Decreto-Ley 6/2012, de 9 de marzo, de medidas urgentes de protección de deudores hipotecarios sin recursos.
6.- El Real Decreto-Ley 27/2012 de 15 de noviembre de medidas urgentes para reforzar la protección a los deudores hipotecarios.
7.- Ley 1/2013, de 14 de mayo, de medidas para reforzar la protección a los deudores hipotecarios, reestructuración de deuda y alquiler social
8.-Ley 25/2015 de 28 de julio, conocida de segunda oportunidad
9.- Etc.

[79] Dicho procedimiento se halla regulado, básicamente, en los artículos 681 a 698 de la Ley de Enjuiciamiento Civil (LEC) y en los artículos 129 y 130 de la Ley Hipotecaria (LEC).

procedimiento los jueces no podían entrar a enjuiciar la legalidad de las cláusulas financieras, ni de ningún otro aspecto distinto a los mencionados, lo que les obligaba a despachar la ejecución sin posibilidad de admitir como causas de oposición la nulidad de las cláusulas abusivas que figurasen en la escritura.

Posteriormente, se podía presentar la demanda de nulidad de las eventuales cláusulas abusivas del contrato, solicitando, en el procedimiento declarativo ordinario, la anotación preventiva de la misma en el Registro de la Propiedad. Pero ello no permitía acordar la suspensión del procedimiento de ejecución hipotecaria, porque dicha anotación debe cancelarse al tiempo de inscribirse el decreto de adjudicación y cancelación de cargas posteriores (artículo 131 dc la LH).

Como consecuencia, en esta materia se había llegado a una situación propia de la Edad Media[80] en la que los señores feudales nombraban a los jueces que debían decidir los litigios entre el señor feudal y sus siervos. En nuestro país, se había llegado a una situación parecida: los entidades financieras redactaban sus modelos de créditos o préstamos hipotecarios, sin que los registradores –tras la reforma del artículo 12 de la Ley Hipotecaria- ni los jueces –en el procedimiento especial de ejecución hipotecaria-, pudiesen negarse a inscribir o a dictar sentencia desfavorable a las entidades financieras, por causas distintas a las expresadas anteriormente, lo que, en muchos casos, implicaba el desalojo del deudor de la finca hipotecada y, por lo tanto, de su vivienda, cuando esta era la finca hipotecada.

---

80 KRUGMAN comparó lo que estaba sucediendo en Estados Unidos, donde muchas entidades financieras carecían de documentación que justificara su condición de acreedores hipotecarias y basaban sus reclamaciones en declaraciones juradas de las propias entidades, con la situación, propia de la Edad Media, en la que los señores feudales nombraban a los jueces que debían decidir los litigios entre el señor feudal y sus siervos. KRUGMAN P., *The Mortgage Morass,* en The New York Times, 14 de octubre de 2010.

El deudor solo podía hacer todo tipo de alegaciones en el posterior procedimiento declarativo, pero no antes. Y, en ese caso, la vivienda normalmente había sido adquirida por un tercer adquirente *in rem,* al haber adquirido mediante el sistema de transmisión registral y estar, normalmente, protegido por la fe pública registral, por lo que el deudor desalojado de su vivienda solo podía obtener, en muchos casos, una reparación económica, pero no recuperar la vivienda.

En definitiva, la derogación de las facultades calificadoras del registrador, fundamento de la constitucionalidad de dicho procedimiento especial de ejecución directa – confer.: STC 41/1981 de 18 de diciembre, entre otras-, colocaban al deudor en una situación de indefensión.

Para poder hacerse una idea cabal del calado de la reforma del artículo 12 de la Ley Hipotecaria y de hasta qué punto dejaba indefensos a los deudores hipotecarios al suprimir las facultades calificadores de las cláusulas financieras de los créditos y préstamos hipotecarios, baste una muestra, sin ánimo exhaustivo ni mucho menos, de las cláusulas cuya inscripción venían denegando los registradores por ser contrarias a Derecho: 1. La cláusula por la que el tipo de interés variable sea el que rija como preferencial en el mismo banco prestamista para préstamos con garantía hipotecaria, ya que los efectos de los contratos no pueden quedar al arbitrio de una de las partes contratantes, y aunque se estipule que el deudor no conforme con el nuevo tipo tenga la opción de devolver el préstamo —Resoluciones de 7-9-88 y 13-11-90—. 2. La cláusula en cuya virtud, en caso de interés variable, la exigencia de un tipo máximo opera en relación a terceros adquirentes de la finca hipotecada, pero no *inter partes.* Fue confirmada la nota del Registrador, en cuya virtud, la exigencia de tope máximo opera también *inter partes* —Resolución de 16-2-90—. 3. Gracias, asimismo, a las notas de diferentes registradores, el límite de los cinco años establecido por la Ley Hipotecaria operaba también en relación a los intereses de demora y tanto en las relaciones *inter partes* como en las relaciones *inter tertios* —multitud de resoluciones—. 4. Por la misma razón —calificación registral denegatoria— ha de fijarse la responsabilidad hipotecaria máxima por intereses, separando dos señalamientos de responsabilidad máxima: una cantidad para intereses remuneratorios, y otra distinta para intereses moratorios, cantidad máxima que ha de someterse al tipo fijado por la Ley Hipotecaria —RDGRN de 23-10-97, entre otras—. 5. Por idéntica razón, respecto de los intereses ordinarios y de demora, el límite máximo prescrito en el artículo 114 de la Ley Hipotecaria debe computarse conjuntamente —RDGRN de 22-7-96—, y no separadamente como se pretendía en la escritura pública presentada. 6. Tampoco son admisibles las cláusulas de vencimiento anticipado por falsedad en la declaración, por incumplimiento con carácter general de las obligaciones del contrato, por la situación concursal o de quiebra del deudor, por la existencia de procedimientos de ejecución y embargo contra el deudor, ni por la transmisión de la propiedad de la finca hipotecada —Resoluciones de 27-1-86, 24-4-92 y 15-7-98—. 7. Tampoco es admisible, como constaba en la escritura autorizada, la prohibición absoluta de arrendar sin consentimiento del acreedor —RDGRN de 27-1-86—. 8. Tampoco resulta aceptable, como se pretendía en la correspondiente escritura, imponer al deudor la obligación de devolver el capital de la hipoteca si se enajena o grava la finca, o es objeto de embargo o de anotación preventiva. Ello es contrario al principio de libertad de contratación que inspira la legislación civil y que es principio básico del Derecho Hipotecario. Tales limitaciones disminuyen para el dueño la posibilidad de constituir nuevas hipotecas y contrarían el fomento del crédito territorial —RDGRN de 8-11-93—. 9. Tampoco resulta admisible la cláusula de vencimiento anticipado si la depreciación de la finca hipotecada debe ser apreciada por un perito designado parcialmente —Resolución de 4-7-84—. 10. En general, no es posible hacer depender el vencimiento de la hipoteca de cualquier comportamiento del deudor distinto del propio cumplimiento de la obligación garantizada —RDGRN de 23-10-87—.

Después de la Ley 41/2007, difícilmente podía haber más calificaciones denegatorias sobre esas materias, en caso de seguir la doctrina sentada y no rectificada en diferentes resoluciones de la DGRN (21 de diciembre de 2007, 14 de enero, 1 y 8 de febrero, 31 de marzo y 24 de julio de 2008) sino tan sólo sentencias en juicios plenarios. No obstante, la STS de 16 de septiembre de 2009, al declarar abusivas determinadas cláusulas habitualmente recogidas en las hipotecas, volvió a enderezar la cuestión como, a su vez, pareció confirmar la titubeante Resolución de la Dirección General de los Registros y del Notariado de 1 de octubre de 2010.

Para ello fue decisiva la Ley 2/2009, de 31 de marzo, aprobada en plena crisis, por la que se regula la contratación con los consumidores de préstamos o créditos hipotecarios, Ley que hizo que la Dirección General de los Registros y del Notariado (DGRN) cambiara su criterio interpretativo del artículo 12 de la Ley Hipotecaria (LH)[81] y que el Tribunal Supremo (TS) dictara la sentencia de 13 de septiembre de 2013: los registradores podían volver a calificar las cláusulas financieras de los préstamos hipotecarios. Algo parecido sucedió con las condiciones generales y las abusivas previstas en la legislación de consumidores. En ese momento ya estábamos en plena crisis hipotecaria y diversas sentencias del Tribunal de Justicia de la UE habían cambiado el panorama.

Baste decir que entre la entrada en vigor de la Ley 41/2007 y la de la Ley 2/2009 de 31 de marzo por la que se regula la contratación con los consumidores de préstamos o créditos hipotecarios y de servicios de intermediación para la celebración de contratos de préstamo o crédito, y aún más, hasta la Sentencia del Tribunal Supremo de 13 de septiembre de 2013, puede sostenerse que los registradores no tuvieron facultades para calificar las cláusulas financieras de los préstamos hipotecarios, lo que

---

81 Destacan, entre otras, las resoluciones de 4 de noviembre y 21 de diciembre de 2010, y 11 de enero y 8 de junio de 2011, las cuales declaran la competencia de los registradores para calificar la legalidad de las cláusulas financieras de los préstamos hipotecarios, denegando su inscripción en el Registro de la Propiedad.

facilitó la inscripción y ejecución de hipotecas con cláusulas posteriormente consideradas poco transparentes y/o abusivas por los tribunales.

4.2.2. El caso Aziz: la Sentencia de 14 de marzo de 2013 del Tribunal de Justicia de la Unión Europea (TJUE)

Todo ello creó el caldo de cultivo para el denominado caso Aziz, resuelto por la Sentencia de 14 de marzo de 2013 del Tribunal de Justicia de la Unión Europea (TJUE), que fue la desencadenante de reformas legislativas posteriores de "protección de los deudores hipotecarios", algunas necesarias y reclamadas con anterioridad, no todas acertadas, así como de sentencias domésticas que han debilitado la posición de las entidades financieras de manera, a mi juicio, no siempre justificada.

El origen de esta sentencia radica en las dos cuestiones prejudiciales que planteó al TJUE el Juzgado de lo Mercantil núm. 3 de Barcelona de las que, a los efectos de esta exposición, interesa, en este momento, la primera, en la que preguntaba al TJUE si es contrario al Derecho de la Unión – , *in claris,* a la Directiva 93/13/ CEE/ del Consejo de 5 de abril de 1993 sobre las cláusulas abusivas de los contratos celebrados con consumidores- la limitación de las causas de oposición establecidas en el artículo 695 de la Ley de Enjuiciamiento Civil (LEC) en el procedimiento especial de ejecución de los bienes hipotecados, en la medida en que puede implicar una vulneración del principio de efectividad[82].

---

82 La cuestión planteada era: *"Si el sistema de ejecución de títulos judiciales sobre bienes hipotecados o pignorados establecido en el artículo 695 y siguientes de la Ley de Enjuiciamiento Civil, con sus limitaciones en cuanto a los motivos de oposición previsto en el ordenamiento procesal español, no sería sino una limitación clara de la tutela del consumidor por cuanto supone formal y materialmente una clara obstaculización al consumidor para el ejercicio de acciones o recursos judiciales que garanticen una tutela efectiva de sus derechos.".*

El TJUE, después de recordar que los tribunales nacionales deben apreciar de oficio la existencia de cláusulas abusivas, respondió afirmativamente a la cuestión planteada[83].

La doctrina central de la sentencia Aziz, a mi juicio, era incorrecta conforme al Derecho español vigente porque la legislación española no vulneraba el principio de efectividad de la normativa

---

83 Los aspectos más relevantes de la respuesta del TJUE son los siguientes: *"57 Pues bien, de lo expuesto se deduce que, en el sistema procesal español, la adjudicación final a un tercero de un bien hipotecado adquiere siempre carácter irreversible, aunque el carácter abusivo de la cláusula impugnada por el consumidor ante el juez que conozca del proceso declarativo entrañe la nulidad del procedimiento de ejecución hipotecaria, salvo en el supuesto de que el consumidor realice una anotación preventiva de la demanda de nulidad de la hipoteca con anterioridad a la nota marginal indicada.*
58 A este respecto, es preciso señalar, no obstante, que, habida cuenta del desarrollo y de las peculiaridades del procedimiento de ejecución hipotecaria controvertido en el litigio principal, tal supuesto debe considerarse residual, ya que existe un riesgo no desdeñable de que el consumidor afectado no realice esa anotación preventiva en los plazos fijados para ello, ya sea debido al carácter sumamente rápido del procedimiento de ejecución en cuestión, ya sea porque ignora o no percibe la amplitud de sus derechos (…).
59 Por consiguiente, procede declarar que un régimen procesal de este tipo, al no permitir que el juez que conozca del proceso declarativo, ante el que el consumidor haya presentado una demanda alegando el carácter abusivo de una cláusula contractual que constituye el fundamento del título ejecutivo, adopte medidas cautelares que puedan suspender o entorpecer el procedimiento de ejecución hipotecaria, cuando acordar tales medidas resulte necesario para garantizar la plena eficacia de su decisión final, puede menoscabar la efectividad de la protección que pretende garantizar la Directiva (…).
60 En efecto, tal como señaló también la Abogado General en el punto 50 de sus conclusiones, sin esa posibilidad, en todos los casos en que, como en el litigio principal, se haya llevado a cabo la ejecución de un inmueble hipotecado antes de que el juez que conozca del proceso declarativo adopte una decisión por la que se declare el carácter abusivo de la cláusula contractual en que se basa la hipoteca y, en consecuencia, la nulidad del procedimiento de ejecución, esa decisión sólo permite garantizar al consumidor una protección a posteriori meramente indemnizatoria, que resulta incompleta e insuficiente y no constituye un medio adecuado y eficaz para que cese el uso de dicha cláusula, en contra de lo que establece el artículo 7, apartado 1, de la Directiva 93/13. "

comunitaria sobre consumidores. El Sr. Aziz podía haber impugnado, durante la vigencia del préstamo, cualquier cláusula que considerara no ajustada a Derecho y, mediante la correspondiente anotación preventiva en el Registro de la Propiedad, el *principio de efectividad* hubiera quedado asegurado.

Por ello, contrariamente a lo que dice el TJUE, la adjudicación no tiene carácter necesariamente irreversible. El deudor puede evitarlo mediante la presentación de una demanda y su anotación preventiva en el Registro de la Propiedad, antes del incumplimiento y de la iniciación por el acreedor del correspondiente juicio ejecutivo.

Pues bien, el TJUE consideró que, aunque el consumidor dispusiese de todas estas armas, sin embargo, deben considerarse supuestos residuales porque:

> "*...existe un riesgo no desdeñable de que el consumidor afectado no realice esa anotación preventiva en los plazos fijados para ello, ya sea debido al carácter sumamente rápido del procedimiento de ejecución en cuestión, ya sea porque ignora o no percibe la amplitud de sus derechos* ".

Frente a esta afirmación, hay que decir que, desde que el Sr. Aziz firmó la escritura de préstamo hipotecario hasta que se inició el procedimiento de ejecución transcurrieron quince meses.

No obstante, hay que decir que el TJUE no tenía muchas salidas diferentes porque desde el Acta Única Europea de 1986 la protección del consumidor es uno de los objetivos formales del mercado interior.

En este contexto, la Sentencia de 10 de abril de 1984 declaró que las obligaciones de resultado que se derivan de las Directivas se imponen a todas las autoridades de los Estados miembros, y entre estas autoridades no solo están los jueces, sino también los registradores.

Posteriormente, la Sentencia de 4 de junio de 2009 declaró que *"el artículo 6.1 de la Directiva*–de 5 de abril de 1993- *debe interpretarse en el sentido de que una cláusula contractual abusiva no vincula al consumidor y que, a este respecto, no es necesario que aquél haya impugnado previamente con éxito tal cláusula".*

Finalmente, complementando la sentencia de 10 de abril de 1984, la Sentencia de 14 de junio de 2012 declaró que la actuación de las autoridades deben desarrollarse no sólo a instancia de parte, sino también de oficio.

La sentencia, en general, fue bien recibida probablemente porque, dada la virulencia de la crisis y su carácter expansivo, la inmensa mayoría de los deudores hipotecarios pensaban que, antes o después, podrían verse en la misma situación que el Sr. Aziz, como consecuencia de la reducción de sus ingresos o, incluso, de la pérdida de su empleo.

Como consecuencia de la sentencia, se reformó el artículo 695 de la Ley de Enjuiciamiento Civil (LEC), concediendo al deudor el derecho a alegar como causa de oposición en el procedimiento especial de ejecución hipotecaria "*el carácter abusivo de una cláusula contractual que constituya el fundamento de la ejecución o que hubiese determinado la cantidad exigible*'[84].

Además, hemos llegado a la situación en la que la entidad financiera, si la cláusula en la que fundamenta la ejecución es nula por abusiva, según el Juez que conoce del procedimiento de ejecución especial, probablemente tendrá que ir a un procedimiento declarativo, lo que ralentiza considerablemente la ejecución y, por lo tanto, encarecerá los tipos de interés para la inmensa mayoría de deudores cumplidores -93.7%, en el momento álgido de la morosidad, según la Asociación Hipotecaria Española- que contraten en el futuro.

Ello, por si solo, conlleva la ralentización de los procedimientos de ejecución hipotecaria, lo que tiene como consecuencia el encarecimiento del precio del dinero para los solicitantes poten-

---

84 Dicha reforma fue introducida por la Disposición Final cuarta de la Ley 8/2013, de 26 de junio, de rehabilitación, regeneración y renovación urbanas («B.O.E.» 27 junio).

ciales de préstamos hipotecarios85,y, en consecuencia, la expulsión del acceso a la financiación para el acceso a la vivienda en régimen de propiedad de una porción creciente de la población.

La Ley 1/2013, de 14 de mayo, de medidas para reforzar la protección a los deudores hipotecarios, reestructuración de deuda y alquiler social y, concretamente, la modificación de la Ley de Enjuiciamiento Civil en materia de ejecución hipotecaria fue, probablemente, la primera consecuencia directa de la sentencia 14 de marzo de 2013 del Tribunal de Justicia de la Unión Europea (TJUE).

4.2.3. La Sentencia del Tribunal Supremo de 9 de mayo de 2013 sobre cláusulas suelo.

De las diferentes sentencias habidas desde entonces, es especialmente relevante la STS de 9 de mayo de 2013 sobre cláusulas suelo. La sentencia las declara lícitas, pero considera que no estaban redactadas de un modo suficientemente transparente tratándose de un consumidor, por lo que las declara nulas.

---

[85] MÉNDEZ GONZÁLEZ F.P., *Mercado hipotecario y sistemas registrales. Especial referencia a la ejecución hipotecaria,* en XVIII Congreso Internacional de Derecho Registral IPRA-CINDER, Amsterdam 2012, Ed.: Tirant Lo Blanch, 2016, págs.. 200 a 227. MOLINA BALAGUER F., *Efficiency of direct enforcement on mortgaged property in Spain: its causes and defects. Overvalued appraisals,* en XVIII Congreso Internacional de Derecho Registral IPRA-CINDER, Amsterdam, Ed.: Tirant Lo Blanch, 2016 en págs. 247-269. Existen, además, diferentes informes: ANALISTAS FINANCIEROS, INTERNACIONALES, *La función económica del Registro de la Propiedad Inmobiliaria,* elaborado en 2005, Colegio de Registradores de la Propiedad, Mercantiles y Bienes Muebles de España, WYMAN M.O., *Study on de Financial Integration of the European Mortgage Market,* elaborado en 2003 para la European Mortgage Federation; STÖCKER O.M. y STÜRNER R., *Security and Efficiency of Security Rights over Real Property in Europe,* Verland Deutscher Pfandbriefbanken, Berlin, 2008,;EUROPEAN MORTGAGE FEDERATION, *Efficiency of the Mortgage Collateral in the European Union,* 2007.

A mi juicio, el Tribunal Supremo parte de un supuesto de hecho erróneo –que solo cabía que los tipos de interés variaran al alza pero no a la baja-, porque las entidades financieras sabían que los tipos iban a bajar[86].

Economistas como ARRUÑADA y CASAS[87] o CONTHE[88], entre otros, han demostrado que sí cabía una amplia variación a la baja, que, además, la cláusula techo era una garantía realista con la información disponible en el momento, la cual apuntaba, más bien, una evolución inflacionaria, y, por último que, si bien las entidades tienen más conocimientos del mercado financiero que un consumidor, no tienen el suficiente como para prever su evolución y que, aunque pudieran preverla –lo que, repito, no es

---

86 Dice el Tribunal Supremo:
"217. Las cláusulas examinadas, pese a incluirse en contratos ofertados como préstamos a interés variable, de hecho, de forma razonablemente previsible para el empresario y sorprendente para el consumidor, les convierte en préstamos a interés mínimo fijo del que difícilmente se benefician de las bajadas del tipo de referencia.
218. La oferta como interés variable, no completada con una información adecuada, incluso cuando su ubicación permite percatarse de su importancia, se revela así engañosa y apta para desplazar el foco de atención del consumidor sobre elementos secundarios que dificultan la comparación de ofertas. El diferencial del tipo de referencia, que en la vida real del contrato con cláusula suelo previsiblemente carecerá de transcendencia, es susceptible de influir de forma relevante en el comportamiento económico del consumidor
224. Lo elevado del suelo hacía previsible para el prestamista que las oscilaciones a la baja del índice de referencia no repercutirían de forma sensible en el coste del préstamo -recordemos que el BE indica que "estas cláusulas se calculaban para que no implicasen cambios significativos en dichas cuotas"-, de forma que el contrato de préstamo, teóricamente a interés variable, se convierte en préstamo a interés fijo variable exclusivamente al alza".

87 ARRUÑADA B. y CASAS-ARCE, P. (2017), "Préstamos hipotecarios y limitaciones al tipo de interés", en GANUZA, J.J y GÓMEZ-POMAR, F., *El mercado hipotecario español: Análisis económico y jurídico*, Aranzadi, Cizur Menor.

88 CONTHE, M, *Cláusulas-suelo: un borrón supremo*, en, *El sueño de Jardiel, Expansión*, el 17-09-13.

el caso- no está claro que en un entorno tan competitivo pudieran aprovecharse de ello.

La sentencia tiene, además, un acusado sesgo retrospectivo: juzga desde el conocimiento de hechos sucedidos *ex post,* mientras que en el momento de la firma era más racional suponer que los tipos subirían que suponer que bajarían y, desde luego, las entidades no previeron ni podían prever la quiebra de *Lehman Brothers* ni la crisis de la deuda soberana, por ejemplo. Difícilmente podrían haberlo hecho.

El Tribunal Supremo, sin embargo, afirma que el prestamista sabía cómo iban a evolucionar los tipos de interés, sin presentar un solo argumento. Simplemente, lo da por sentado. A continuación, a pesar de reconocer que las entidades cumplieron lo dispuesto por la Orden de 5 de mayo de 1994 sobre transparencia de las condiciones financieras de los préstamos hipotecarios, afirma que es insuficiente para los consumidores, los cuales requieren un nivel especial de transparencia. Y, al formular las razones por las cuales el préstamo hipotecario en cuestión no cumplía con ese nivel especial de exigencia, de hecho el TS formula unos requisitos para entenderlo cumplido. Dice el Tribunal Supremo:

> *"225. En definitiva, las cláusulas analizadas, no son transparentes ya que:*
>
> *a) Falta información suficientemente clara de que se trata de un elemento definitorio del objeto principal del contrato.*
>
> *b) Se insertan de forma conjunta con las cláusulas techo y como aparente contraprestación de las mismas.*
>
> *c) No existen simulaciones de escenarios diversos relacionados con el comportamiento razonablemente previsible del tipo de interés en el momento de contratar.*
>
> *d) No hay información previa clara y comprensible sobre el coste comparativo con otras modalidades de préstamo de la propia entidad -caso de existir- o advertencia de que al concreto perfil de cliente no se le ofertan las mismas.*

e) En el caso de las utilizadas por el BBVA, se ubican entre una abrumadora cantidad de datos entre los que quedan enmascaradas y que diluyen la atención del consumidor."

Ello impide que las cláusulas impugnadas puedan superar lo que el Tribunal Supremo denomina el doble control de transparencia: el de incorporación y el que denomina de claridad, de modo que facilite la comprensión por parte del consumidor.

Esta argumentación incurre en contradicciones internas. No parece que sea sostenible afirmar que un contrato de préstamo o crédito debe decir con claridad que el precio del dinero y sus posibles oscilaciones, si el tipo de interés es variable, es un elemento definitorio del objeto principal del contrato, pues ¿qué otra cosa puede ser?. No es sostenible afirmar que definir el tipo de interés, así como el techo y suelo, cuando es variable, de forma conjunta, de lugar a falta de transparencia porque el deudor puede interpretar que las cláusulas techo y suelo son contraprestación la una de la otra. ¿Habría que exponerlo en párrafos separados?, ¿Habría que afirmar que no son una contraprestación recíproca?, ¿Por qué?. ¿Qué son simulaciones de escenarios relativamente previsibles en cuanto al comportamiento de los tipos de interés? ¿Y si después la evolución es otra?.

La conclusión debería ser que, dado que el prestamista sabía cuál iba a ser la evolución, como afirma el Tribunal Supremo, si la evolución posterior es distinta a la que sería más favorable al consumidor, inevitablemente se debería a que el prestamista habría engañado al consumidor. Tampoco es sostenible afirmar que el prestamista da una "excesiva" cantidad de datos que "diluyen" la atención del consumidor, cuando anteriormente se afirma que no se ha dado información suficiente de productos alternativos, bien por no haberlos o porque, a juicio del prestamista, no se adaptan al perfil del consumidor. ¿Podría el juez decir, en este caso, que las alternativas disponibles si se adaptan y que la falta de información sobre ellas implica una falta de transparencia que da lugar a la nulidad?.

Da la sensación de que el Tribunal Supremo tuvo un sesgo legislativo y el fallo acabo diciendo lo que era razonable creer que la sociedad deseaba, sin tener en cuenta, o relegando, los efectos futuros para el conjunto de la población, especialmente para la más necesitada de crédito.

Muy consciente, no obstante, de los graves efectos que su decisión podía tener para el "orden público económico", da la sensación de que intentó compensar su decisión, impidiendo la retroactividad de la misma, lo que no era posible conforme al Código civil, ni conforme al Derecho de la UE, según declaró el Tribunal de Justicia de la Unión Europea, en su Sentencia de 21 de diciembre de 2016, la cual declaró los efectos *ex tunc*, -y , por lo tanto, la obligación de devolver lo pagado en exceso- de las cláusulas suelo consideradas abusivas y poco transparentes, por el modo en el que se comercializaron.[89]

4.2.4. La Sentencia del Tribunal de Justicia de la Unión Europea de 26 de enero de 2017 sobre las cláusulas de vencimiento anticipado.

La sentencia del TJUE de 26 de enero de 2017, que se refiere, entre otros asuntos, a las cláusulas de vencimiento anticipado, es de una gran relevancia y, quizás, la que arrojó más incertidumbres jurídicas sobre la cartera hipotecaria española.

Con anterioridad a 2013, era usual entre las entidades financieras pactar una cláusula en virtud de la cual el impago de una cuota facultaba a la entidad financiera para dar por vencido anticipadamente el préstamo. La legalidad de esta cláusula había sido avalada por diferentes sentencias del Tribunal Supremo –con la excepción de la de 27 de marzo de 1999, cuyo ponente fue el Excmo. Sr. D. José Menéndez Hernández-. La sentencia dictada

---

89 Véase DÍAZ FRAILE J.M., *Evolución de la jurisprudencia del Tribunal Supremo en relación con la limitación temporal de los efectos restitutorios derivados de la nulidad de las clausulas suelo no transparentes /abusivas,* Boletín del Colegio de Registradores de España, ISSN 1135-0180, núm.:52 ,2018 .

en el caso Aziz, sin embargo, venía a decir que la abusividad de una cláusula de vencimiento anticipado depende de la cuantía y duración del préstamo, lo que condicionaba sus decisiones posteriores inevitablemente.

Como consecuencia de ello, el legislador español –Ley 1/2013 de 14 de mayo, de medidas para reforzar la protección a los deudores hipotecarios, reestructuración de deuda y alquiler social[90]- exigió el incumplimiento de tres cuotas o equivalentes para poder dar por vencido anticipadamente el préstamo, lo que arrojaba la duda sobre si las cláusulas de vencimiento anticipado de los préstamos y créditos hipotecarios anteriores podían ser nulas por abusivas.

Para buscar una salida, se planteó cuestión prejudicial acerca de si, en el caso de que aun cuando la cláusula fuese nula, la entidad espera a que se produzcan un número suficiente de incumplimientos para dar por vencido anticipadamente el crédito o préstamo, en ese caso, la cláusula puede considerarle válida y, en consecuencia, cabe el vencimiento anticipado.

El TJUE es tajante: la cláusula es nula. Y, dado que, conforme al artículo 693 LEC, para poder dar por vencido anticipadamente el crédito por impago parcial, es necesario que se pacte y que dicho pacto conste inscrito, si el pacto es abusivo, entonces es nulo conforme a la Directiva 93/13/CEE del Consejo, de 5 de abril de 1993, sobre las cláusulas abusivas en los contratos cele-

---

[90] Esta Ley en su articulo 1.1. establecía:" 1. *Hasta transcurridos quince años desde la entrada en vigor de esta ley, no procederá el lanzamiento cuando en un proceso judicial o extrajudicial de ejecución hipotecaria se hubiera adjudicado al acreedor, o a cualquier otra persona física o jurídica la vivienda habitual de personas que se encuentren en los supuestos de especial vulnerabilidad y en las circunstancias económicas previstas en este artículo.*" Esta regla de suspensión ha sido prorrogada por el Real Decreto-ley 1/2024, de 14 de mayo, por el que se prorrogan las medidas de suspensión de lanzamientos sobre la vivienda habitual para la protección de los colectivos vulnerables, cuyo articulo 1.1, reproduce literalmente el texto del artículo 1.1, parágrafo primero de la Ley 1/ 2013.

brados con consumidores, lo que implica que, en caso de incumplimiento parcial de tales hipotecas, no cabría el vencimiento anticipado.

Dada la gravedad de la cuestión, el Tribunal Supremo, en el Auto de 8 de febrero de 2017, en el que acuerda plantear diversas cuestiones prejudiciales al Tribunal de Justicia de la Unión Europea, decide plantear al citado Tribunal la siguiente:

"El alcance de las facultades de un tribunal nacional, una vez declarada la abusividad de una cláusula de vencimiento anticipado en un contrato de préstamo celebrado con consumidores, de aplicar supletoriamente una legislación interna que pueda resultar más favorable al consumidor."

El TJUE resolvió la cuestión planteada en la Sentencia de 26 de marzo de 2019[91], del modo siguiente:

> *"Los artículos 6 y 7 de la Directiva 93/13/CEE del Consejo, de 5 de abril de 1993, sobre las cláusulas abusivas en los contratos celebrados con consumidores, deben interpretarse en el sentido de que, por una parte, se oponen a que una cláusula de vencimiento anticipado de un contrato de préstamo hipotecario declarada abusiva sea conservada parcialmente mediante la supresión de los elementos que la hacen abusiva, cuando tal supresión equivalga a modificar el contenido de dicha cláusula afectando a su esencia.*
>
> *Por otra parte, esos mismos artículos no se oponen a que el juez nacional ponga remedio a la nulidad de tal cláusula abusiva sustituyéndola por la nueva redacción de la disposición legal que inspiró dicha cláusula,*

---

91 La Sentencia se dicta en lo Asuntos Acumulados C-70/17 y C-179/17 y da respuesta a las preguntas formuladas por el Tribunal Supremo (auto de 8 de febrero de 2017) y por un Juzgado de Primera Instancia de Barcelona (auto de 30 de marzo de 2017. Véase DIAZ FRAILE J.M. *Comentario a la sentencia del Tribunal de Justicia de la Unión Europea (Gran Sala), de 26 de marzo de 2019, sobre la abusividad de determinadas clausulas de vencimiento anticipado de préstamos hipotecarios (de Modestino a Bauman, o del "derecho sólido" al "derecho líquido")* Cuadernos de derecho transnacional, ISSN-e 1989-4570, Vol. 11, Nº. 2, 2019, págs. 520-574.

aplicable en caso de convenio entre las partes del contrato, siempre que el contrato de préstamo hipotecario en cuestión no pueda subsistir en caso de supresión de la citada cláusula abusiva y la anulación del contrato en su conjunto exponga al consumidor a consecuencias especialmente perjudiciales".

De este modo, el TJUE dio una salida a la situación planteada mediante el reconocimiento de la posibilidad de integración del contrato por el Juez nacional

4.2.5. Otras sentencias relevantes-

No son estas las únicas sentencias del TJUE y del Tribunal Supremo en materia hipotecaria, pero, a mi juicio, sí las que más han influido en el desarrollo posterior, tanto legislativo, como en la práctica contractual y, por lo tanto, en la evolución posterior del diseño contractual ofrecido por las entidades de crédito para financiar la adquisición de vivienda. Entre las restantes decisiones judiciales, merecen destacarse:

a.- Las relativas al interés de demora (Sentencia del TJUE de 12 de enero de 2015, Auto del TJUE de 11 de junio de 2015 y Sentencia del TJUE de 7 de agosto de 2018). Como consecuencia, la Ley 5/2019, de 15 de marzo, reguladora de los contratos de crédito inmobiliario, modificó el artículo 114 de la Ley Hipotecaria: los intereses de demora de un préstamo garantizado con hipoteca sobre un bien inmueble en uso residencial será el interés remuneratorio más tres puntos porcentuales a lo largo del período en el que aquel resulte exigible. Además, solo podrán devengarse sobre el principal del préstamo vencido y pendiente de pago y no podrá ser capitalizado en ningún caso, salvo en el supuesto previsto en el artículo 579.2.a de la Ley de Enjuiciamiento Civil[92]

---

[92] Dispone este precepto:
"**2.** *Sin perjuicio de lo previsto en el apartado anterior, en el supuesto de adjudicación de la vivienda habitual hipotecada, si el remate aprobado fuera insu-*

b.- La Sentencia del TJUE de 26 de enero de 2017 sobre cláusulas abusivas, la cual fija criterios interpretativos vinculantes para la apreciación de la posible abusividad de las clausulas contractuales en general, y de la de vencimiento anticipado en particular.[93]

c.-La Sentencia del TJUE de 26 de marzo de 2019 sobre cláusulas de vencimiento anticipado[94].

d.-La Sentencia del TJUE de 25 de enero de 2024 sobre plazo de prescripción para reclamar gastos y comisiones de las hipotecas. El Tribunal considera que la prescripción comienza a contar desde el momento en el que consumidor conoce que tiene derecho a que le devuelvan dichos gastos, lo que se produce desde que sabe que su cláusula es nula y hay una sentencia que así lo dictamina.

---

ficiente para lograr la completa satisfacción del derecho del ejecutante, la ejecución, que no se suspenderá, por la cantidad que reste, se ajustará a las siguientes especialidades:
"El ejecutado quedará liberado si su responsabilidad queda cubierta, en el plazo de cinco años desde la fecha del decreto de aprobación del remate o adjudicación, por el 65 por cien de la cantidad total que entonces quedara pendiente, incrementada exclusivamente en el interés legal del dinero hasta el momento del pago. Quedará liberado en los mismos términos si, no pudiendo satisfacer el 65 por cien dentro del plazo de cinco años, satisficiera el 80 por cien dentro de los diez años. De no concurrir las anteriores circunstancias, podrá el acreedor reclamar la totalidad de lo que se le deba según las estipulaciones contractuales y normas que resulten de aplicación". Véase DIAZ FRAILE J.M., *Intereses de demora en los préstamos hipotecarios. La jurisprudencia del Tribunal Supremo y su compatibilidad con el Derecho comunitario,* Revista de Derecho Civil, ISSN 2341-2216, Vol. 5, Nº. 2 (abril-junio, 2018), 2018, págs. 293-320

93 Puede verse un resumen sistematizado de la sentencia, realizado por DELGADO RAMOS J. en https://regispro.es/sentencia-tjue-26-1-2017-sobre-clausulas-de-vencimiento-anticipado-y-otras-cuestiones/

94 VALERO FERNÁNDEZ-REYES A., *La Ley de los contratos de crédito inmobiliario: aspectos registrales y relacionados con la jurisprudencia del TJUE. Especial referencia a la Sentencia del TJUE de 26 de marzo de 2019 sobre cláusulas de vencimiento anticipado,* Boletín del CORPME, núm.: 62, 3ª época, 2019.

4.2.6. La Ley 5/2019 de 15 de marzo reguladora de los contratos de crédito inmobiliario. Principales modificaciones en materia de préstamos hipotecarios.

Esta Ley es, en gran medida, una consecuencia de la Directiva 2014/17/UE del Parlamento Europeo y del Consejo sobre los contratos de crédito celebrados con los consumidores para bienes inmuebles de uso residencial y por la que se modifican las Directivas 2008/48/CE y 2013/36/UE y el Reglamento (UE) no 1093/2010. [95]

Tiene aspectos positivos y negativos.

Entre los primeros, cabe destacar la obligación que se impone a las entidades financieras de *"evaluar en profundidad la solvencia del potencial prestatario, fiador o garante antes de celebrar un contrato de préstamo"* -artículo 11, parágrafo primero-. El precedente de esta norma es el artículo 29 de la Ley 2/2009 de Economía Sostenible dedicado a regular la *"responsabilidad en el crédito y protección de los usuarios de servicios financieros"*. Ello contribuye a explicar la reducida proporción de hogares hipotecados en situación de sobreesfuerzo financiero.[96]

---

95 TENZA LLORENTE M., *La tutela del deudor y del garante hipotecario en la contratación de préstamos inmobiliarios. El ámbito de aplicación de la Ley 5/2019, de 15 de marzo, reguladora de los contratos de crédito inmobiliario.* Ed.: Thomson Reuters Aranzadi, 2022., págs..37-41.

96 Según el Banco de España: "*La selección prudente que realizan los bancos -que condicionan la financiación a los hogares a la disponibilidad de suficiente ahorro y nivel de renta en relación con los precios de compra de la vivienda-, contribuye a explicar la reducida proporción de hogares hipotecados en situación de sobresfuerzo en 2022 tanto en España como en el conjunto de la UE-27. Ciertamente, el notable repunte de los costes de financiación que se produjo en 2023 habría elevado el esfuerzo asociado a la compra de vivienda tanto para los nuevos compradores como para los previamente hipotecados a tipo de interés variable. No obstante, el aumento en el porcentaje de hogares hipotecados en situación de sobresfuerzo, una vez que también se tiene en cuenta el incremento que se habría producido en su renta disponible, habría sido relativamente acotado*". BANCO

A primera vista, resulta sorprendente que tanto la Directiva como la Ley regulen esta obligación, que se supone que forma parte del deber de diligencia de las entidades financieras, las cuales deben proteger los intereses de depositantes y accionistas. Sin embargo, la crisis demostró que dichas entidades, especialmente algunas Cajas de Ahorro, por diversos motivos, habían concedido préstamos hipotecarios a deudores respecto de los cuales no habían comprobado su solvencia[97] y, en ocasiones, siendo conocedoras de

---

DE ESPAÑA, E*l mercado de la vivienda en España: evolución reciente, riesgos y problemas de accesibilidad,* Capítulo 4, pág.39, del Informe Anual 2023.

97 Se ha percibido como especialmente irresponsable el comportamiento de las Cajas de Ahorros, si bien no de todas ellas. Durante más de dos siglos, las cajas de ahorro han sido fundamentales para financiar el desarrollo local, provincial y regional español, mientras sus obras sociales aportaban servicios públicos necesarios. La Ley de Órganos Rectores de las Cajas de 1985 intentó "democratizar" sus órganos de gobierno, obligando a que en sus asambleas estuviesen presentes representantes de corporaciones municipales y provinciales, impositores, empleados y la corporación fundadora. Finalmente, la mayoría de miembros de sus asambleas, consejos y obras sociales han terminado siendo políticos y representantes sindicales. La percepción ciudadana es que debían ellas las que debían asumir las consecuencias, en lugar de los deudores hipotecarios, sin darse cuenta de que, en realidad, lo que estaban diciendo es que el legislador debería transferir la responsabilidad por impago a los contribuyentes como, de hecho, está haciendo en última instancia, pero liberando de ella a los primeros. El hecho de que apenas se hayan depurado algunas responsabilidades en el sector financiero, contribuye a dar la sensación de que mientras unos –los gestores del sistema financiero- gozan de impunidad, otros –los deudores- deben soportar las consecuencias de unas decisiones que, si bien tomaron libremente, fueron seducidos para tomarlas por los hábiles comerciales de las entidades financieras, sin reconocer que ellos mismos también se sintieron seducidos por el dinero barato. MÉNDEZ GONZÁLEZ F. P, "Crisis hipotecaria y reacción institucional: una perspectiva registral", págs.19-44, en ANDERSON M., ARROYO E. APARICIO A . (Dirs.), en Cuestiones hipotecarias e instrumentos de previsión. El impacto del Derecho de la Unión Europea, Ed. Marcial Pons, 2021.

su insolvencia. Algunos autores[98] han llegado a afirmar que, en Estados Unidos, se llegó a preferir a deudores insolventes debido a que, dada la constante subida de precios de los inmuebles, era más rentable ejecutar la hipoteca que cobrar el crédito.

La Directiva 2014/17 regula la obligación de evaluar la solvencia por parte de las entidades financieras -artículos 18 a 20- y establece una prohibición de contratar un préstamo hipotecario en el caso de que de dicha evaluación resulte que es improbable que el deudor pueda cumplir con las obligaciones derivadas del mismo[99]. El artículo 11.5 de la Ley 5/2019 prácticamente reproduce el artículo 18.5.a de la Directiva.[100]

Esta medida tiene como consecuencia que, a efectos hipotecarios, aumente la parte de la población que no puede acceder

---

98 Véase RAJAN R.J., *Grietas del sistema,* Ed.:Deusto, 2011, probablemente el mejor análisis de la crisis de las hipotecas *subprime* en Estados Unidos

99 Así, se ha incorporado como una prohibición de contratar en Alemania, en el parágrafo 505 del BGB. KRIMPHOVE D. Y LÜKE C, "The transformation of the Mortgage Credit Directive in German Law", en ANDERSON M y ARROYO E, *The impact of mortgage directive in Europe,* en Europa Law Publishing, 2018, pág.217. También en Bélgica y en Francia en el Código Económico (art. VII.133.2) y Código de Consumo (art.L.313-16(I) del Código de Consumo respectivamente. En VERHEYE B. y SAGAERT V., "Consumer Credits for Immovables in Berlium and France," en ANDERSON M y ARROYO E., *The impact of mortgage directive in Europe* en Europa Law Publishing, 2018, pp. 146 y 147. En Italia y Malta, sin embargo, se ha preferido mantener la validez del negocio. Véanse BARGELLI F y DONADIO G., "The impact of Directive 2014/17/EU in Italy", y XERRI K., "The impact of Directive 2014/17/EU in Malta", en ANDERSON M y ARROYO E., *The impact of mortgage directive in Europe,* en Europa Law Publishing, 2018, pp 353 y 318 respectivamente.

100 Ello planea numerosos problemas hermenéuticos. Deja un amplio margen a los jueces para determinar cuándo "no era probable" que el deudor cumpliera o cuáles serán las consecuencias civiles si el juez declara que el préstamo ha sido concedido indebidamente. Véase NASARRE AZNAR S.,*Los años de la crisis de la vivienda. De las hipotecas subprime a la vivienda colaborativa.* Ed.: Tirant lo Blanch, 2020, pp. 417-418.

al crédito ni, por lo tanto, a la vivienda en propiedad y, en consecuencia, se convierta en demandante de vivienda en alquiler.

También hay que destacar la regulación de los requisitos necesarios para el otorgamiento de la escritura de préstamo hipotecario a fin de garantizar la trasparencia material necesaria para asegurar un consentimiento informado del deudor hipotecario como consumidor (artículo 15). Y, en esta misma línea, la obligación que se impone a los registradores de comunicar al deudor el contenido de la inscripción de la hipoteca, con lo cual queda informado del alcance exacto de la misma, pues, al tener la inscripción carácter constitutivo, es ésta la que determina el alcance del préstamo hipotecario no solo frente a terceros sino también *inter partes*, esto es, entre el acreedor y el deudor hipotecarios. A este efecto, la Disposición Adicional Octava dispone:

> "*Los registradores de la propiedad remitirán también gratuitamente y de forma telemática al prestatario nota simple literal de la inscripción practicada y de la nota de despacho y calificación, con indicación de las cláusulas no inscritas y con la motivación de su respectiva suspensión o denegación.*"

Modifica sustancialmente la Ley 2/1994, de 30 de marzo de subrogación y modificación de préstamos hipotecarios. Como observa TENZA LLORENTE[101], las principales modificaciones son las siguientes:

---

101 TENZA LLORENTE M., *La tutela del deudor y del garante hipotecario en la contratación de préstamos inmobiliarios. El ámbito de aplicación de la Ley 5/2019, de 15 de marzo, reguladora de los contratos de crédito inmobiliario.* Ed.: Thomson Reuters Aranzadi, 2022, págs.:204-210. Ello plantea algunos problemas: 1.-Como señala VALERO FERNÁNDEZ-REYES, en el caso de pluralidad de créditos cabe la posibilidad de que se produzca la subrogación solo respecto del crédito de mejor rango, con lo que la entidad subrogada puede verse perjudicada, al no recibir compensación alguna por la existencia de tales créditos. VALERO FERNÁNDEZ-REYES A. *La Ley de los contratos de crédito inmobiliario: aspectos registrales y relacionados con la jurisprudencia del TJUE. Especial referencia a la Sentencia*

1. Se suprime la necesidad de subrogarse en todos los préstamos o créditos existentes introducida por la Ley 41/2007 de 7 de diciembre[102].
2. Se suprime el derecho de la entidad acreedora a enervar la subrogación, si bien se mantiene su derecho a realizar una oferta vinculante que, a diferencia de la regulación anterior, no necesariamente ha de mejorar las condiciones vigentes -no siempre fáciles de calcular- sino que basta con ofrezca las condiciones que "estime convenientes".

Merece también destacarse que haya recogido los criterios jurisprudenciales que se han ido imponiendo en materia de cláusulas suelo, vencimiento anticipado, intereses de demora y, en general, de los diversos supuestos de abusividad sobre los que han fallado tanto el Tribunal de Justicia de la Unión Europea como el Tribunal Supremo, lo que permite suponer un cumplimiento de los préstamos hipotecarios con poca litigiosidad, al menos mientras no sobrevenga otra crisis financiera.

Entre los aspectos negativos, cabe destacar que la nueva regulación del vencimiento anticipado contribuye al encarecimiento

---

del TJUE de 26 de marzo de 2019 sobre cláusulas de vencimiento anticipado, en Boletín del CORPME, número 64 (3ª época) 2019, pág.44. 2.-Puede haber hipotecas del mismo rango a favor del mismo acreedor que pueden verse perjudicadas, si bien cabe una cláusula que evite ese efecto. GOMA LANZON F., "Las subrogaciones hipotecarias; en especial el cambio de acreedor", en MURGA FERNÁNDEZ J.P. y HORNERO MÉNDEZ C., (Coords.), *Estudios sobre la Ley reguladora de los contratos de crédito inmobiliario,* ed.: Reus, 2020, págs. 242-249.TENZA LLORENTE M. señala acertadamente que tal cláusula no podría ser de vencimiento anticipado, al estar prohibida por el artículo 24 de la LCCI. TENZA LLORENTE M., op. cit., pág.206.

102 Ley 41 /2007 de 7 de diciembre por la que se modifica la Ley 2/1981, de 25 de marzo, de Regulación del Mercado Hipotecario y otras normas del sistema hipotecario y financiero, de regulación de las hipotecas inversas y el seguro de dependencia y por la que se establece determinada norma tributaria.

de los tipos de interés de los préstamos hipotecarios sobre inmuebles de uso residencial, al exigir un número mínimo de incumplimientos de entre doce y quince cuotas mensuales, restringiendo la libertad de pacto preexistente, conforme a la cual, las partes podían pactar que un solo incumplimiento podría bastar para dar por vencido el préstamo hipotecario y, posteriormente, la Ley 1/2013 exigió que se hubiesen impagado al menos tres plazos. [103]

---

[103] Con anterioridad al caso Aziz, el artículo 693 LEC permitía pactar la ejecución con el incumplimiento de un solo plazo. Como consecuencia de la sentencia del TJUE de 14 de marzo de 2013 -caso Aziz-, la Ley 1/2013 modificó el artículo 693.2 de la Ley de Enjuiciamiento Civil, conforme al cual se exigía que se hubiesen impagado al menos tres plazos para dar por vencida la totalidad del préstamo si así se hubiese pactado (art.1129 Cc). No obstante, la Sentencia del TJUE de 20 de enero de 2017 fue más allá, afectando, por lo tanto, a miles de contratos firmados con anterioridad y a la adecuación al Derecho europeo de la propia Ley 1/2013, pues dicha sentencia afirmaba lo siguiente: "... *incumbe al órgano jurisdiccional remitente examinar en particular si la facultad que se concede al profesional de declarar el vencimiento anticipado de la totalidad del préstamo está supeditada al incumplimiento por parte del consumidor de una obligación que revista carácter esencial en el marco de la relación contractual de que se trate, si esa facultad está prevista para los casos tiene carácter suficientemente grave en relación con la duración y la cuantía del préstamo, si dicha facultad constituye una excepción con respecto a las normas generales aplicables en la materia en ausencia de estipulaciones contractuales específicas y si el Derecho nacional prevé medios adecuados y eficaces que permitan al consumidor sujeto a la aplicación de esta cláusula poner remedio a los efectos del vencimiento anticipado del préstamo*".

Siguiendo la filosofía del Derecho alemán, se trataba de dotar de efectos disuasorios a la introducción de cláusulas abusivas.

Ante este panorama, miles de hipotecas quedaban sumidas en la incertidumbre. Los préstamos hipotecarios anteriores a 2013 preveían la posibilidad de vencimiento por un solo impago, lo que significaba que no se podría ejecutar ninguno. Respecto de los de fecha posterior, todo dependía de si el juez consideraba la cláusula que exigía tres meses desproporcionada y, por lo tanto, nula por abusiva.

Ante esta situación, el Tribunal Supremo consultó al TJUE, mediante Auto de 8 de febrero de 2017 si, a pesar de la nulidad de la cláusula de vencimiento anticipado, el juez puede continuar con la ejecución hipotecaria, porque podría suceder que se declarase la nulidad de solo una parte de la

El artículo 24 de la Ley 5/2019 dispone:

*"**1.** En los contratos de préstamo cuyo prestatario, fiador o garante sea una persona física y que estén garantizados mediante hipoteca o por otra garantía real sobre bienes inmuebles de uso residencial o cuya finalidad sea adquirir o conservar derechos de propiedad sobre terrenos o inmuebles construidos o por construir para uso residencial el prestatario perderá el derecho al plazo y se producirá el vencimiento anticipado del contrato si concurren conjuntamente los siguientes requisitos:*

__a)__ Que el prestatario se encuentre en mora en el pago de una parte del capital del préstamo o de los intereses.

__b)__ Que la cuantía de las cuotas vencidas y no satisfechas equivalgan al menos:

__i.__ Al tres por ciento de la cuantía del capital concedido, si la mora se produjera dentro de la primera mitad de la duración del préstamo. Se considerará cumplido este requisito cuando las cuotas vencidas y no satisfechas equivalgan al impago de doce plazos mensuales o un número de cuotas tal que suponga que el deudor ha incumplido su obligación por un plazo al menos equivalente a doce meses.

__ii.__ Al siete por ciento de la cuantía del capital concedido, si la mora se produjera dentro de la segunda mitad de la duración del préstamo. Se considerará cumplido este requisito cuando las cuotas vencidas y

---

cláusula y, además, un juez podría apreciar que podría ser más ventajosa para el deudor la continuación del procedimiento de ejecución, porque si se iniciara un procedimiento ordinario no se podría beneficiar de algunas ventajas como el límite de tasación para subasta del 75% del préstamo, la posibilidad de liberar la vivienda o la liberación de responsabilidad tras subasta insuficiente, conforme a la propia doctrina del Tribunal Supremo -confer.: SSTS 23-XII-2015 y 18-II-2016-. El TJUE resolvió mediante sentencia sentencia de 26-III-2019. Sobre esta sentencia , véase VALERO FERNÁNDEZ-REYES A. *Comentario a la Sentencia del TJUE de 26 de marzo de 2019,* en https://regispro.es/angel-valero-comentario-a-la-sentencia-del-tjue-de-26-de-marzo-de-2019-asuntos-c-70-17-abanca-corporacion-bancaria-y-c-179-17-bankia-sa-sobre-clausulas-de-vencimiento-anticipado-en-caso-de-impa/#1a-el-rechazo-a-la-reduccion-conservadora-de-la-clausula-abusiva *no satisfechas equivalgan al impago de quince plazos mensuales o un número de cuotas tal que suponga que el deudor ha incumplido su obligación por un plazo al menos equivalente a quince meses.*

c) Que el prestamista haya requerido el pago al prestatario concediéndole un plazo de al menos un mes para su cumplimiento y advirtiéndole de que, de no ser atendido, reclamará el reembolso total adeudado del préstamo.

2. Las reglas contenidas en este artículo no admitirán pacto en contrario."

El aumento de los requisitos y de la duración de las ejecuciones hipotecarias en caso de impago se traduce, inevitablemente, en un incremento de los tipos de interés y, por lo tanto, en el aumento del número de ciudadanos a los que resulta inaccesible la vivienda en propiedad y, por lo tanto, se ven obligados a optar por el alquiler. Si, antes de la crisis, la duración del procedimiento de ejecución directa abarcaba aproximadamente un año, tras la ley 5/2019 puede afirmarse que el procedimiento que acaba en la subasta de la vivienda hipotecada tardará, desde que se produce el impago, mucho más tiempo, sin contar los retrasos en la actividad de los juzgados. [104]

---

[104] Según los datos del CGPJ en el año 2023, la duración media de una ejecución hipotecaria solo en el Juzgado de Primera Instancia fue en 2023 de 39.7 meses, cuatro meses más que en 2018. A ello hay que añadir la duración de la tramitación de los sucesivos recursos y el mayor número de impagos en que es preciso incurrir para poder iniciar el procedimiento de ejecución. https://www.poderjudicial.es/cgpj/es/Temas/Transparencia/ch.Estimacion-de-los-tiempos-medios-de-duracion-de-los-procedimientos-judiciales.formato1/?idOrg=20&anio=2023&territorio=España&proc=Ejecuciones%20hipotecarias. Consultado el 20-VI-2024.

4.3. LAS MODIFICACIONES DE LA LEY DE ARRENDAMIENTOS URBANOS POSTERIORES AL ESTALLIDO DE LA BURBUJA FINANCIERA.

4.3.1. Planteamiento

Me paree conveniente comenzar poniendo de manifiesto que hoy existen siete regímenes de alquiler de vivienda, todos ellos diferentes, en función exclusivamente de la fecha de la firma del contrato de arrendamiento, lo que no parece que sea un dato que abone la estabilidad y seguridad jurídica necesarias para el desarrollo de un mercado arrendaticio de viviendas[105].

Como he expuesto anteriormente, las dos características definitorias del mercado arrendaticio de vivienda en nuestro país han sido y continúan siendo la restricción de la libertad contractual y, en consecuencia, el carácter artesanal y personal, en lugar de profesionalizado e impersonal. Según el Banco de España, aproximadamente un 92% de los arrendadores son particulares y solo un 8% personas jurídicas de naturaleza privada[106].

---

105 NASARRE AZNAR E., *Los años de la crisis de la vivienda. De las hipotecas subprime a la vivienda colaborativa.* Ed.: Tirant lo Blanch, 2020, pág.594

106 BANCO DE ESPAÑA, E*l mercado de la vivienda en España: evolución reciente, riesgos y problemas de accesibilidad,* Capítulo 4, pág.11, del Informe Anual 2023. Es una estimación del propio Banco a partir de la información suministrada por el Servicio de Estudios Tributarios y Estadísticas de la Agencia Estatal de Administración Tributaria (AEAT) y la información proporcionada por el Instituto Nacional de Estadística (INE) en el Censo de Población y Viviendas 2021, la Encuesta de Condiciones de Vida y la Estadística Continua de la Población. Según CUENA CASAS, en las grandes ciudades es donde se concentra la gran mayoría de propiedades en manos de personas jurídicas: Madrid el 62%, Zaragoza el 54%, Málaga 56%, Barcelona (52%) (ATLAS Data Real State analytics. "Estado y tendencias del

El desarrollo del mercado de arrendamiento de vivienda como alternativa habitacional real a la adquisición de la vivienda en propiedad requiere la profesionalización del mismo con la finalidad de hacerlo más competitivo y, de ese modo, estimular su crecimiento.

Para ello es necesario estimular la participación de agentes de gran tamaño dedicados al alquiler de vivienda con un alto nivel de competencia entre sí –como sucede, por ejemplo, con el mercado hipotecario-.

Los activos reputacionales puestos en juego por tales operadores funcionarían como salvaguardia de los derechos de los arrendatarios y de su estabilidad residencial de un modo más eficaz que el derecho de prórroga forzosa, al igual que sucede hoy en el mercado de hipotecas.

Con esta finalidad, se promulgó la Ley 4/2013, de 4 de junio de medidas de flexibilización y fomento del mercado de alquiler de viviendas, cuya adecuada inteligencia requiere ponerla en relación con la Ley 16/2012, de 27 de diciembre, por la que se adoptan diversas medidas tributarias dirigidas a la consolidación de las finanzas públicas y al impulso de la actividad económica[107].

---

build to rent en España". Análisis de oferta y demanda. 2019 https://atlas-reanalytics.com/wp-content/uploads/Estado-y-tendenciasdel-BTR-by-Atlas.pdf. CUENA CASAS M., *La ocupación ilegal de inmuebles: un necesario enfoque global, Cuadernos de Derecho Transnacional (Octubre 2023), Vol. 15, N° 2,* pág.296.

107 Aunque, inicialmente, la modificación del régimen de las SOCIMI iba a formar parte de la Ley 4/2013, sin embargo, el Ministerio de Economía y Competitividad decidió que esa regulación , que se estaba gestando en el Ministerio de Fomento, formase parte de la citada Ley 16/2012

4.3.2. La Ley 16/2012, de 27 de diciembre por la que, entre otras cosas, se modificó la Ley 11/2009 de 26 de octubre reguladora de las Sociedades Anónimas Cotizadas de Inversión en el Mercado Inmobiliario (SOCIMI) y la Ley 4/2013, de 4 de junio de medidas de flexibilización y fomento del mercado de alquiler de viviendas

4.3.2.1. Los precedentes de las Sociedades Anónimas Cotizadas de Inversión en el Mercado Inmobiliario: las Instituciones de Inversión Colectiva (IIC)

Los Pactos de la Moncloa de 27 de octubre de 1977 se preocuparon, sobre todo, de buscar mecanismos de financiación de la vivienda para facilitar su adquisición en propiedad. El alquiler lo contemplaban, simplemente, como una opción residual para las clases menos favorecidas. No obstante, ya contenían una referencia a las instituciones de inversión colectiva. En su apartado VII –*reforma del sistema financiero*- subapartado 9, disponían: "*Se revisará la legislación vigente en materia de inversión colectiva*".

En aquel momento, la normativa estaba constituida por el Decreto-Ley 7/1964, de 30 de abril, sobre Sociedades de Inversión Inmobiliaria. En realidad, esta norma no aludía a los Fondos de Inversión Inmobiliaria en sentido estricto, es decir, en tanto que Instituciones de Inversión Colectiva de carácter no financiero, cuyo objeto es la inversión en bienes inmuebles para su explotación, sino a Fondos de Inversión Mobiliaria especializados en la inversión en sociedades cuyo objeto social estuviera relacionado con la propiedad inmobiliaria y, por tanto, de carácter financiero.[108]

En cualquier caso, como consecuencia de lo previsto en el apartado VII.9 de los Pactos de la Moncloa, se promulgó la Ley 46/1984, de 25 de diciembre, reguladora de las Instituciones de Inversión Colectiva (IIC), la cual no aludió de forma expresa a los

---

108 ORTÍ VALLEJO A. *Los Fondos Inmobiliarios en el Derecho español. Marco normativo y posible configuración jurídica, Granada,* 2006, pág.1.

Fondos de Inversión Inmobiliaria, en ninguna de sus dos modalidades: financiera y no financiera.[109]

No obstante, el legislador había desarrollado tres años antes –Ley 2/1981, de 25 de marzo- el mandato contenido en los Pactos de la Moncloa dirigidos al desarrollo del mercado hipotecario, con la finalidad de buscar las instrumentos adecuados para financiar el desarrollo del crédito mismo.

En esta norma podemos encontrar un precedente, si bien lateral, de los Fondos de Inversión Inmobiliaria (FII). En efecto, en su artículo 2.2, puede leerse:" *Las emisiones de títulos de renta fija con garantía hipotecaria que realicen los promotores, constructores y Sociedades de Arrendamiento Financiero inmobiliario que reúnan los requisitos que se determinen gozarán del régimen fiscal y financiero que en esta ley se contempla para los bonos hipotecarios y estarán sometidos al control que en la misma se establece".*

Y el artículo 15 de la Ley Reguladora del Mercado Hipotecario (LRMH) establecía en su apartado primero: "*Las entidades a las que se refiere el artículo 2 podrán hacer participar a terceros en todo o en parte de uno o varios créditos hipotecarios de su cartera, mediante la emisión de títulos-valores denominados participaciones hipotecarias".*

Baste decir que la situación creada con la emisión de participaciones hipotecarias emitidas por las sociedades de arrendamiento financiero o promotores con la finalidad de explotar inmuebles en arrendamiento, guarda ciertas semejanzas con los Fondos de Inversión Inmobiliaria.

Finalmente, será la Ley 19/1992, de 7 de julio, sobre régimen de Sociedades y Fondos de Titulación Hipotecaria, la que desarrolle las previsiones de los Pactos de la Moncloa sobre la materia.[110]

---

109 MÉNDEZ SERRANO Mº M., *Los Fondos de Inversión Inmobiliaria y los arrendamientos urbanos: otra alternativa al problema de la vivienda en España.*, La Ley, Madrid, 2007, pág. 47.

110 Esta normativa fue desarrollada por Orden del Ministerio de Economía y Hacienda de 24 de septiembre de 1993, la cual estableció importantes

Posteriormente, la Ley 20/1998, de 1 de julio, reformó el régimen jurídico y fiscal de las Instituciones de Inversión Colectiva de Naturaleza Inmobiliaria y sobre Cesión de determinados derechos de crédito de la Administración General del Estado, y el Real Decreto 845/1999, de 21 de mayo, que derogó parcialmente la Orden Ministerial de 24 de septiembre de 1993, flexibilizaron el régimen jurídico de los Fondos de Inversión Inmobiliaria[111]

Finalmente, la Ley 35/2003, de 4 de noviembre, de Instituciones de Inversión Colectiva –modificada parcialmente por la Ley 25/2005, de 24 de noviembre, reguladora de las entidades de capital-riesgo y sus entidades gestoras- y el Reglamento de la misma aprobado por RD 1309/2005, de 4 de noviembre, modificado posteriormente por el RD 362/2007, de 16 de marzo, y por el RD 215/2008, de 15 de febrero, por el que se modifica el art. 59 del RD 1309/2005, completaron el régimen jurídico de la materia.[112]

Según el artículo 56.2 del citado Real Decreto 1309/2005, el objeto principal de las Instituciones de Inversión Colectiva está

---

restricciones, tales como la prohibición de que los Fondos se dedicasen a la promoción inmobiliaria, que los partícipes pudiesen ser arrendatarios de los inmuebles del Fondo, o que las aportaciones para la adquisición de participaciones solo pudiesen realizarse en efectivo. En todo caso, una Orden Ministerial no parece el marco normativo más adecuado para establecer semejantes restricciones.

111 Así, extendieron sus beneficios fiscales a Fondos de Inversión Inmobiliaria que no ciñeran su objeto estrictamente al arrendamiento de viviendas. Se permitió, igualmente, que los partícipes del Fondo pudieran ser arrendatarios de los inmuebles que integraran su activo, así como que aportaran al mismo activos no dinerarios, es decir, que pudiesen adquirir participaciones en el Fondo a cambio de ceder a éste la titularidad de un inmueble. Se permitió también que los Fondos de Inversión Inmobiliaria adquiriesen inmuebles en sus diferentes fases de construcción, incluso aunque estuviesen sobre plano, con tal de que contasen con la oportuna licencia. Se mantuvo, sin embargo, la prohibición de realizar actividades de promoción.

112 Incluyen como novedad más relevante la desaparición de la prohibición de las actividades de promoción inmobiliaria.

constituido por la *"inversión en inmuebles de naturaleza urbana para su arrendamiento"*[113]

Esta regulación, sin embargo, no se vio acompañada por el éxito por la sencilla razón de que las entidades financieras no consideraban la promoción para arrendamiento una actividad lo suficientemente rentable como para ser financiada. Sin duda, la excesiva protección de los arrendatarios y las dificultades del desahucio en caso de impago, jugaron un papel importante en la conformación de esta actitud. Dieron preferencia, casi absoluta, a la financiación de la promoción inmobiliaria destinada a la venta, favorecida, además, por las políticas de viviendas sociales y por la deducibilidad fiscal de la financiación de la adquisición de la vivienda.

En consecuencia, el mercado arrendaticio urbano apenas se profesionalizó: en su inmensa mayoría estaba integrado por ahorradores

---

[113] Considera como tales:

1.-Las inversiones en inmuebles finalizados, tales como las realizadas en una sociedad cuyo activo esté constituido mayoritariamente por bienes inmuebles, siempre que la adquisición de aquella sea con objeto de disolverla en el plazo de seis meses desde su adquisición y el inmueble sea objeto de arrendamiento a partir de ésta. Asimismo, se entenderán también incluidas las inversiones en entidades de arrendamiento de viviendas referidas en el Capítulo III del Título VII del Texto Refundido de la Ley del Impuesto sobre Sociedades, aprobado por el RD Legislativo 4/2004, de 5 de marzo.

2.-Las inversiones en inmuebles en fase de construcción, incluso si se adquieren sobre plano, siempre que al promotor o constructor le haya sido concedida la licencia para edificar.

3.-La compra de opciones de compra cuando el valor de la prima no supere el cinco por ciento del precio del ejercicio del inmueble, así como los compromisos de compra a plazos de inmuebles, siempre que el vencimiento de las opciones y compromisos no supere el plazo de dos años y que los correspondientes contratos no establezcan restricciones a su libre transmisibilidad.

4.-La titularidad de cualesquiera otros derechos reales sobre bienes inmuebles, siempre que les permita su objetivo de ser arrendados.

5.- La titularidad de concesiones administrativas que permita el arrendamiento de inmuebles.

que compraban alguna o algunas viviendas para, por un lado, alquilarlas, y, por otro, confiar en que subieran de precio.

Piénsese, por un momento, en cómo sería el mercado hipotecario español –especialmente en su vertiente de mercado primario de préstamos hipotecarios- sin la existencia de entidades financieras, confiado tan solo a los recursos que un cierto número de particulares, cuya actividad principal fuera otra distinta, destinasen a invertir parte de sus ahorros en créditos o préstamos hipotecarios.

De un modo gráfico, podemos decir que esa era la situación en la que se encontraba el mercado español de viviendas de alquiler. En gran medida, es la situación en la que se sigue encontrando, si bien habiendo aumentado el grado de profesionalización gracias a la introducción de las SOCIMI, la entrada de los fondos de inversión y, sobre todo, a la modificación de su régimen jurídico inicial.

Esa es la situación artesanal del mercado arrendaticio de viviendas que reflejan –y a la que responden- las diferentes leyes de arrendamientos urbanos, incluida la Ley 4/2013, si bien, en este último caso, con ciertos avances que mejoraron la regulación.

4.3.2.2. La Ley 16/2012, de 27 de diciembre por la que, entre otras cosas, se modificó la Ley 11/2009 de 26 de octubre reguladora de las Sociedades Anónimas Cotizadas de Inversión en el Mercado Inmobiliario (SOCIMI)

Las Sociedades Anónimas Cotizadas de Inversión en el Mercado Inmobiliario (SOCIMI) fueron reguladas por primera vez a través de la Ley 11/2009 de 26 de octubre.

Dichas sociedades se hallan inspiradas en los denominados *Real Estate Investments Trusts* (REIT,s), característicos del mercado norteamericano.

Según reza el Preámbulo de la Ley, con la introducción de esta figura se perseguía *"continuar con el impulso del mercado de alquiler en España, elevando su profesionalización"*, entre otras finalidades.[114]No solo perseguía incrementar la profesionalización del mercado de alquiler de viviendas en España, sino también el del alquiler de inmuebles en general, si bien el objeto de este estudio se limita al alquiler de viviendas. Continua el Preámbulo:

> *"Un nuevo instrumento de inversión destinado al mercado inmobiliario y, más en concreto, al mercado del alquiler. Las SOCIMI son sociedades cuya actividad principal es la inversión, directa o indirecta, en activos inmobiliarios de naturaleza urbana para su alquiler, incluyendo tanto viviendas, como locales comerciales, residencias, hoteles, garajes u oficinas, entre otros. Con el objeto de admitir la inversión indirecta, se permite que las SOCIMI participen en otras SOCIMI o bien en entidades que cumplan los mismos requisitos de inversión y de distribución de beneficios exigidos para aquellas, residentes o no en territorio español, coticen o no en mercados regulados".*

El legislador pretendía conseguir su objetivo mediante la combinación de un régimen sustantivo y fiscal particular para este tipo de sociedades. Así –nuevamente según el Preámbulo de la Ley-:

> *"La creación de este nuevo tipo de sociedades mercantiles requiere establecer para las mismas ciertos requisitos relativos a la inversión patrimonial, a las rentas que dicha inversión genere y a la obligatoriedad de distribución de resultados, de manera que su cumplimiento permita a estas sociedades optar por la aplicación de un régimen fiscal especial. Así, la combinación de un régimen sustantivo específico conjuntamente con un régimen fiscal especial* "debería asegurar la consecución de los objetivos perseguidos.

---

114 Sobre este tipo de sociedades, véase CALZADA CRIADO D. y LUCAS CHINCHILLA J.L.,(Dirs.) *Tratado de la SOCIMI. Un análisis multidisciplinar del REIT español*, Ed Thomson Reuters, 2018.

El artículo 2.1 de la Ley define lo que denomina el "*objeto social principal*" de estas sociedades, disponiendo al respecto:

"1. Las SOCIMI tendrán como objeto social principal:

a) La adquisición y promoción de bienes inmuebles de naturaleza urbana para su arrendamiento. La actividad de promoción incluye la rehabilitación de edificaciones en los términos establecidos en la Ley 37/1992, de 28 de diciembre, del Impuesto sobre el Valor Añadido.

b) La tenencia de participaciones en el capital de otras SOCIMI o en el de otras entidades no residentes en territorio español que tengan el mismo objeto social que aquéllas y que estén sometidas a un régimen similar al establecido para las SOCIMI en cuanto a la política obligatoria, legal o estatutaria, de distribución de beneficios.

c) La tenencia de participaciones en el capital de otras entidades, residentes o no en territorio español, que tengan como objeto social principal la adquisición de bienes inmuebles de naturaleza urbana para su arrendamiento y que estén sometidas al mismo régimen establecido para las SOCIMI en cuanto a la política obligatoria, legal o estatutaria, de distribución de beneficios y cumplan los requisitos de inversión a que se refiere el artículo 3 de esta Ley.

Las entidades a que se refiere esta letra c) no podrán tener participaciones en el capital de otras entidades. Las participaciones representativas del capital de estas entidades deberán ser nominativas y la totalidad de su capital debe pertenecer a otras SOCIMI o entidades no residentes a que se refiere la letra b) anterior. Tratándose de entidades residentes en territorio español, estas podrán optar por la aplicación del régimen fiscal especial en las condiciones establecidas en el artículo 8 de esta Ley.

d) La tenencia de acciones o participaciones de Instituciones de Inversión Colectiva Inmobiliaria reguladas en la Ley 35/2003, de 4 de noviembre, de Instituciones de Inversión Colectiva."

El número 6 del citado artículo permite a los SOCIMI "*... desarrollar otras actividades accesorias, entendiéndose como tales aquellas que en su conjunto sus rentas representen menos del 20 por ciento de las rentas de la sociedad en cada período impositivo."*

La Ley supuso un completo fracaso, pues cuatro años después de su entrada en vigor no se había creado ni una sola SOCIMI,[115]debido a que, como afirma el Preámbulo de la Ley 16/2012, de 27 de diciembre, por la que se adoptan diversas medidas tributarias dirigidas a la consolidación de las finanzas públicas y al impulso de la actividad económica, contenía un *"régimen totalmente inoperativo"*.

El Preámbulo de esta Ley explica perfectamente las deficiencias del régimen y las soluciones aportadas por la nueva Ley:

> *"…. en el ámbito sustantivo de estas entidades, se flexibilizan algunos de sus requisitos, entre los que cabe destacar la posibilidad de cotizar en un sistema multilateral de cotización, o la eliminación de los requisitos relativos a la financiación ajena, pero sin renunciar a los elementos estructurales de configuración de estas entidades, de manera similar a los existentes en países de nuestro entorno. Ahora bien, la principal novedad se sitúa en el régimen fiscal a ellas aplicable, que se regula de modo semejante al vigente en dichos países, a través del establecimiento de una tributación a tipo de gravamen del cero por ciento, para estas entidades, respecto de las rentas que proceden del desarrollo de su objeto social y finalidad específica."*

La flexibilización del régimen de cotización de las SOCIMI, introducida por la reforma de 2012, admitiendo la posibilidad de que coticen en un sistema multilateral, a diferencia de lo que establecía la Ley anterior, la eliminación de los requisitos relativos a la financiación ajena, y, en el aspecto fiscal, el establecimiento de

---

[115] No solo perseguía incrementar la profesionalización del mercado de alquiler de viviendas en España, sino también el del alquiler de inmuebles en general, si bien el objeto de esta exposición se limita al alquiler de viviendas. Los demás objetivo que señala el Preámbulo son " *facilitar el acceso de los ciudadanos a la propiedad inmobiliaria, incrementar la competitividad en los mercados de valores españoles y dinamizar el mercado inmobiliario, obteniendo el inversor una rentabilidad estable de la inversión en el capital de estas sociedades a través de la distribución obligatoria de los beneficios a sus accionistas."*

un tipo cero para estas entidades[116], trasladando la tributación a las rentas percibidas por los aportantes, facilitaron la entrada de capital exterior en este tipo de sociedades,- confer.:Disposición Final Octava de la Ley 16/2012, de 27 de diciembre- y dinamizaron el mercado de las SOCIMI, las cuales comenzaron a aparecer en el panorama inmobiliario español realizando importantes inversiones y contribuyendo a la profesionalización del mercado arrendaticio urbano, si bien, inicialmente, en sectores distintos de la vivienda y, posteriormente, en el sector de la vivienda, sector en el que concentran en este momento la mayor parte de sus inversiones[117].

En el momento de redactar estas líneas existen en España 116 SOCIMI, el 96% de las cuales cotizan en mercados alternativos[118]

Salvando las distancias –que son notables-, idealmente la Ley 11/2009 de 26 de octubre, reguladora de las SOCIMI debería desempeñar, en relación a la Ley de Arrendamientos Urbanos una función parecida a la desempeñada por la Ley 2/1981 de 25

---

116 Sobre el régimen fiscal especial de las SOCIMI que lo soliciten, véase BUENO MALUENDA Mª C., "El régimen fiscal de las SOCIMI en el impuesto sobre sociedades: evolución y evaluación", en MATE SATUÉ L.C., HERNÁNDEZ SAINZ E., ALONSO PÉREZ M.T., *El derecho a la vivienda en tiempos de incertidumbre, Aranzadi, 2024,* págs.539-562

117 Según ARMANEXT, en https://armanext.com/4-analisis-evolucion-socimi-2022, consultado el 11 de marzo de 2024. Por otro lado, respecto a la tipología de inmuebles y su peso específico en estas sociedades, la vivienda representa un 28,5 % de la valoración de los activos, las oficinas un 19,8%, y los centros comerciales un 13,9 %.
Con carácter global, Madrid es la ciudad más atractiva, ligeramente por encima de Barcelona: un 42,5 % del valor de los activos de las 122 SOCIMI están ubicados en Madrid, donde el 31,7 % son viviendas y el 29,9 % son oficinas. Por su parte, un 11,8 % del valor de los activos se localizan en Barcelona, donde el 53,3 % son viviendas y el 26,6 % son oficinas. El 40,9 % del valor de los activos de las SOCIMI se ubican en otras localizaciones y hay un 4,9 % de sociedades pendientes de invertir o que invierten en otras SOCIMI cotizadas.

118 Observatorio Inmobiliario, 19 de febrero de 2024.

de marzo reguladora del mercado hipotecario en relación a la Ley Hipotecaria, y, paralelamente, las SOCIMI deberían desempeñar, en relación al mercado arrendaticio urbano de viviendas, una función similar –aunque, quizás, menos intensa- a la de las entidades financieras en relación a la concesión de préstamos hipotecarios.

En otros términos, al igual que en el ámbito hipotecario, los préstamos no los dan particulares, sino que la casi totalidad o un gran número los conceden entidades financieras de gran tamaño, las cuales obtienen sus recursos de los depósitos y del mercado hipotecario secundario, se pretendía que una gran parte de los arrendamientos de viviendas no los siguiesen haciendo particulares sino las SOCIMI, de modo que acabara siendo un mercado altamente profesionalizado, competitivo y, por lo tanto, mucho más amplio, de modo que la vivienda en alquiler pudiera ser una opción real para el ciudadano que lo desee.

Para que ello sea posible es necesario introducir ciertas modificaciones en la LAU y en la LEC, dirigidas a facilitar el desarrollo de un mercado arrendaticio urbano profesionalizado, en el que intervengan, como principales operadores, las SOCIMI y, en general, las Instituciones de Inversión Colectiva (IIC), especialmente las Sociedades de Inversión Inmobiliaria (SII).

Si se consigue que en el mercado actúen operadores de gran tamaño, con un alto nivel de competencia entre ellos, los principales beneficiarios serán los ciudadanos, los cuales podrán beneficiarse de unas rentas más bajas, de los efectos de la presión de dichas rentas sobre los precios de la vivienda, facilitando también su adquisición en propiedad, y la posibilidad de optar por el alquiler como opción de vida, pues, mientras el arrendatario cumpla con sus obligaciones, el arrendador , si es una SOCIMI, no debería poder desistir del contrato de arrendamiento vigente.

Si consideramos que el ciudadano, participando en una SOCIMI y viviendo en régimen de arrendamiento en una vivienda propiedad de la misma, es, simultáneamente, arrendatario y copropietario de la entidad arrendadora, la cual está obligada a repartir el 80% de los beneficios entre sus partícipes[119], las SOCIMI deberían ser una buena opción para los ciudadanos que quieran acceder a una vivienda. Para que eso suceda, además de las reformas necesarias de carácter sustantivo y procesal, es necesario también desarrollar una mayor cultura financiera entre los ciudadanos.

4.3.2.3. La Ley 4/2013, de 4 de junio, de medidas de flexibilización y fomento del mercado de alquiler de viviendas

En la misma línea que la Ley 11/2009, el Preámbulo de la Ley 4/2013, afirma:"(...) *nuestro mercado arrendaticio se caracteriza fundamentalmente por las relaciones personales entre arrendador y arrendatario, situándonos aún lejos de un verdadero mercado profesionalizado de alquiler.*"

Para conseguir esta finalidad, se requiere que la Ley reguladora del contrato de arrendamiento, tanto de vivienda como de local de negocio, lo regule de modo que incentive la inversión en el sector, tanto por parte de particulares como de las SOCIMI.

En mi opinión, si la reforma de las SOCIMI hubiera formado parte de la Ley 4/2013, tal y como se previó inicialmente, probablemente hubiera habido una percepción más ajustada a la realidad del modelo de mercado arrendaticio urbano pretendido por la citada ley.

A esa finalidad respondía la Ley 4/2013, de 4 de junio, de medidas de flexibilización y fomento del mercado de alquiler de vi-

---

119 Mas específicamente, la Ley obliga a las SOCIMI a repartir como mínimo el 80% de los beneficios obtenidos de su actividad de arrendamiento a sus socios; el 50% de las plusvalías realizadas por la transmisión de activos, siempre que el 50% restante se utilice para realizar nuevas inversiones en inmuebles destinados al alquiler en el plazo de 3 años; y el 100% de los dividendos obtenidos de participaciones en otras SOCIMI.

viendas. Para conseguirlo, articuló una serie de medidas, si bien de un modo, a mi juicio, excesivamente tímido.

Entre esas medidas, cabe destacar las siguientes:

a.-Reducción del plazo mínimo de duración del contrato, aumentando, por lo tanto, la libertad contractual y, además, mejorando la seguridad del tráfico jurídico, en relación a la Ley de Arrendamientos Urbanos de 1994.

Tras la Ley 4/2013, de 4 de junio, de medidas de flexibilización y fomento del mercado de alquiler de viviendas (artículos.7,9,10 y Disposición Transitoria Primera), en su redacción originaria, la configuración legal de este derecho del arrendatario era menos gravosa para el arrendador -tres años de duración mínima- y para el tráfico jurídico que la establecida por el artículo 57 de la LAU/64 o por el art.14 de la LAU/1994, que mejoró la situación del arrendador.

Pese a ello, la Ley 4/2013 seguía suponiendo una regresión en relación con el denominado *Decreto Boyer* que lo había reducido a un año.[120]

---

[120] Conforme a lo dispuesto por la Ley 4/2013, los artículos 7, 9 y 10 y Disposición Transitoria Primera de la LAU, quedan redactados del siguiente modo:
Artículo 7. *Condición y efectos frente a terceros del arrendamiento de viviendas.*
1. El arrendamiento de vivienda no perderá esta condición aunque el arrendatario no tenga en la finca arrendada su vivienda permanente, siempre que en ella habiten su cónyuge no separado legalmente o de hecho, o sus hijos dependientes.
2. En todo caso, para que los arrendamientos concertados sobre fincas urbanas, surtan efecto frente a terceros que hayan inscrito su derecho, dichos arrendamientos deberán inscribirse en el Registro de la Propiedad.»
"Artículo 9. *Plazo mínimo.*
1. La duración del arrendamiento será libremente pactada por las partes. Si ésta fuera inferior a tres años, llegado el día del vencimiento del contrato, éste se prorrogará obligatoriamente por plazos anuales hasta que el arrendamiento alcance una duración mínima de tres años, salvo que el arrendatario manifieste al arrendador, con treinta días de antelación como mínimo a la fecha de terminación del contrato o de cualquiera de las prórrogas, su voluntad de no renovarlo.

El plazo comenzará a contarse desde la fecha del contrato o desde la puesta del inmueble a disposición del arrendatario si ésta fuere posterior. Corresponderá al arrendatario la prueba de la fecha de la puesta a disposición.
2. Se entenderán celebrados por un año los arrendamientos para los que no se haya estipulado plazo de duración o éste sea indeterminado, sin perjuicio del derecho de prórroga anual para el arrendatario, en los términos resultantes del apartado anterior.
3. No procederá la prórroga obligatoria del contrato si, una vez transcurrido el primer año de duración del mismo, el arrendador comunica al arrendatario que tiene necesidad de la vivienda arrendada para destinarla a vivienda permanente para sí o sus familiares en primer grado de consanguinidad o por adopción o para su cónyuge en los supuestos de sentencia firme de separación, divorcio o nulidad matrimonial. La referida comunicación deberá realizarse al arrendatario al menos con dos meses de antelación a la fecha en la que la vivienda se vaya a necesitar y el arrendatario estará obligado a entregar la finca arrendada en dicho plazo si las partes no llegan a un acuerdo distinto.
Si transcurridos tres meses a contar de la extinción del contrato o, en su caso, del efectivo desalojo de la vivienda, no hubieran procedido el arrendador o sus familiares en primer grado de consanguinidad o por adopción o su cónyuge en los supuestos de sentencia firme de separación, divorcio o nulidad matrimonial a ocupar ésta por sí, según los casos, el arrendatario podrá optar, en el plazo de treinta días, entre ser repuesto en el uso y disfrute de la vivienda arrendada por un nuevo período de hasta tres años, respetando, en lo demás, las condiciones contractuales existentes al tiempo de la extinción, con indemnización de los gastos que el desalojo de la vivienda le hubiera supuesto hasta el momento de la reocupación, o ser indemnizado por una cantidad equivalente a una mensualidad por cada año que quedara por cumplir hasta completar tres, salvo que la ocupación no hubiera tenido lugar por causa de fuerza mayor.
4. Tratándose de finca no inscrita, también durarán tres años los arrendamientos de vivienda que el arrendatario haya concertado de buena fe con la persona que parezca ser propietaria en virtud de un estado de cosas cuya creación sea imputable al verdadero propietario, sin perjuicio de la facultad de no renovación a que se refiere el apartado 1 de este artículo. Si el arrendador enajenase la vivienda arrendada, se estará a lo dispuesto en el artículo 1.571 del Código Civil. Si fuere vencido en juicio por el verdadero propietario, se estará a lo dispuesto en el citado artículo 1.571 del Código Civil, además de que corresponda indemnizar los daños y perjuicios causados.
Artículo 10. *Prórroga del contrato.*
1. Si llegada la fecha de vencimiento del contrato, o de cualquiera de sus prórrogas, una vez transcurridos como mínimo tres años de duración de aquel, ninguna de

Tal y como aparecía configurado por la LAU/94, el plazo mínimo de cinco años de duración del contrato constituía una excepción no solamente al principio *venta quita renta* del artículo 1571 del Código civil sino también al de fe pública registral –artículo 34 de la LH-,[121] que consagra el sistema de trans-

---

las partes hubiese notificado a la otra, al menos con treinta días de antelación a aquella fecha, su voluntad de no renovarlo, el contrato se prorrogará necesariamente durante un año más.
2. Una vez inscrito el contrato de arrendamiento, el derecho de prórroga establecido en el artículo 9, así como la prórroga de un año a la que se refiere el apartado anterior, se impondrán en relación a terceros adquirentes que reúnan las condiciones del artículo 34 de la Ley Hipotecaria.
3. Al contrato prorrogado, le seguirá siendo de aplicación el régimen legal y convencional al que estuviera sometido."
A ello hay que añadir que la Disposición transitoria decimotercera de la Ley 4/2013 dispone:
"Disposición transitoria primera.
Régimen de los contratos de arrendamiento celebrados con anterioridad a la entrada en vigor de esta Ley.
Los contratos de arrendamiento sometidos a la Ley 29/1994, de 24 de noviembre, de Arrendamientos Urbanos, celebrados con anterioridad a la entrada en vigor de esta Ley, continuarán rigiéndose por lo establecido en el régimen jurídico que les era de aplicación.
Sin perjuicio de ello, cuando las partes lo acuerden y no resulte contrario a las previsiones legales, los contratos preexistentes podrán adaptarse al régimen jurídico establecido en esta Ley."
Hay que tener en cuenta, además, las medidas que introdujo en su momento el Real Decreto-ley 6/2012, de 9 de marzo, de medidas urgentes de protección de deudores hipotecarios sin recursos, *en su Disposición Adicional Única".*

121 En efecto, disponía el art. 14 de la LAU/94:
"Enajenación de vivienda arrendada.- El adquirente de una vivienda arrendada quedará subrogado en los derechos y obligaciones del arrendador durante los cinco primeros años de vigencia del contrato, aun cuando concurran los requisitos del artículo 34 de la Ley Hipotecaria.
Si la duración pactada fuera superior a cinco años, el adquirente quedará subrogado por la totalidad de la duración pactada, salvo que concurran en él los requisitos del art.34 de la Ley Hipotecaria. En este caso, el adquirente sólo deberá soportar el arrendamiento durante el tiempo que reste para el transcurso del pla-

misión registral de las titularidades inmobiliarias inscritas -hoy la casi totalidad de las existentes en nuestro país-, el cual es un formidable mecanismo de ahorro de costes de información y, por lo tanto, de transacción y en cuya virtud dichas titularidades son, simultáneamente, seguras y fácilmente transmisibles en un entorno de contratación impersonal como es el propio de una economía de mercado[122].

La manera menos costosa de despejar asimetrías –y, por lo tanto, incertidumbres y desconfianza- es que el derecho del arrendatario a un plazo mínimo no constituya, *inter tertios*, ninguna excepción a los principios que gobiernan el sistema de transmisión registral de titularidades inscritas, esencial para que el tráfico jurídico inmobiliario sea, simultáneamente, seguro y líquido.

La configuración de dicho derecho como excepción al sistema de transmisión registral de las titularidades inscritas tiene efectos negativos sobre el desarrollo del mercado hipotecario, pues, en principio, los arrendamientos concertados por el deudor hipotecario con anterioridad a la constitución de la hipoteca, aún los no inscritos, se imponen, en caso de ejecución de la garantía, al adjudicatario de la vivienda en la subasta correspondiente, lo que disminuye el valor de los inmuebles destinados a vivienda como garantía, perjudica al deudor, pues ello repercute en el tipo de interés y, además, el valor que el bien alcanzará en la subasta será inferior al que alcanzaría en ausencia de arrendamiento oponible, por lo que puede no bastar para extinguir la deuda y, por la par-

---

zo de cinco años, debiendo el enajenante indemnizar al arrendatario con una cantidad equivalente a una mensualidad de la renta en vigor por cada año del contrato que, excediendo del plazo citado de cinco años, reste por cumplir.
Cuando las partes hayan estipulado que la enajenación de la vivienda extinguirá el arrendamiento, el adquirente sólo deberá soportar el arrendamiento durante el tiempo que reste para el transcurso del plazo de cinco años."

122 MÉNDEZ GONZÁLEZ F.P., *Evolución institucional de los sistemas de transmisión onerosa*, Ed.: Tirant Lo Blanch, Valencia 2023,págs.597-639.

te no extinguida, responderá el deudor en los términos del artículo 1911 del Código civil –responsabilidad patrimonial universal-.[123]

Hubiera bastado configurar el derecho normalmente, es decir, sin establecer ninguna excepción al sistema de transmisión registral de las titularidades inscritas, para que el arrendatario pudiese beneficiarse igualmente del derecho pero sin perjudicar a deudores, acreedores y adquirentes. Para ello hubiera sido suficiente con dar al derecho de prórroga forzosa el mismo tratamiento que dio el legislador hipotecario de 1861 a las hipotecas legales *tácitas* existentes con anterioridad

---

[123] Precisamente por ello el Libro Blanco sobre Integración de los Mercados de Crédito Hipotecario de la Unión Europea de diciembre de 2007, en 2008, la Comisión debía presentar una *Recomendación,* la cual, a los efectos de este trabajo, debía versar sobre:
-a-Invitar a los estados miembros a asegurar que sus procedimientos de ejecución hipotecaria serían completados en un tiempo y con un coste razonables.
-b- Invitar a los estados miembros a introducir más transparencia y confiabilidad en sus sistemas registrales, en particular en relación a las *cargas ocultas.*
La elaboración de esta *Recomendación,* sin embargo, ha sido pospuesta *sine die,* probablemente porque, como afirma la Federación Hipotecaria Europea, todas las medidas dirigidas a agilizar y abreviar los procedimientos de ejecución hipotecaria deben ser cuidadosamente evaluadas en el actual clima político, especialmente sensible a este tipo de cuestiones.
Por ello, en su lugar, la Comisión ha impulsado una investigación enfocada a la adopción de medidas dirigidas a la prevención de la ejecución hipotecaria. Mientras tanto, el documento sobre préstamo y endeudamiento responsables, anunciado en el Libro Blanco, fue publicado el 15 de junio de 2009. MÉNDEZ GONZÁLEZ F.P., *Mercado hipotecario y sistemas registrales. Especial referencia a la ejecución hipotecaria,* en XVIII Congreso Internacional de Derecho Registral IPRA-CINDER, Amsterdam 2012. Ed.: Tirant Lo Blanch, Valencia, 2016, pp. 200-223.

y que constituían una auténtica losa para el desarrollo de los mercados inmobiliario e hipotecario.

El legislador de 1861, si bien mantuvo las hipotecas legales, redujo su número y suprimió su carácter tácito, es decir, para que tales hipotecas quedasen constituidas se exigió, como regla general, su inscripción registral.

Esta es la solución en la que se inspiró la Ley 4/2013, de 4 de junio de medidas de flexibilización y fomento del mercado de alquiler de viviendas.[124]

---

[124] Así, el Preámbulo de la Ley, en su redacción originaria, disponía:

"Asimismo, es preciso normalizar el régimen jurídico del arrendamiento de viviendas para que la protección de los derechos, tanto del arrendador como del arrendatario, no se consiga a costa de la seguridad del tráfico jurídico, como sucede en la actualidad.

La consecución de esta finalidad exige que el arrendamiento de viviendas regulado por la Ley 29/1994, de 24 de noviembre, de Arrendamientos Urbanos, se someta al régimen general establecido por nuestro sistema de seguridad del tráfico jurídico inmobiliario y, en consecuencia, en primer lugar, que los arrendamientos no inscritos sobre fincas urbanas no puedan surtir efectos frente a terceros adquirentes que inscriban su derecho y, en segundo lugar, que el tercero adquirente de una vivienda que reúna los requisitos exigidos por el artículo 34 de la Ley Hipotecaria, no pueda resultar perjudicado por la existencia de un arrendamiento no inscrito. Todo ello, sin mengua alguna de los derechos ni del arrendador, ni del arrendatario."

Así, la Ley distingue entre el arrendamiento de vivienda inscrita y de vivienda no inscrita. En relación a la primera, a diferencia de lo que sucedía con la LAU/94, opera el principio *venta quita renta* –artículo 1571 del Código civil - conforme a lo dispuesto por el artículo 9.4.

En relación a la vivienda inscrita, de lo dispuesto por los artículos. 7.2 y 10.2, parece deducirse que es necesaria la inscripción del arrendamiento para que pueda afectar a un tercero que reúna los requisitos del artículo 34 de la Ley Hipotecaria. Solo si el arrendamiento está inscrito se impone a quien adquiera de un titular registral, a titulo oneroso y de buena fe que, además, inscriba su adquisición.

En todo caso, el nuevo régimen del derecho de prórroga forzosa en relación a terceros, así como la menor duración de la misma –tres años- solo operaba en relación a los contratos celebrados con posterioridad a la entrada en vigor de la misma –D.T. Primera de la Ley 4/2013-.

b.-Actualización de rentas. La Ley 4/2013 establecía una actualización de rentas conforme a lo pactado por las partes y, en su defecto, se aplicaba el Índice de Precios al Consumo (IPC) -artículo18 LAU-. Posteriormente, la Ley 2/2015, de 30 de marzo, de desindexación de la economía española, en su Disposición Final Primera modificó el citado artículo 18 sobre revisión de rentas, por lo que, a partir del 1 de abril de 2015, había que estar, en defecto de pacto expreso entre las partes sobre mecanismo de revisión, al Índice de Garantía de la Competitividad (IGC), una alternativa al tradicional Índice de Precios al Consumo (IPC), que cuenta con unos límites: un techo que no podrá superar el 2 % y un suelo que no bajará del 0 %.

c.- Agilización del procedimiento de desahucio en caso de impago

Por las razones que he expuesto en páginas anteriores, para que pueda desarrollarse un mercado arrendaticio de viviendas, es necesario que el procedimiento de desahucio en caso de impago sea ágil, a fin de evitar el deterioro del bien y conseguir que vuelva a ser productivo para el propietario lo antes posible. En otro caso, no habrá interés suficiente entre los potenciales emprendedores e inversores para embarcarse en actividades inmobiliarias dedicadas al arrendamiento de vivienda.

La Ley 4/2013 vuelve a modificar la Ley de Enjuiciamiento Civil (LEC)–artículos 22, 164, 220, 440, 497, 549 y 703- , así como la LAU/94, para cumplir las finalidades señaladas por el Preámbulo de la misma:

"Esta Ley opera una reforma de determinados preceptos de la Ley 1/2000, de 7 de enero, de Enjuiciamiento Civil, al objeto de abordar las cuestiones más puntuales que están generando problemas en los procesos de desahucio después de las últimas reformas de la anterior Legislatura. En concreto, se vincula el lanzamiento a la falta de oposición del demandado, de tal modo que si éste no atendiere el requerimiento de pago o no compareciere para oponerse o allanarse,

el secretario judicial dictará decreto dando por terminado el juicio y producirá el lanzamiento, frente al sistema actual que impide señalar el lanzamiento hasta que no se sepa si la vista se ha celebrado o no. Estas modificaciones obligan a efectuar el ajuste de otros artículos de la Ley de Enjuiciamiento Civil."

En mi opinión, merece la pena destacarse la reforma del artículo. 27.4 de la Ley de Arrendamientos urbanos. Tras la reforma dispone lo siguiente:

"4. Tratándose de arrendamientos de finca urbana inscritos en el Registro de la Propiedad, si se hubiera estipulado en el contrato que el arrendamiento quedará resuelto por falta de pago de la renta y que deberá en tal caso restituirse inmediatamente el inmueble al arrendador, la resolución tendrá lugar de pleno derecho una vez el arrendador haya requerido judicial o notarialmente al arrendatario en el domicilio designado al efecto en la inscripción, instándole al pago o cumplimiento, y éste no haya contestado al requerimiento en los diez días hábiles siguientes, o conteste aceptando la resolución de pleno derecho, todo ello por medio del mismo juez o notario que hizo el requerimiento.

El título aportado al procedimiento registral, junto con la copia del acta de requerimiento, de la que resulte la notificación y que no se haya contestado por el requerido de pago o que se haya contestado aceptando la resolución de pleno derecho, será título suficiente para practicar la cancelación del arrendamiento en el Registro de la Propiedad.

Si hubiera cargas posteriores que recaigan sobre el arrendamiento, será además preciso para su cancelación justificar la notificación fehaciente a los titulares de las mismas, en el domicilio que obre en el Registro, y acreditar la consignación a su favor ante el mismo notario, de la fianza prestada por el arrendatario."

Esta norma está inspirada por lo dispuesto por el artículo 11 de la Ley Hipotecaria y 59 del Reglamento Hipotecario para el caso de compraventa de bienes inmuebles con precio aplazado y, de ese modo, fortalecer la posición del acreedor sin detrimento de los derechos del deudor.

No obstante, para su efectividad, hubiera necesitado una mayor concreción, así como la modificación de otras normas complementarias de la Ley de Enjuiciamiento Civil[125].

Como destacó el CÍRCULO DE EMPRESARIOS, las reformas de 2013 "*minimizaron la percepción de riesgo por los propietarios particulares de viviendas e incrementaron la oferta tras la crisis de 2008*"[126].

Aunque no es pacífica la cuantificación del impacto de la Ley 4/2013 sobre el aumento del número de vivienda alquiladas en España, la Ley ha tenido un impacto importante. Así, según Eurostat, la población en régimen de alquiler en España aumentó un 12.8% entre 2011 y 2017, lo que implica que, durante ese periodo, habría aumentado en 700.000 el número de personas viviendo en régimen de alquiler[127]. Mientras en 2011, el alquiler representaba el 13.5%, en 2018 representaba el 17.5%.

---

[125] Además de estas innovaciones, caben destacar:1.-Indemnización al propietario si el arrendatario desistía en los seis primeros meses. Adicionalmente, podía pactarse la indemnización de un mes por cada año restante (art.11 LAU). La posibilidad del arrendador de recuperar la vivienda en caso de necesitarla, sin necesidad de pacto al respecto, a diferencia de la legislación anterior (art.9.3 LAU)

[126] CÍRCULO DE EMPRESARIOS : *El acceso a la vivienda: Un problema de oferta*, pág.20 junio 2020, Madrid. https://circulodeempresarios.org/publicaciones/acceso-la-vivienda-problema-oferta/ :

[127] htttps//ec.europa.eu/eurostat/statiscsexplained/inex.php/?titlr=File:Distribution of population by tenure status.2016 /%25 of population)YB18.png. Consultado, 14 de marzo de 2024.. NASARRE AZNAR S. cuestiona la corrección de estos datos porque el INE -fuente de datos de Eurostat- incluye un 6.4% de otras formas de tenencia que Eurostat no incluye. NASARRE AZNAR E -*Los años de la crisis de la vivienda. De las hipotecas subprime a la vivienda colaborativa*, Ed. Tirant Lo Blanch, Valencia, 2020, pp. 593-594.

Ese aumento de la vivienda en alquiler debe ser atribuido también al encarecimiento del crédito, debido a diversos factores, entre otros, (1) a las medidas de protección de los deudores hipotecarios adoptadas para combatir los efectos de la crisis -singularmente, la Ley 1/2013, de 14 de mayo, de medidas para reforzar la protección a los deudores hipotecarios, reestructuración de deuda y alquiler social-, las cuales comenzaron a hacer inaccesible el crédito hipotecario y, por lo tanto, la vivienda en propiedad, a una parte creciente de la población, (2) al desplazamiento subsiguiente de la demanda hacia el mercado del alquiler y (3) al aumento de la oferta de viviendas en alquiler (4) debido a la actividad desarrollada por las SOCIMI, (5) debida, a su vez, a la reforma llevada a cabo en 2012. Como consecuencia de esa reforma, según reconoce el propio sector, las SOCIMI experimentaron una fuerte expansión entre 2014 y 2019[128] y a ello contribuyó, sin duda, la reforma del contrato de arrendamiento de vivienda llevada a cabo por la Ley 4/2013. También debe atribuirse (6) al Real Decreto 233/2013, de 5 de abril, por el que se regula el Plan Estatal de fomento del alquiler de viviendas, la rehabilitación edificatoria y la regeneración y renovación urbanas 2013-2016.[129]

---

[128] Observatorio Inmobiliario de 19 de febrero de 2024.

[129] El Real Decreto proclamaba en su Preámbulo:"*En cuanto a sus objetivos sustantivos, se debe destacar la vocación social del nuevo plan, decididamente orientado a la satisfacción de las necesidades prioritarias de la ciudadanía. Para ello se pone especial énfasis en el fomento del alquiler, como una de las fórmulas más adecuadas para la satisfacción de esas necesidades*". El Plan suprime la vivienda protegida en propiedad. Desde este Plan solo se considera vivienda protegida el parque público en alquiler, concebido como un programa específico "para los casos más extremos", según especifica el Preámbulo del Real Decreto. Esta reorientación hacia el alquiler tiene precedentes. El RD 801/2005 de 1 de julio por el que se aprueba el Plan Estatal 2005-2008 ya proclamaba como uno de sus ejes estratégicos contribuir "a un mayor equilibrio entre las formas de tenencia, fomentando el alquiler hacia una mayor equiparación con la propiedad y promoviendo la movilización

5. Las contrarreformas posteriores

Califico de contrarreformas a las modificaciones en materia de alquiler posteriores a la Ley 4/2013 porque todas ellas han sido modificaciones que se han caracterizado por poner obstáculos a la inversión en vivienda y, por lo tanto, dificultar el desarrollo de un mercado impersonal y profesionalizado de alquiler de viviendas, impidiendo que el arrendamiento pueda ser una alternativa real a la vivienda en propiedad.[130]

Dejando de lado otras reformas menores, las principales modificaciones legislativas -en realidad, contrarreformas- habidas desde 2013 han sido las llevadas a cabo por el Real Decreto-ley

---

del parque de viviendas desocupadas para el alquiler". También el RD 2066/2008 de 12 de diciembre, denominado Plan Estatal de Vivienda y Rehabilitación 2009-2012, el cual dedicaba varios de sus programas al fomento del alquiler. VAQUER CABALLERÍA M., *Retos y oportunidades para una política cabal de vivienda tras la crisis económica* en VAQUER CABALLERÍA M., PONCE SOLÉ J. y ARNAIZ RAMOS R., "Propuestas jurídicas para facilitar el acceso a la vivienda", Fundación Coloquio Jurídico Europeo, 2016, págs.: 18-19.

130 Esta afirmación se refiere a la regulación sustantiva y procesal del régimen del arrendamiento de viviendas, no a la del régimen fiscal, que incentiva el arrendamiento, con la excepción de la modificación del régimen fiscal de las SOCIMI llevada a cabo por la Ley 11/2021, de 9 de julio, de medidas de prevención y lucha contra el fraude fiscal, de transposición de la Directiva (UE) 2016/1164, del Consejo, de 12 de julio de 2016, por la que se establecen normas contra las prácticas de elusión fiscal que inciden directamente en el funcionamiento del mercado interior, de modificación de diversas normas tributarias y en materia de regulación del juego. En el anexo que se adjunta al final de la exposición, se hace referencia a la fiscalidad de la vivienda -que se ha ido encareciendo- y al del alquiler -que se ha ido abaratando, con la excepción del de las SOCIMI-.

7/2019, de 1 de marzo, de medidas urgentes en materia de vivienda y alquiler[131] y por la Ley por el derecho a la vivienda.

5.1. EL REAL DECRETO-LEY 7/2019 DE 1 DE MARZO, DE MEDIDAS URGENTES EN MATERIA DE VIVIENDA Y ALQUILER

Las principales modificaciones introducidas por **el** Real Decreto-ley 7/2019, son las siguientes:

a.-Ampliación del plazo de duración mínima del arrendamiento -artículo 9 de la LAU- distinguiendo en función de que el arrendador sea una persona física–cinco años, más, en caso de silencio, una prórroga de tres años- o persona jurídica -siete años, más, en caso de silencio, una prórroga de tres años-.

Esta ampliación de la restricción de la libertad contractual supone una carga para los arrendadores, que se traduce en un aumento de los precios y en una disminución de la oferta[132], con la consiguiente expulsión del mercado del alquiler de viviendas a los ciudadanos con menos recursos.

Se trata, además, de una restricción discriminatoria que castiga más a los arrendadores más profesionales – a las personas jurídicas y, por lo tanto, a las SOCIMI-, dificultando, por lo tanto, el

---

[131] Omito la referencia a las llevadas a cabo por el RDL 21/2018 al no haber sido convalidado. Estuvo en vigor menos de un mes.

[132] ARRUÑADA B., *Comentarios a las nuevas regulaciones del alquiler,* Revista del Instituto de Estudios Económicos núm.3, 2022, pág. 138: "*Adicionalmente, la restricción legal supone una carga para los arrendadores. Como consecuencia, muchos de ellos la repercutirán en el precio, excluyendo, así, del mercado a los arrendatarios potenciales más humildes; pero aquellos otros arrendadores que, por cualquier motivo, deseen estar seguros de poder disponer de la vivienda dentro de los plazos legales, simplemente se abstendrán de alquilarla, lo que repercutirá en una menor oferta de viviendas en alquiler.*"

desarrollo de un mercado residencial profesionalizado y, por lo tanto, el crecimiento del mercado arrendaticio urbano.

b.-Actualización de las rentas. Se modifica el artículo 18 LAU/2013 para regresar al régimen de 1994, que limitaba la elevación de las rentas al IPC, restringiendo la libertad contractual también en este punto.

c.-El contrato de arrendamiento de vivienda es oponible a terceros adquirentes, por el tiempo de duración mínima, sin necesidad de inscripción en el Registro de la Propiedad -a tal efecto se suprime el párrafo segundo del artículo 7 y se modifica el artículo 14 LAU-, si bien para que afecte a terceros adquirentes que reúnan los requisitos del artículo 34 de la Ley Hipotecaria, por el tiempo que exceda de la duración legal mínima se necesita dicha inscripción.

Es decir, se excepciona del sistema de transmisión registral de titularidades inscritas -artículo 34 de la Ley Hipotecaria- la propia titularidad arrendaticia por el plazo legal mínimo de duración del contrato, pero no sus prórrogas legales, las cuales deben constar inscritas para afectar a tercero.[133]

Con esa excepción se debilita, injustificadamente, la seguridad del tráfico jurídico, con las consiguientes consecuencias tanto en el mercado inmobiliario como en el valor de la vivienda como soporte de una eventual hipoteca, todo lo cual puede evitarse obviando este régimen excepcional de protección del arrendatario, facilitando, en su caso, la inscripción.

d.- Se dificulta el procedimiento de desahucio, discriminando a los arrendadores profesionales, pues introduce mayores dificultades para los arrendadores personas jurídicas, a cuyo efecto

[133] La regulación es inconsistente: si no es necesaria la inscripción de la titularidad arrendaticia para que afecte a tercero, no se entiende por qué debe serlo cuando se extienda más allá del plazo mínimo de duración obligatorio para el arrendador. Lo correcto es que se exija la inscripción en todo caso.

se adiciona un nuevo apartado 5 en el artículo 441 de la Ley de Enjuiciamiento Civil, introduciendo el trámite de comunicación a los servicios sociales -lo cual está justificado- y, cuando afecte a hogares vulnerables, estableciendo que la determinación de la situación de vulnerabilidad producirá la suspensión del procedimiento hasta que se adopten las medidas que los servicios sociales estimen oportunas por un plazo máximo de un mes, o de tres meses cuando el demandante sea persona jurídica.

Ninguna de estas medidas supone una mejora sustancial para los arrendatarios vigentes, pero, sin embargo, al dificultar el desahucio en caso de impago, dificultan la oferta, con lo cual empeoran la situación de los ciudadanos que decidan optar por el alquiler, cuyo número se incrementa constantemente como consecuencia del aumento del precio de la vivienda en propiedad, así como de las dificultades para la financiación para la adquisición de la misma, lo que dificulta el desarrollo de un mercado arrendaticio de vivienda profesionalizado.

En última instancia, el legislador sigue dominado por una visión artesanal del mercado arrendaticio de vivienda. Lo revela, por ejemplo, el hecho de que se prevea que el arrendador persona física pueda recuperar la vivienda en caso de que la necesite para él y su familia, si bien se introduce la necesidad de que tal posibilidad deba constar en el contrato, lo cual es un avance, pues deja de ser un derecho del arrendador para convertirse en una opción contractual -artículo 9.3 LAU-.

Como consecuencia de todo ello, si en el año 2018 el porcentaje de viviendas en alquiler era del 17.5%, en el 2021 había caído al 16.1% , si bien en el 2022 subió al 18.1%, como consecuencia del encarecimiento del crédito hipotecario debido a las reformas introducidas por la Ley 5/2019 de 15 de marzo reguladora de los contratos de crédito inmobiliario a las que me he referido anteriormente.[134]

5.2. LA LEY 12/2023 DE 24 DE MAYO POR EL DERECHO A LA VIVIENDA.

Observa acertadamente MOLL DE ALBA[135] que la Ley 12/2023 por el derecho a la vivienda contiene numerosas normas sobre el arrendamiento de vivienda, las cuales pueden dividirse en dos grupos: a.-aquellas que no afectan al articulado de la Ley de Arrendamientos Urbanos, pero que vienen a ser una LAU paralela y b.-aquellas que modifican o añaden preceptos a la LAU existente. En consecuencia, tras la aprobación de la Ley 12/2023, las normas sobre el contrato de arrendamiento de vivienda, se hallan dispersas entre la LAU modificada por la Ley 12/2023 y la propia Ley 12/2023, lo que no favorece la claridad regulatoria ni, por lo tanto, la seguridad jurídica.

---

134 Datos facilitados por el Presidente de la Asociación Hipotecaria Española, Santos González, con base en los del INE y el BCE. Según el Banco de España :*"El mercado del alquiler muestra una notable expansión y alcanza unos 3,6 millones de viviendas principales en 2023 , en las que residen el 18,7 % de los hogares De ese modo, se estima un aumento de 1,3 millones de viviendas adicionales en el parque de vivienda en alquiler respecto a 2007, con un crecimiento acumulado del tamaño de este mercado superior al 50 %. El auge del régimen de tenencia en alquiler se explica por su crecimiento entre el colectivo de hogares más jóvenes), y por su predominio entre la población de origen extranjero, colectivos donde se concentran los hogares con menor nivel de renta. Esta evolución ha contribuido a la progresiva convergencia de España hacia las cifras del promedio de la UE27, si bien la proporción de tenencia en propiedad en 2022 seguía siendo superior en España (75 %, frente al 65 %)."* BANCO DE ESPAÑA, E*l mercado de la vivienda en España: evolución reciente, riesgos y problemas de accesibilidad,* Capítulo 4, pág.10, del Informe Anual 2023

135 MOLL DE ALBA LACUVE CH.," La ley 12/2023 por el derecho a la vivienda y los contratos de arrendamiento", en MATE SATUÉ L.C., HERNÁNDEZ SAINZ E., ALONSO PÉREZ M.T., *El derecho a la vivienda en tiempos de incertidumbre,* Aranzadi, 2024,pág.392.

Observa, asimismo, que muchas de las nuevas normas sobre contrato de arrendamiento introducidas por la Ley 12/2023 están relacionadas con las zonas de mercado residencial tensionado, de manera que en las CCAA que decidan no declarar este tipo de zonas, estas nuevas normas no serán aplicables, lo que significa que una de las consecuencias de la Ley 12/2023 es que los derechos y deberes de arrendadores y arrendatarios sean diferentes en función de la comunidad autónoma en la que se encuentre la vivienda[136].

Dado que se trata de normas restrictivas de la libertad contractual y que, en gran medida, alteran el equilibrio contractual a favor de los potenciales arrendatarios, lo previsible es que la inversión en vivienda se desvíe hacia aquellas CCAA que no apliquen tales medidas.

Como subraya MOLL DE ALBA[137] solo se podrá facilitar el derecho a la vivienda si se legisla pensando en el equilibrio de las relaciones contractuales y en los intereses tanto del arrendador como del arrendatario.

---

136 Así, por ejemplo, el artículo 31.3 sobre el deber del oferente de informar sobre la última renta; el nuevo artículo 10.3 LAU sobre la prórroga adicional obligatoria anual hasta un máximo de tres años para cualquier arrendador en zonas de mercado residencial tensionado; el nuevo artículo 17.6 LAU sobre prohibición general de incrementar la renta en los contratos de arrendamiento en zonas de mercado residencial tensionado o el nuevo artículo 17.7 LAU con la prohibición específica para grandes tenedores en zonas de mercado residencial tensionado de fijar rentas superiores a las establecidas en el Sistema de Índices de Precios de Referencia, MOLL DE ALBA LACUVE CH.," La ley 12/2023 por el derecho a la vivienda y los contratos de arrendamiento", en MATE SATUÉ L.C., HERNÁNDEZ SAINZ E., ALONSO PÉREZ M.T., *El derecho a la vivienda en tiempos de incertidumbre,* Aranzadi, 2024,págs.406 y 407.

137 MOLL DE ALBA LACUVE CH.," La ley 12/2023 por el derecho a la vivienda y los contratos de arrendamiento", en MATE SATUÉ L.C., HERNÁNDEZ SAINZ E., ALONSO PÉREZ M.T., *El derecho a la vivienda en tiempos de incertidumbre,* Aranzadi, 2024,pág.407.

Por ello, el *CERCLE D´ECONOMÍA* afirma[138] :"*A pesar de que es muy ambiciosa en sus objetivos y que se centra, acertadamente, en mejorar el acceso a la vivienda de alquiler, la ley pivota de forma importante sobre medidas que no solo difícilmente tendrán los efectos esperados, sobre todo a largo plazo, sino que es probable que acaben siendo abiertamente contraproducentes en relación con los objetivos que dice perseguir*".

Como anuncié al principio, analizaré las reformas sustantivas y procesales introducidas por la ley, sin olvidar las de carácter urbanístico y fiscal, a las que me parece conveniente hacer una breve referencia.

5.2.1. Referencia a las principales medidas urbanísticas

Por lo que se refiere a las medidas urbanísticas, la Disposición Final Cuarta impone a los promotores la obligación de reservar el 40% de la nueva construcción residencial para viviendas sociales, y la mitad de ello, para pisos sociales en alquiler. El Informe de la OCDE[139] considera que "*esta política puede generar beneficios para hogares con bajos ingresos, como proporcionar acceso a viviendas poco asequibles, impulsando la integración y mejorando la equidad*".

Advierte, sin embargo, que la reserva del 40% de nuevos desarrollos para vivienda asequible parece alta cuando se compara con la experiencia internacional. En este sentido, el informe menciona los casos de otros países y capitales de la misma OCDE, todos ellos con un umbral menor: son los casos de Londres en

---

138 CERCLE D´ECONOMIA, *De la desconfianza a la colaboración. Por un partenariado entre el sector público y el privado que resuelva de verdad el problema del acceso a la vivienda en Cataluña y en España*,pág.3. https://admin.cercledeconomia.com/content/uploads/2024/06/nota-de-opinion-cde_vivienda_junio24.pdf. Consultado el 11 de julio de 2024.

139 OCDE, *Estudio económico sobre España 2023*. https://issuu.com/oecd.publishing/docs/ppt-spain_en_web-osg-sparev#:~:text=ESTUDIO%20ECONÓMICO%20DE%20LA%20OCDE%20DE%20ESPAÑA%20Promoviendo,interno%20bruto%20Volumen%2C%20base%202019T4%20%3D%20100%20105. Consultado el 29 de marzo de 2024.

el Reino Unido (35%), Milán en Italia y Frankfurt en Alemania (30%), Massachussets en EEUU (25%), Florencia en Italia, Stuttgart en Alemania y Dublín en Irlanda (20%), Washington en EEUU y Australia (15%), Toronto en Canadá (10%) y Nueva Zelanda (5%).

En esta misma línea, el CERCLE D´ECONOMÍA[140] advierte: *"La zonificación inclusiva, según la cual se prevé que una cuota del 40% de las nuevas promociones en suelo de planeamiento nuevo se dediquen a vivienda de protección oficial (de la que la mitad tendrá que ser de alquiler) puede ser un desincentivo muy fuerte a la construcción de nuevas viviendas si no va acompañada de garantías de financiación y de incentivos fiscales adecuados. A pesar de que este tipo de reservas son vigentes en España desde mediados de los años 90 y no han sido un obstáculo insalvable para los promotores, con la nueva ley se ha subido el umbral (que será el más alto de la OCDE) y además hay que destinar el 50% de las reservas a alquiler, dos condiciones que pueden ser muy desincentivadoras de la oferta."*

5.2.2. Referencia a las principales medidas fiscales

Por lo que se refiere a las medidas fiscales, es de destacar la Disposición Final segunda -*Incentivos fiscales aplicables en el Impuesto sobre la Renta de las Personas Físicas a los arrendamientos de inmuebles destinados a vivienda*-,. La Disposición Final Tercera, por su parte, incrementa el recargo a los inmuebles de uso residencial desocupados con carácter permanente en el Impuesto sobre Bienes Inmuebles. Ambas con la finalidad de incrementar la tenencia de viviendas en régimen de alquiler.

140 CERCLE D´ECONOMIA, *De la desconfianza a la colaboración. Por un partenariado entre el sector público y el privado que resuelva de verdad el problema del acceso a la vivienda en Cataluña y en España*,pág.3. https://admin.cercledeconomia.com/content/uploads/2024/06/nota-de-opinion-cde_vivienda_junio24.pdf. Consultado el 11 de julio de 2024.

La OCDE recuerda en su informe de 2023 que el Impuesto de Transmisiones Patrimoniales onerosas en España, del 6% al 10% -en realidad, 11.5%- del valor de la propiedad según la región, sobresale entre los más altos dentro de la OCDE, y sugiere que reducirlo, de forma gradual, ayudaría a aumentar la movilidad residencial. En este mismo sentido se pronuncia el Libro Verde sobre la Fiscalidad de Cataluña[141], según el cual:

> *"Dado que el impuesto es de titularidad estatal, se propone que el Estado legisle un tipo máximo del 6% que podrá ser modificado a la baja por la Comunidad Autónoma que así lo desee. Se propone esta medida con carácter general, con una rebaja suplementaria si se trata de vivienda habitual, cuyo tipo máximo debería ser menor, en tomo al 4%, considerando las dificultades existentes para adquirir una vivienda, lo cual plantea un grave problema no solo en la actualidad, sino que tenderá a agravarse en el futuro."*

5.2.3. Principales modificaciones sustantivas y procesales

Debe subrayarse que la Ley no trata por igual a todos los arrendadores, sino que distingue entre los arrendadores en los que concurre la condición de gran tenedor y los demás, es decir, distingue entre aquellos arrendadores que son profesionales o empresarios individuales o sociales dedicados al arrendamiento y aquellos en los que no concurre la condición de gran tenedor y, por lo tanto, no son arrendadores profesionales o lo son menos.

El hecho de que la Ley, en lugar de distinguir entre arrendadores más y menos profesionales, distinga entre grandes tenedores y los demás indica un claro sesgo ideológico, así como también lo indica el escaso número de unidades que debe explotar un arrendador

---

[141] FOMENT DEL TREBALL NACIONAL, *Libro Verde sobre la fiscalidad de Cataluña*, abril 2024, pág.73 propone también la recuperación de la desgravación de los intereses de los préstamos hipotecarios destinados a la adquisición de la vivienda habitual -pág.108- .

para ser considerado gran tenedor. Indica también una concepción rudimentaria y artesanal del mercado arrendaticio urbano de viviendas.[142]

Según PAREJO ALFONSO: "*Por más que quizás pueda ser discutible —aunque sea desde luego objetivo— el criterio puramente cuantitativo (número de viviendas de que se es titular o de las que se dispone) en la que descansa, esta diferenciación es legítima en tanto que, en el caso de operación en el mercado en calidad de empresa que ofrece el acceso a, y el disfrute de, vivienda en arrendamiento (es decir, de utilización de la propiedad como medio para el desarrollo del correspondiente negocio): i) se diluye la conexión entre garantía de la propiedad y libertad personal individual, pues las viviendas fungen sólo como capital en la gestión empresarial (como ha declarado el Tribunal Constitucional Federal alemán en su Sentencia de 18 de julio de 2019); ii) tal desconexión es especialmente acusada en entidades o sociedades en las que se dé una clara desvinculación entre la gestión (capacidad de decisión) y la propiedad del capital (los accionistas, cuyas facultades de decisión pueden llegar a reducirse a cero). Esto, en la doctrina alemana ha llevado desde hace tiempo a reclamar la reconsideración del estatuto de este tipo de sociedades*". [143]

Desde luego, tal distinción quizás pueda considerarse legítima aunque, probablemente, no a todos los efectos, por ejemplo, a efectos procesales, pues implica una discriminación a efectos del

---

142 El artículo 3.k de la Ley define lo que debe entenderse por gran tenedor: *"A los efectos de lo establecido en esta ley, la persona física o jurídica que sea titular de más de diez inmuebles urbanos de uso residencial o una superficie construida de más de 1.500 m2 de uso residencial, excluyendo en todo caso garajes y trasteros. Esta definición podrá ser particularizada en la declaración de entornos de mercado residencial tensionado hasta aquellos titulares de cinco o más inmuebles urbanos de uso residencial ubicados en dicho ámbito, cuando así sea motivado por la comunidad autónoma en la correspondiente memoria justificativa"*

143 PAREJO ALFONSO, L."Vivienda y urbanismo, mercado tensionado y acción de las Administraciones Públicas" en *Práctica Urbanísitica: La nueva Ley de vivienda a debate*, núm. I/2023.

derecho a la tutela judicial efectiva (artículo 24 CE). Tampoco el hecho de que la discriminación sea legítima en términos generales la convierte en acertada, como lo demuestra el impacto negativo sobre la oferta que está teniendo la Ley, especialmente en relación a los arrendadores profesionales.

Las principales modificaciones, sustantivas y procesales introducidas por la Ley 12/23 de 24 de mayo por el derecho a la vivienda[144] en materia de alquiler son las que expongo a continuación.

---

144 El Pleno del Tribunal Constitucional ha admitido a trámite los recursos de inconstitucionalidad contra la Ley 12/2023, por el derecho a la vivienda_promovidos por el Grupo Parlamentario Popular en el Congreso de los Diputados, por el Parlamento de Cataluña y por los Consejos de Gobierno de las Comunidades Autónomas de Andalucía, Islas Baleares y Madrid.
Los recurrentes impugnan, entre otros, el 8 a), el 15.1, el 16, varios apartados de los art. 18, 19 y 27 así como la disposición adicional tercera, la disposición transitoria primera y varios apartados de la disposición final primera, alegándose que la Ley recurrida vulnera de distribución competencial en materia de ordenación del territorio, urbanismo y vivienda. Por su parte, el recurso de inconstitucionalidad del Grupo Parlamentario Popular también plantea la posible vulneración del derecho de propiedad, del derecho a la tutela judicial efectiva y de la autonomía local.
En concreto, por providencia de 26 de septiembre de 2023, ha acordado admitir a trámite el recurso de inconstitucionalidad número 5516-2023, promovido por el Consejo de Gobierno de las Illes Balears, contra los artículos 8 a) y c); 11.1 e); 15.1; 16.1 d); 18.2, 3 y 4; 19.1 y 3; 27.1 y 3; 28.1; 35; disposición adicional tercera; disposición transitoria primera, párrafo 2; disposición final primera, apartados uno, tres y seis; y disposición final quinta de la Ley 12/2023, de 24 de mayo, por el derecho a la vivienda
También ha admitido a trámite el Tribunal Constitucional el recurso interpuesto por el Gobierno Vasco contra los artículos 3; 10.2; 15.1 d y e; 16;17;18, disposición adicional 3ª; disposición transitoria segunda 1; disposición final primera apartados uno, tres y seis y la disposición final cuarta, por vulnerar sus competencias en materia de vivienda.

5.2.3.1. Regulación de la información precontractual que el arrendador debe suministrar al potencial arrendatario, discriminando a los grandes tenedores.

Hasta la entrada en vigor de la Ley 12/23 de 24 de mayo por el derecho a la vivienda -artículos 30 y 31-, el deber de información en los casos de venta y arrendamiento de vivienda estaba regulado por el RD 515/1989, de 21 de abril, el cual constituye una aplicación específica de la regulación general en materia de información del Texto Refundido de la Ley General para la Defensa de los Consumidores y Usuarios (**TRLGDCU**) -Confer.: artículos 8,18,60 y 64-. Conforme a lo dispuesto por la disposición derogatoria única de la Ley 12/2023 el RD 515/1989 sigue en vigor en todo aquello que no se oponga al régimen de información contractual contenido en dicha Ley.

Conforme a lo dispuesto por el artículo del citado Real Decreto :

" *1. El presente Real Decreto es de aplicación a la oferta, promoción y publicidad que se realice para la venta o arrendamiento de viviendas que se efectúe en el marco de una actividad empresarial o profesional, siempre que aquellos actos vayan dirigidos a consumidores conforme a los términos del artículo primero apartados 2 y 3, de la* Ley 26/1984, de 19 de julio *General para la Defensa de los Consumidores y Usuarios.*

A los efectos de este Real Decreto se consideran arrendamientos los que se hallan sujetos a la Ley de Arrendamientos Urbanos.

2. Este Real Decreto no será de aplicación a las ventas que se efectúen mediante subasta pública, judicial o administrativa. "

Ciertamente, el ámbito de aplicación de este Real Decreto está circunscrito a las denominadas relaciones de consumo, por lo que no es aplicable a los contratos de venta o arrendamiento de vivienda entre particulares, que son la gran mayoría, debido a la aún escasa profesionalización de ambos mercados, mitigada por la intervención frecuente de intermediarios inmobiliarios profesionales. Puede interpretarse, por lo tanto, que lo que hace la Ley

12/2023 es ampliar la obligación de información precontractual a este tipo de contratos entre particulares -Confer. :artículo 30.1.b-.

Esta distinción entre los derechos reconocidos a los consumidores en el TRLGDCU y el deber de información reconocido en los artículos 8,18 y 60 del mismo permite plantear, como sostiene MATE SATUÉ[145], el reconocimiento de otros derechos, como el del desistimiento contractual, en el ámbito de la compraventa y del arrendamiento de viviendas, al amparo del artículo 3 del TRLGDCU.

Es esta una cuestión de gran interés. Como destaca MOLL DE ALBA[146], el artículo 30.1.a de la Ley 12/2023 otorga a cualquier arrendatario de vivienda los derechos reconocidos en la legislación de consumo, tanto estatal como autonómica, convirtiendo así en consumidor a todo arrendatario y en empresario a todo arrendador, al imponer la legislación de consumo sea cual sea la calidad de los sujetos y su ámbito de actuación. En este sentido, afirma la autora, puede considerarse derogado el artículo 3 del TRLGDCU. Sucede, sin embargo, como resalta la autora, que ese mismo artículo en su apartado segundo, limita el deber de

---

145 MATE SATUÉ L.C., "La información precontractual en el arrendamiento de vivienda: ¿un mecanismo eficaz para la protección del arrendatario: especial atención al vulnerable?", en MATE SATUÉ L.C., HERNÁNDEZ SAINZ E., ALONSO PÉREZ M.T., *El derecho a la vivienda en tiempos de incertidumbre,* Aranzadi, 2024, pág. 313. En cualquier caso, como sostiene esta autora, resulta positiva la equiparación de la información precontractual exigible por los demandantes de vivienda, frente a cualquier agente que esté facultado para la transmisión, arrendamiento o cesión de viviendas en nombre propio o ajeno, con independencia de que tenga o no la consideración de "relación de consumo", porque de este modo finaliza el debate en torno a las contratos celebrados entre particulares en los que interviene un agente de la propiedad inmobiliaria en su formalización. *Ibidem.*

146 MOLL DE ALBA LACUVE CH.," La ley 12/2023 por el derecho a la vivienda y los contratos de arrendamiento", en MATE SATUÉ L.C., HERNÁNDEZ SAINZ E., ALONSO PÉREZ M.T., *El derecho a la vivienda en tiempos de incertidumbre,* Aranzadi, 2024, pág.394

información veraz y la aplicación de la legislación de consumo a las relaciones que efectivamente sean una relación de consumo –"B2C"-. En definitiva, el legislador se contradice en el mismo artículo.

Debe resaltarse, asimismo, como subraya MATE SATUÉ[147], que ni el RD 515/1989 ni la Ley 12/2023 especifican las consecuencias jurídicas que tiene el incumplimiento o la desatención del deber de información precontractual, por ejemplo, mediante el establecimiento de un régimen sancionador específico, lo que dificulta el cumplimiento de este deber, que es, incluso, articulado por la Ley 12/2023 como uno de los objetos de la norma -confer.: artículo 1.3 de la Ley 12/2023-.

Debe elogiarse la intención del legislador de procurar la mayor simetría informativa posible entre vendedores o arrendadores de vivienda, de un lado, y compradores o arrendatarios, de otro, aunque no su implementación jurídica. En este aspecto, creo conveniente hacer una referencia a la obligación de información contenida en el artículo 31.1.d:

> *"Información jurídica del inmueble: la identificación registral de la finca, con la referencia de las cargas, gravámenes y afecciones de cualquier naturaleza, y la cuota de participación fijada en el título de propiedad."*

Normalmente, si la vivienda forma parte de un edificio en régimen de propiedad horizontal, éste se hallará inmatriculado. También si se trata de una vivienda unifamiliar, salvo que se trate de una vivienda de escaso valor en una zona poco poblada. En todo caso, cabe la posibilidad de que se halle arrendada a un tercero que no la ocupe o que el interesado en alquilarla; lo haga a distancia y no se moleste en visitarla, lo que facilita comportamientos fraudulentos por parte de

147 MATE SATUÉ L.C., "La información precontractual en el arrendamiento de vivienda:¿un mecanismo eficaz para la protección del arrendatario: especial atención al vulnerable?", en MATE SATUÉ L.C., HERNÁNDEZ SAINZ E., ALONSO PÉREZ M.T., *El derecho a la vivienda en tiempos de incertidumbre,* Aranzadi, 2024, pág. 315.

vendedores y arrendadores. Lo más efectivo para evitarlos, tanto en relación a los arrendatarios como a compradores potenciales, hubiera sido recuperar el régimen de la Ley *4/2013*[148].

Conforme al mismo, los arrendatarios también gozaban, por disposición legal, de una duración mínima del contrato, oponible tanto al arrendador como a futuros compradores, pero, para hacer oponible dicho derecho frente a terceros que reunieran los requisitos del artículo 34 de la Ley Hipotecaria, su derecho debería constar inscrito, siguiendo el régimen general de circulación de las titularidades

---

148 Conforme a dicha Ley, el artículo 14 de la LAU disponía:.
"Enajenación de la vivienda arrendada.
1. El adquirente de una finca inscrita en el Registro de la Propiedad, arrendada como vivienda en todo o en parte, que reúna los requisitos exigidos por el artículo 34 de la Ley Hipotecaria, sólo quedará subrogado en los derechos y obligaciones del arrendador si el arrendamiento se hallase inscrito, conforme a lo dispuesto por los artículos 7 y 10 de la presente ley, con anterioridad a la transmisión de la finca.
2. Si la finca no se hallase inscrita en el Registro de la Propiedad, se aplicará lo dispuesto en el párrafo primero del artículo 1571 del Código civil. Si el adquirente usare del derecho reconocido por el artículo citado, el arrendatario podrá exigir que se le deje continuar durante tres meses, desde que el adquirente le notifique fehacientemente su propósito, durante los cuales deberá satisfacer la renta y demás cantidades que se devenguen al adquirente. Podrá exigir, además, al vendedor, que le indemnice los daños y perjuicios que se le causen."
El Preámbulo de la Ley 4/2013 justificaba esta norma del siguiente modo: *"Asimismo, es preciso normalizar el régimen jurídico del arrendamiento de viviendas para que la protección de los derechos, tanto del arrendador como del arrendatario, no se consiga a costa de la seguridad del tráfico jurídico, como sucede en la actualidad.*
La consecución de esta finalidad exige que el arrendamiento de viviendas regulado por la Ley 29/1994, de 24 de noviembre, de Arrendamientos Urbanos, se someta al régimen general establecido por nuestro sistema de seguridad del tráfico jurídico inmobiliario y, en consecuencia, en primer lugar, que los arrendamientos no inscritos sobre fincas urbanas no puedan surtir efectos frente a terceros adquirentes que inscriban su derecho y, en segundo lugar, que el tercero adquirente de una vivienda que reúna los requisitos exigidos por el artículo 34 de la Ley Hipotecaria, no pueda resultar perjudicado por la existencia de un arrendamiento no inscrito. Todo ello, sin mengua alguna de los derechos ni del arrendador, ni del arrendatario."

sobre derechos reales inmobiliarios en un contexto de contratación impersonal, como es el propio de una economía de mercado, en aras de la seguridad y fluidez del tráfico jurídico inmobiliario, pues facilita la simetría informativa efectiva, sin hacerla depender de la voluntad del arrendador, y, por lo tanto, elimina incertidumbres, tanto para el potencial comprador, como para el potencial arrendatario, como para los potenciales financiadores -y, por lo tanto, prestatarios- que exijan como garantía la hipoteca de la vivienda.

5.2.3.2. Adición de dos prórrogas extraordinarias obligatorias para el arrendador y discriminatorias para los arrendadores profesionales.

Se adicionan a las prórrogas reguladas por el Real Decreto Ley 7/2019, dos prórrogas extraordinarias, volviendo a discriminar entre arrendadores más profesionales -grandes tenedores- y menos profesionales, que son todos los demás. A saber: 1.-Prórroga extraordinaria por el plazo de un año una vez finalizada la prórroga obligatoria prevista en el artículo 9.1, o el periodo de prórroga tácita previsto en el artículo 10.1 de la LAU y 2.-Prórroga extraordinaria por plazos anuales y por un máximo de tres años si la vivienda habitual se ubica en una zona de mercado residencial tensionado.

A continuación me referiré a cada una de ellas.

a.-Prórroga extraordinaria por el plazo de un año una vez finalizada la prórroga obligatoria previsto en el artículo 9.1, o el periodo de prórroga tácita previsto en el artículo 10.1 de la LAU.

A este supuesto se refiere el nuevo num.2 del articulo 10 de la LAU introducido por la Disposición Adicional Primera[149].

---

149 La Disposición Adicional Primera dispone:
"2. En los contratos de arrendamiento de vivienda habitual sujetos a la presente Ley en los que finalice el periodo de prórroga obligatoria previsto en el artículo 9.1, o el periodo de prórroga tácita previsto en el artículo 10.1, podrá aplicar-

Conforme a la misma, para que proceda dicha prórroga, son necesarios los siguientes requisitos:

-1-Debe tratarse de un contrato sujeto a la Ley por el derecho a la vivienda. Por lo tanto, ha de tratarse de un contrato celebrado con posterioridad a la entrada en vigor de la misma, de conformidad con lo dispuesto por la Disposición Transitoria 4ª.1, conforme a la cual:

> *"Los contratos de arrendamiento sometidos a la Ley 29/1994, de 24 de noviembre, de Arrendamientos Urbanos, celebrados con anterioridad a la entrada en vigor de esta Ley, continuarán rigiéndose por lo establecido en el régimen jurídico que les era de aplicación".*

-2-Ha de tratarse de la vivienda habitual del arrendatario. Por tal ha de entenderse, conforme a la definición dada por el artículo 3.i) de la Ley *"la vivienda que constituye el domicilio permanente de la persona que la ocupa y que puede acreditarse a través de los datos obrantes en el padrón municipal u otros medios válidos en derecho".*

-3- El arrendatario debe solicitar la prórroga extraordinaria por el plazo máximo de un año, con anterioridad a la finalización el periodo de prórroga obligatoria previsto en el artículo 9.1, o el periodo de prórroga tácita previsto en el artículo 10.1 de la LAU

---

se, previa solicitud del arrendatario, una prórroga extraordinaria del plazo del contrato de arrendamiento por un periodo máximo de un año, durante el cual se seguirá aplicando los términos y condiciones establecidos para el contrato en vigor. Esta solicitud de prórroga extraordinaria requerirá la acreditación por parte del arrendatario de una situación de vulnerabilidad social y económica sobre la base de un informe o certificado emitido en el último año por los servicios sociales de ámbito municipal o autonómico y deberá ser aceptada obligatoriamente por el arrendador cuando este sea un gran tenedor de vivienda de acuerdo con la definición establecida en la Ley12/2023, de 24 de mayo, por el derecho a la vivienda, salvo que se hubiese suscrito entre las partes un nuevo contrato de arrendamiento. "

-4-Debe acompañar a dicha solicitud la acreditación de una situación de vulnerabilidad social y económica sobre la base de un informe o certificado emitido en el último año por los servicios sociales de ámbito municipal o autonómico

En cuanto a la procedencia de la concesión de la prórroga:

"*Si el arrendador es un gran tenedor, deberá aceptarla obligatoriamente, salvo que se hubiese suscrito entre las partes un nuevo contrato*".

A contrario sensu, por lo tanto, hay que entender que si el arrendador no es un gran tenedor, no está obligado a la concesión de la prórroga.

b.-Prórroga extraordinaria por plazos anuales y por un máximo de tres años si la vivienda habitual se ubica en una zona de mercado residencial tensionado.

A este supuesto se refiere el nuevo num.3 del articulo 10 de la LAU.[150]

---

150 *"En los contratos de arrendamiento de vivienda habitual sujetos a la presente Ley, en los que el inmueble se ubique en una zona de mercado residencial tensionado y dentro del periodo de vigencia de la declaración de la referida zona en los términos dispuestos en la legislación estatal en materia de vivienda, finalice el periodo de prórroga obligatoria previsto en el artículo 9.1 de esta Ley o el periodo de prórroga tácita previsto en el apartado anterior, previa solicitud del arrendatario, podrá prorrogarse de manera extraordinaria el contrato de arrendamiento por plazos anuales, por un periodo máximo de tres años, durante los cuales se seguirán aplicando los términos y condiciones establecidos para el contrato en vigor. Esta solicitud de prórroga extraordinaria deberá ser aceptada obligatoriamente por el arrendador, salvo que se hayan fijado otros términos o condiciones por acuerdo entre las partes, se haya suscrito un nuevo contrato de arrendamiento con las limitaciones en la renta que en su caso procedan por aplicación de lo dispuesto en los apartados 6 y 7 del artículo 17 de esta Ley, o en el caso de que el arrendador haya comunicado en los plazos y condiciones establecidos en el artículo 9.3 de esta Ley, la necesidad de ocupar la vivienda arrendada para destinarla a vivienda permanente para sí o sus familiares en primer grado de consanguinidad o por adopción o para su cónyuge en los supuestos de sentencia firme de separación, divorcio o nulidad matrimonial".*

Conforme al mismo, los requisitos para que proceda esta prórroga son los siguientes:

1.-Que se trate de un contrato celebrado con posterioridad a la entrada en vigor de la ley, conforme a lo dispuesto por el núm.1 de la Disposición Transitoria Cuarta.

2.-Que se trate de arrendamiento de vivienda habitual.

3.- Que la vivienda se ubique en una zona declarada de mercado residencial tensionado

4.-Que finalicen las prórrogas previstas en los artículos 9.1 o 10.2 LAU dentro del periodo de vigencia de la declaración de la zona como zona de mercado residencial tensionado.

5.- Que haya solicitud del arrendatario con anterioridad a la finalización de las citadas prórrogas de una prórroga extraordinaria de contrato del arrendamiento por plazos anuales, por un periodo máximo de tres años.

Cumplidos estos requisitos, el arrendador, sea o no gran tenedor, estará obligado a conceder la citada prórroga, salvo en los siguientes casos:

a.- Que se hayan fijado otros términos o condiciones por acuerdo entre las partes

b.- Que se haya suscrito un nuevo contrato de arrendamiento con las limitaciones en la renta que en su caso procedan por aplicación de lo dispuesto en los apartados 6 y 7 del artículo 17 de la LAU, añadidos por la DF.1ª núm.3., a los que me referiré al tratar de la intervención de precios.

c.- Que el arrendador haya comunicado, en los plazos y condiciones establecidos en el artículo 9.3 de la Ley, la necesidad de ocupar la vivienda arrendada para destinarla a vivienda permanente para sí o sus familiares en primer grado de consanguinidad o por adopción o para su cónyuge en los supuestos de sentencia firme de separación, divorcio o nulidad matrimonial.

Finaliza el precepto estableciendo, al igual que anteriormente, que:

4. "Al contrato prorrogado, le seguirá siendo de aplicación el régimen legal y convencional al que estuviera sometido."

Dado que la Ley no dice nada al respecto, debe entenderse que no varía la necesidad de inscripción en el Registro para que dichas prórrogas legales sean oponibles a terceros adquirentes que reúnan las condiciones del artículo 34 de la Ley Hipotecaria, con lo que no se deteriora la seguridad del tráfico jurídico más allá del deterioro producido por el RDL 7/2019, al que me he referido anteriormente.

En todo caso, dichas prórrogas extraordinarias implican un grado más en la limitación de la libertad contractual y de la discriminación entre arrendadores más y menos profesionales, en perjuicio de los primeros, todo lo cual dificulta la profesionalización del mercado arrendaticio de vivienda y, por lo tanto, su crecimiento, lo que permitiría concebir el arrendamiento como una alternativa habitacional real a la vivienda en propiedad y, además, al aumentar la oferta, actuaría como elemento contenedor de los precios de la vivienda en propiedad.

5.2.3.3. Aumento de las dificultades para los desahucios en caso de impago, siendo discriminatorias para los arrendadores profesionales

En efecto, la Disposición Final Quinta modifica diferentes artículos de la Ley Enjuiciamiento Civil, siendo las modificaciones más relevantes las siguientes:

1.-Se exigen como requisitos de admisibilidad de la demanda, que se especifique:

a) Si el inmueble objeto de las mismas constituye vivienda habitual de la persona ocupante. (artículo 439.6.a LEC)

b) Si concurre en la parte demandante la condición de gran tenedora de vivienda, en los términos que establece el artículo 3.k) de la Ley 12/2023, de 24 de mayo, por el derecho a la vivienda.

En el caso de indicarse que no se tiene la condición de gran tenedor, a efectos de corroborar tal extremo, se deberá adjuntar a la demanda certificación del Registro de la Propiedad en el que consten la relación de propiedades a nombre de la parte actora. (artículo 439.6.b LEC)

c) En el caso de que la parte demandante tenga la condición de gran tenedor, debe especificar si la parte demandada se encuentra o no en situación de vulnerabilidad económica (artículo 439.6.b LEC)[151].

2.-Se exige conciliación o intermediación previa si el demandante es un gran tenedor, la finca es la vivienda habitual del demandado y éste se halla en situación de vulnerabilidad económica.

---

[151] En los parágrafos siguientes se enumeran los modos de acreditación: *"Para acreditar la concurrencia o no de vulnerabilidad económica se deberá aportar documento acreditativo, de vigencia no superior a tres meses, emitido, previo consentimiento de la persona ocupante de la vivienda, por los servicios de las Administraciones autonómicas y locales competentes en materia de vivienda, asistencia social, evaluación e información de situaciones de necesidad social y atención inmediata a personas en situación o riesgo de exclusión social que hayan sido específicamente designados conforme a la legislación y normativa autonómica en materia de vivienda. El requisito exigido en esta letra c) también podrá cumplirse mediante:*
1.º *La declaración responsable emitida por la parte actora de que ha acudido a los servicios indicados anteriormente, en un plazo máximo de cinco meses de antelación a la presentación de la demanda, sin que hubiera sido atendida o se hubieran iniciado los trámites correspondientes en el plazo de dos meses desde que presentó su solicitud, junto con justificante acreditativo de la misma.*
2.º *El documento* acreditativo de los servicios competentes que indiquen que la persona ocupante no consiente expresamente el estudio de su situación económica en los términos previstos en la legislación y normativa autonómica en materia de vivienda. Este documento no podrá tener una vigencia *superior a tres meses"*.

En estos casos "*no se admitirán las demandas en las que no se acredite que la parte actora se ha sometido al procedimiento de conciliación o intermediación que a tal efecto establezcan las Administraciones Públicas competentes, en base al análisis de las circunstancias de ambas partes y de las posibles ayudas y subvenciones existentes en materia de vivienda conforme a lo dispuesto en la legislación y normativa autonómica en materia de vivienda*" (artículo 439.7 LEC)[152]

3.- Si las administraciones públicas competentes acreditan la situación de vulnerabilidad económica y, en su caso, social, del demandado el Tribunal deberá decidir si suspende el proceso para que se adopten las medidas propuestas por las Administraciones públicas, durante un plazo máximo de suspensión de dos meses si el demandante es una persona física o de cuatro meses si se trata de una persona jurídica (artículo 441.5 y 6 LEC).

Se trata de medidas que dificultan la efectividad del derecho del arrendador cumplidor frente al incumplimiento por parte del arrendatario y, además, discriminan entre el arrendador que es un gran tenedor, de acuerdo con la definición legal, y, por lo tanto, es un empresario dedicado al arrendamiento o arrendador

---

152 Los parágrafos siguientes especifican el modo de cumplir ese requisito:
" *El requisito anterior podrá acreditarse mediante alguna de las siguientes formas:*
1.º *La declaración responsable emitida por la parte actora de que ha acudido a los servicios indicados anteriormente, en un plazo máximo de cinco meses de antelación a la presentación de la demanda, sin que hubiera sido atendida o se hubieran iniciado los trámites correspondientes en el plazo de dos meses desde que presentó su solicitud, junto con justificante acreditativo de la misma.*
2.º *El documento acreditativo de los servicios competentes que indique el resultado del procedimiento de conciliación o intermediación, en el que se hará constar la identidad de las partes, el objeto de la controversia y si alguna de las partes ha rehusado participar en el procedimiento, en su caso. Este documento no podrá tener una vigencia superior a tres meses.*
En el caso de que la empresa arrendadora sea una entidad pública de vivienda el requisito anterior se podrá sustituir, en su caso, por la previa concurrencia de la acción de los servicios específicos de intermediación de la propia entidad, que se acreditará en los mismos términos del apartado anterior."

profesional, y el arrendador que no lo es, y, en consecuencia, es un arrendador menos profesional.

La discriminación se establece en perjuicio del primero, con lo cual se incrementan las dificultades para la inversión en el sector, la profesionalización y el crecimiento del mercado de la vivienda en alquiler y se perjudica a los arrendatarios futuros, un número creciente dada la carestía de los precios para adquirir una vivienda en propiedad, las dificultades para su financiación y el severo déficit de vivienda social.

Como afirma el CERCLE D´ECONOMÍA[153]:" *La suspensión de los desahucios, tal como se articula, es un mecanismo que pone en entredicho la seguridad jurídica de los propietarios y que reducirá la oferta de vivienda de alquiler, pues los propietarios querrán cubrirse pidiendo una rentabilidad superior para cubrir la prima de riesgo de no poder desahuciar al inquilino que deje de pagar, o dejarán de poner su vivienda en el mercado."*

5.2.3.4. Fijación de límites a los precios discriminatoria para los arrendadores profesionales

5.2.3.4.1. Fijación de limites a los precios de los arrendamientos de vivienda para hacer frente a las consecuencias de la guerra Ucrania.

El artículo 46 del Real Decreto-ley 6/2022, de 29 de marzo, por el que se adoptan medidas urgentes en el marco del Plan Nacional de respuesta a las consecuencias económicas y sociales de la guerra en Ucrania estableció una limitación extraordinaria y temporal de la actualización del precio de los alquileres, temporalidad posteriormente ampliada por el artículo 67 del Real Decreto-ley 20/2022,

---

153 CERCLE D´ECONOMIA, *De la desconfianza a la colaboración. Por un partenariado entre el sector público y el privado que resuelva de verdad el problema del acceso a la vivienda en Cataluña y en España,*pág.3. https://admin.cercledeconomia.com/content/uploads/2024/06/nota-de-opinion-cde_vivienda_junio24.pdf. Consultado el 11 de julio de 2024.

de 27 de diciembre y posteriormente por el artículo 1.13 del Real Decreto-ley 11/2022, de 25 de junio, hasta el 31 de diciembre de 2023, limitación que continúa vigente, pese a la entrada en vigor de la Ley por el derecho a la vivienda, conforme a lo dispuesto por la Disposición Transitoria 4ª.3 de la misma. La Disposición Final Sexta de la Ley por el derecho a la vivienda amplía dicho plazo hasta el 31 de diciembre de 2024, fijando para dicho año un límite del 3%.

Durante este periodo temporal esta norma excepcional prevalecerá sobre las normas de contención de precios que introduce la Ley por el derecho a la vivienda[154].

El referido Real Decreto-Ley reitera lo dispuesto por la Ley 2/2015, de 30 de marzo, de desindexación de la economía española, que, en su Disposición Final Primera, se remitió, en defecto de pacto expreso entre las partes sobre el mecanismo de revisión, al Índice de Garantía de la Competitividad (IGC), una alternativa al tradicional IPC, que cuenta con unos límites: un techo que no podrá superar el 2 % y un suelo que no bajará del 0 %. El RDL no admite pacto en contrario.

Este Índice, en realidad, no es un índice, pues tiene como cota máxima el teórico objetivo de inflación del BCE, que es el 2%, un objetivo incumplido de forma flagrante -solo lo ha cumplido durante un 17% del tiempo a lo largo de sus 25 años de existencia- y que no parece alcanzable en el corto plazo. Por ello, la mayoría de los contratantes rechaza su uso y opta por el IPC, que es el tope máximo de actualización que establece el artículo 18.1 de la LAU de 1994. Esta preferencia es lógica si la función de la cláusula es

---

154 El Real Decreto-ley 6/2022, de 29 de marzo justificó la medida para paliar los efectos de la guerra de Ucrania, entre los cuales se incluyó el aumento de la inflación , lo cual olvida que la inflación ya era previa a la guerra, por lo que no serviría como justificación. Por ello NASARRE AZNAR la considera, no sin fundamento, una expropiación sin compensación. NASARRE AZNAR S. : *El Proyecto de Ley de vivienda* 2022, FEDEA, Apuntes de economía, núm. 2022-11, abril.

fijar un alquiler constante en términos reales, lo que parece deseable, sobre todo, para pequeños inversores, que son la mayoría de arrendadores en España.[155]

5.2.3.4.2. Fijación de límites a los precios de los arrendamientos de viviendas situadas en zonas declaradas de mercado tensionado[156]

Estos límites se refieren, todos ellos, a arrendamientos de viviendas situadas en zonas declaradas de mercado tensionado[157]- confer.: Disposición Final Primera, núm. 3 que añade dos nuevos

---

155 ARRUÑADA B., *Comentarios a las nuevas regulaciones del alquiler*, Revista del Instituto de Estudios Económicos núm.3, 2022, pág.131

156 La fijación de limites a los precios de los arrendamientos viene establecida en el número 3 de la Disposición Final Primera de la Ley por el derecho a la vivienda que añade los apartados 6 y 7 al artículo 17 de la LAU, lo cual viene a confirmar el temor de que la limitación establecida por Real Decreto-ley 6/2022, de 29 de marzo, no fuese temporal ni extraordinaria sino más bien ordinaria y sin fecha de caducidad, temor ratificado por la regulación de las limitaciones de precios contenidas en la Ley por el derecho a la vivienda.

157 Como señala PONCE SOLÉ J, la Ley establece dos requisitos alternativos en el artículo 18.3 para concretar cuando estamos delante de una zona de mercado residencial tensionado, en función de las subidas de precios experimentadas o de la falta de asequibilidad. El artículo 18.3 especifica que han de concurrir una subida del precio de la vivienda en los 5 años anteriores a la declaración de la ZMRT de más de 3 puntos per encima del IPC o, alternativamente, la incapacidad del mercado de atender la demanda a precios asequibles, cosa que el artículo 18 establece qué sucede cuando los arrendatarios o deudores hipotecarios dediquen más del 30% de sus ingresos medios o renta media al pago de la renta o de la deuda, incluyendo el pago de los suministros bàsicos. PONCE SOLE J, "Zones de mercat residencial tensionat en la nova Llei estatal 12/2023, de 24 de maig, pel dret a l´habitatge", en VÁZQUEZ ALBERT (Dir.) y ARNAIZ RAMOS R. y PONCE SOLÉ J., La ley por el derecho a la vivienda. Balance de un año de aplicación, Revista Jurídica de Cataluña, Tirant lo Blanch, 2024,págs.346-348

apartados 6 y 7 en el artículo 17 de la LAU-.Varían en función de que el arrendador sea o no un gran tenedor.

Se trata de un sistema de control de precios de segunda generación, esto es, que no solo afectan al contrato vigente sobre la vivienda sino que condicionan el precio de los arrendamientos futuros de la misma.

5.2.3.5. Limitación de precio cuando el arrendador no es un gran tenedor

El nuevo apartado 6 del artículo 17 de la LAU regula la limitación de precio cuando el arrendador no es un gran tenedor.

"En los contratos de arrendamiento de vivienda sujetos a la presente Ley en los que el inmueble se ubique en una zona de mercado residencial tensionado dentro del periodo de vigencia de la declaración de la referida zona en los términos dispuestos en la Ley 12/2023 de 24 de mayo por el derecho a la vivienda, la renta pactada al inicio del nuevo contrato no podrá exceder de la última renta de contrato de arrendamiento de vivienda habitual que hubiese estado vigente en los últimos cinco años en la misma vivienda, una vez aplicada la cláusula de actualización anual de la renta del contrato anterior, sin que se puedan fijar nuevas condiciones que establezcan la repercusión al arrendatario de cuotas o gastos que no estuviesen recogidas en el contrato anterior.

Únicamente podrá incrementarse, más allá de lo que proceda de la aplicación de la cláusula de actualización anual de la renta del contrato anterior, en un máximo del 10 por ciento sobre la última renta de contrato de arrendamiento de vivienda habitual que hubiese estado vigente en los últimos cinco años en la misma vivienda, cuando se acredite alguno de los siguientes supuestos:

Cuando la vivienda hubiera sido objeto de una actuación de rehabilitación en los términos previstos en el apartado 1 del artículo 41 del Reglamento del Impuesto sobre la Renta de las Personas

Físicas, que hubiera finalizado en los dos años anteriores a la fecha de la celebración del nuevo contrato de arrendamiento. [158]

---

[158] Dice el citado artículo 41ª:

"A estos efectos, se asimila a la adquisición de vivienda su rehabilitación, teniendo tal consideración las obras en la misma que cumplan cualquiera de los siguientes requisitos:

a) *Que se trate de actuaciones subvencionadas en materia de rehabilitación de viviendas en los términos previstos en el* Real Decreto 233/2013, de 5 de abril, por el que se regula el Plan Estatal de fomento del alquiler de viviendas, la rehabilitación edificatoria, y la regeneración y renovación urbanas, 2013-2016.

b) *Que tengan por objeto principal la reconstrucción de la vivienda mediante la consolidación y el tratamiento de las estructuras, fachadas o cubiertas y otras análogas siempre que el coste global de las operaciones de rehabilitación exceda del 25 por ciento del precio de adquisición si se hubiese efectuado ésta durante los dos años inmediatamente anteriores al inicio de las obras de rehabilitación o, en otro caso, del valor de mercado que tuviera la vivienda en el momento de dicho inicio. A estos efectos, se descontará del precio de adquisición o del valor de mercado de la vivienda la parte proporcional correspondiente al suelo.*

Para la calificación de la vivienda como habitual, se estará a lo dispuesto en el artículo 41 bis de este Reglamento."

Habrá que entender, por lo tanto, que el concepto de vivienda habitual no es el de la Ley por el derecho a la vivienda sino la del artículo 41.bis del Reglamento del Impuesto sobre la Renta de las Personas Físicas, según el cual:

*"**1.** A los efectos previstos en los artículos 7.t), 33.4.b), y 38 de la Ley del Impuesto se considera vivienda habitual del contribuyente la edificación que constituya su residencia durante un plazo continuado de, al menos, tres años.*

No obstante, se entenderá que la vivienda tuvo el carácter de habitual cuando, a pesar de no haber transcurrido dicho plazo, se produzca el fallecimiento del contribuyente o concurran otras circunstancias que necesariamente exijan el cambio de domicilio, tales como celebración de matrimonio, separación matrimonial, traslado laboral, obtención del primer empleo, o cambio de empleo, u otras análogas justificadas.

2. *Para que la vivienda constituya la residencia habitual del contribuyente debe ser habitada de manera efectiva y con carácter permanente por el propio contribuyente, en un plazo de doce meses, contados a partir de la fecha de adquisición o terminación de las obras.*

No obstante, se entenderá que la vivienda no pierde el carácter de habitual cuando se produzcan las siguientes circunstancias:

b) Cuando en los dos años anteriores a la fecha de la celebración del nuevo contrato de arrendamiento se hubieran finalizado actuaciones de rehabilitación o mejora de la vivienda en la que se haya acreditado un ahorro de energía primaria no renovable del 30 por ciento, a través de sendos certificados de eficiencia energética de la vivienda, uno posterior a la actuación y otro anterior que se hubiese registrado como máximo dos años antes de la fecha de la referida actuación.

c) *Cuando en los dos años anteriores a la fecha de la celebración del nuevo contrato de arrendamiento se hubieran finalizado actuaciones de mejora de la accesibilidad, debidamente acreditadas.*

d) *Cuando el contrato de arrendamiento se firme por un periodo de diez o más años, o bien, se establezca un derecho de prórroga al que pueda acogerse voluntariamente el arrendatario, que le permita de manera potestativa prorrogar el contrato en los mismos términos y condiciones durante un periodo de diez o más años.*

Cuando se produzca el fallecimiento del contribuyente o concurran otras circunstancias que necesariamente impidan la ocupación de la vivienda, en los términos previstos en el apartado 1 de este artículo.

Cuando éste disfrute de vivienda habitual por razón de cargo o empleo y la vivienda adquirida no sea objeto de utilización, en cuyo caso el plazo antes indicado comenzará a contarse a partir de la fecha del cese.

Cuando la vivienda hubiera sido habitada de manera efectiva y permanente por el contribuyente en el plazo de doce meses, contados a partir de la fecha de adquisición o terminación de las obras, el plazo de tres años previsto en el apartado anterior se computará desde esta última fecha.

3. A los exclusivos efectos de la aplicación de las exenciones previstas en los artículos 33.4. b) y 38 de la Ley del Impuesto, se entenderá que el contribuyente está transmitiendo su vivienda habitual cuando, con arreglo a lo dispuesto en este artículo, dicha edificación constituya su vivienda habitual en ese momento o hubiera tenido tal consideración hasta cualquier día de los dos años anteriores a la fecha de transmisión."

5.2.3.6. Limitación de precio cuando el arrendador es un gran tenedor

El nuevo apartado 7 del artículo 17 de la LAU regula la limitación de precio cuando el arrendador no es un gran tenedor. Establece lo siguiente:

> *" Sin perjuicio de lo dispuesto en el apartado anterior, en los contratos de arrendamiento de vivienda sujetos a la presente Ley en los que el arrendador sea un gran tenedor de vivienda de acuerdo con la definición establecida en la referida Ley 12/2023 de 24 de mayo por el derecho a la vivienda, y en los que el inmueble se ubique en una zona de mercado residencial tensionado dentro del periodo de vigencia de la declaración de la referida zona en los términos dispuestos en la referida Ley 12/2023 de 24 de mayo por el derecho a la vivienda, la renta pactada al inicio del nuevo contrato no podrá exceder del límite máximo del precio aplicable conforme al sistema de índices de precios de referencia atendiendo a las condiciones y características de la vivienda arrendada y del edificio en que se ubique, pudiendo desarrollarse reglamentariamente las bases metodológicas de dicho sistema y los protocolos de colaboración e intercambio de datos con los sistemas de información estatales y autonómicos de aplicación.*
>
> *Esta misma limitación se aplicará a los contratos de arrendamiento de vivienda en los que el inmueble se ubique en una zona de mercado residencial tensionado dentro del periodo de vigencia de la declaración de la referida zona en los términos dispuestos en la referida Ley Ley 12/2023 de 24 de mayo por el derecho a la vivienda, por el derecho a la vivienda, y sobre el que no hubiese estado vigente ningún contrato de arrendamiento de vivienda vigente en los últimos cinco años, siempre que así se recoja en la resolución del Ministerio de Transportes, Movilidad y Agenda Urbana, al haberse justificado dicha aplicación en la declaración de la zona de mercado residencial tensionado."*

5.2.3.7. Índice de referencia para la actualización anual de los contratos de arrendamiento de vivienda

La Disposición Final Primera, en su número cinco, añade una Disposición Adicional Undécima a la LAU, redactada de la siguiente forma:

"El Instituto Nacional de Estadística definirá, antes del 31 de diciembre de 2024, un índice de referencia para la actualización anual de los contratos de arrendamiento de vivienda que se fijará como límite de referencia a los efectos del artículo 18 de esta ley, con el objeto de evitar incrementos desproporcionados en la renta de los contratos de arrendamiento."

En su número seis, añade una Disposición Transitoria Séptima a la LAU, redactada de la siguiente forma:

"1.-La regulación establecida en el apartado 7 del artículo 17 se aplicará a los contratos que se formalicen desde la entrada en vigor de la Ley 12/2023 de 24 de mayo por el derecho a la vivienda y una vez se encuentre aprobado el referido sistema de índices de precios de referencia, de acuerdo con lo previsto en la disposición adicional primera de la Ley 12/2023 de 24 de mayo por el derecho a la vivienda y lo establecido en la disposición adicional segunda del Real Decreto-ley 7/2019, de 1 de marzo, de medidas urgentes en materia de vivienda y alquiler.[159]

---

[159] Dicha Disposición Adicional Segunda establece lo siguiente: *1. Para garantizar la transparencia y el conocimiento de la evolución del mercado del alquiler de viviendas, así como para aplicar políticas públicas que incrementen la oferta de vivienda asequible y para facilitar la aplicación de medidas de política fiscal, se crea el sistema estatal de índices de referencia del precio del alquiler de vivienda, que se ajustará a las siguientes reglas:*
a) Se elaborará en el plazo de ocho meses por la Administración General del Estado, a través de un procedimiento sujeto a los principios de transparencia y publicidad. La resolución por la que se determine el sistema de índices de referencia se publicará en el «Boletín Oficial del Estado». Contra la resolución por la que se apruebe el sistema de índices de referencia podrá interponerse recurso contencioso-administrativo.

2.-La resolución del Departamento Ministerial competente en materia de Vivienda que apruebe el referido sistema de índices de precios de referencia se realizará por ámbitos territoriales, considerando las bases de datos, sistemas y metodologías desarrolladas por las distintas comunidades autónomas y asegurando en todo caso la coordinación técnica."

El sistema de índices ha sido aprobado por Resolución de 14 de marzo de 2024 de la Secretaría de Estado de Vivienda y Agenda Urbana, la cual está siendo severamente criticada por la diferencia entre el precio real de los arrendamientos y los máximos fijados por el índice que parece situarse, de media, en torno a un tercio -un 36%- en la ciudad de Barcelona-[160]

---

b) Para la determinación del índice estatal se utilizarán los datos procedentes de la información disponible en la Agencia Estatal de la Administración Tributaria, en el Catastro Inmobiliario, en el Registro de la Propiedad, en los registros administrativos de depósitos de fianza y en otras fuentes de información, que sean representativos del mercado del alquiler de vivienda. Anualmente se ofrecerá una relación de valores medios de la renta mensual en euros por metro cuadrado de superficie de la vivienda, agregados por secciones censales, barrios, distritos, municipios, provincias y comunidades autónomas.
2. En sus respectivos ámbitos territoriales, las comunidades autónomas podrán definir de manera específica y adaptada a su territorio, su propio índice de referencia, para el ejercicio de sus competencias y a los efectos de diseñar sus propias políticas y programas públicos de vivienda.

160 Los datos basados en la muestra anunciada en Idealista en febrero de 2024 ofrecen un precio de 11,6 euros/m2, mientras que el índice se queda en los 7,9 euros, un 32 % más bajo, subraya el portal. La mayor diferencia que ven se da en Valencia, donde el índice marca un precio un 47 % más bajo. Le siguen Palma (-43 %), Lugo (-41 %), Alicante, Cuenca y Málaga (-40 % en los tres casos). Entre los grandes mercados, esta diferencia se sitúa en el 36 % en Barcelona, en el 24 % en Madrid y en el 24 % en Sevilla. Sin embargo, aseguran que en un 15 % de la muestra el alquiler podría encarecerse aún más con subidas, en casos concretos, de más de 400 euros en Málaga o de 600 euros en Madrid.
Alquiler Seguro lo tacha de impreciso y arbitrario y sostiene que en provincias como Barcelona y Madrid el índice plantea rangos de precios

La Resolución de 14 de marzo de 2024, de la Secretaría de Estado de Vivienda y Agenda Urbana, por la que se publica la relación de zonas de mercado residencial tensionado que han sido declaradas en virtud del procedimiento establecido en el artículo 18 de la Ley 12/2023, de 24 de mayo, por el derecho a la vivienda, en el primer trimestre de 2024, recoge las zonas de mercado residencial tensionado aprobadas por la Generalitat de Cataluña, que afectan a 140 municipios, así como la consideración de que en Cataluña para ser gran tenedor basta con tener cinco o más viviendas, lo que, sin embargo, no es seguro[161]

---

mínimos de 300-400 euros, valores que hace diez años que no se ven en el mercado.

Los Agentes de la Propiedad Inmobiliaria (API) de Cataluña sitúan esta diferencia en el 20 % de media y si se compara con el índice catalán se movería entre el 10 % y el 15 %. De usarse el índice de referencia medio catalán, creen que el descenso de las rentas ascendería hasta un 25 % por debajo del precio comercial propuesto. Tomado de El Imparcial, 16 de marzo de 2024, *Escándalo en el sector del alquiler:la iniciativa de control del Gobierno sube los precios.*

161 Hay que recordar que el artículo 3 de la Ley 11/2020 de 18 de septiembre, de medidas urgentes en materia de contención de rentas en los contratos de arrendamiento de vivienda y de modificación de la Ley 18/2007, de la Ley 24/2015 y de la Ley 4/2016, relativas a la protección del derecho a la vivienda, del *Parlament* de Cataluña no fue declarada inconstitucional por el Tribunal Constitucional de 10 de marzo de 2022

6. Consecuencias sobre el crédito hipotecario y la accesibilidad a la vivienda en propiedad y en alquiler

6.1. CONSECUENCIAS SOBRE EL CRÉDITO HIPOTECARIO Y LA ACCESIBILIDAD A LA VIVIENDA EN PROPIEDAD.

La regulación expuesta, por si sola, con independencia de los factores exógenos, produce una serie de consecuencias. Así, las entidades financieras tienden a compensar la prolongación del procedimiento de ejecución de la finca hipotecada, en caso de impago, con una subida de los tipos de interés.

Además, como he expuesto en páginas anteriores, entre 2007 y 2014 el clima político y los textos probados por diversas instituciones europeas habían variado sustancialmente, lo que, dada su trascendencia, parece conveniente reiterar

El *Libro Blanco sobre Integración de los mercados de crédito hipotecario de la Unión Europea*, en diciembre de 2007, [162], decía:

"*La Comisión considera que los estados miembros deberían mejorar la eficiencia de los procedimientos de ejecución y los procedimientos de registro. Estos factores incrementan los costes para los prestamistas hipotecarios, elevan la*

---

[162] COMISION EUROPEA *Libro Blanco sobre Integración de los mercados de crédito hipotecario de la Unión Europea. https://www.bing.com/search?q=Libro+Blanco+sobre+Integraci%C3%B3n+de+los+mercados+de+cr%C3%A9dito+hipotecario+de+la+Uni%C3%B3n+Europea&form=APMCS1&PC=APMC.* Consultado el 2 de abril de 2024

incertidumbre para los inversores acerca de la calidad de la seguridad subyacente y elevan los costes de refinanciación, reduciendo la eficiencia de los proveedores existentes y desanimando la entrada de nuevos proveedores"

En esta misma línea se pronunciaba, en 2012, la *Federación Hipotecaria Europea,* si bien como resultado de las presiones políticas y económicas la Comisión había variado su focalización, desde la mejora de los procedimientos de ejecución hipotecaria hacia la adopción de medidas para la prevención de la misma[163]

El borrador de las recomendaciones contenidas en el Libro Blanco, sin embargo, fue pospuesto *sine die.*

Entretanto, el documento sobre *Responsible Credit and Debt* anunciado en el Libro Blanco fue publicado el 15 de junio de 2009.

En este clima político fue aprobada la Directiva 2014/17/UE del Parlamento Europeo y del Consejo, de 4 de febrero de 2014, sobre los contratos de crédito celebrados con los consumidores para bienes inmuebles de uso residencial y por la que se modifican las Directivas 2008/48/CE y 2013/36/UE y el Reglamento (UE) nº 1093/2010.

En octubre de ese mismo año, la *United Nations Economic Comission for Europe (UN-ECE)* aprobó el *Geneva UN Charter on Sustainable Housing.*[164] De acuerdo con el mismo: *"Una contabilidad transparente, eficiente y efectiva, procedimientos regulatorios y unas reglas hipotecarias dirigidas asegurar una disponibilidad apropiada de crédito, protegen a los consumidores, refuerza la seguridad de acceder a una casa, aumenta las posibilidades de elección de casa y reduce los riesgos de perderla".*

---

163 Puede consultarse en http://www.hypo.org/Content/default.asp?PageID=433, visitada el 25 de agosto de 2012

164 UNITED NATIONS ECONOMIC COMISSION FOR EUROPE (UN-ECE), *Geneva UN Charter on Sustainable Housing.* https://unece.org/housing/charter. Consultado el 23 de abril de 2024.

Como vemos, entre 2007 y 2014 el clima político y los textos probados por diversas instituciones europeas habían variado sustancialmente[165].

Este hecho, unido a la exigencia de la solvencia necesaria para asegurar el pago del crédito, por otra parte necesaria para garantizar la solvencia de las entidades de crédito y, con ella, la seguridad de los depósitos, han expulsado del mercado del crédito hipotecario, y, por lo tanto, de la posibilidad de acceder a una vivienda en régimen de propiedad, a la parte de la población con menor nivel de rentas.

Ello ha dado lugar a la siguiente situación, en Madrid y en Barcelona referida a la vivienda libre nueva en 2023[166]:

En Madrid, el precio medio de la compraventa es de 385.030 euros, siendo en Barcelona de 322.482. El principal del préstamo hipotecario alcanzaría el 80% del valor de tasación, con un tipo de interés del 4%. Y un plazo de maduración de 30 años, lo que arrojaría una cuota mensual de 1471 euros en Madrid y 1232 euro en Barcelona. Con un esfuerzo financiero del 35%, ello permitiría comprar a una persona con salario mínimo interprofesional una vivienda libre nueva de 30 m2 en Madrid y 33m2 en Barcelona. Si se tratara de vivienda usada, la situación mejora un poco, pues, con un esfuerzo financiero del 35%, podría adquirir una vivienda de 34m2 en Madrid y 39m2 en Barcelona. En Madrid, para comprar una vivienda de 113 m2, debería hacer un esfuerzo del 134%. En Barcelona, para

---

165 Desarrollo más ampliamente esta tesis en MÉNDEZ GONZÁLEZ F.P., *Origen de la crisis hipotecaria y activismo judicial*, en RAED, Tribuna Plural,. núm.14, 1/2017, págs. (305-335) También en MÉNDEZ GONZÁLEZ F. P, *Crisis hipotecaria y reacción institucional: una perspectiva registral*, págs.. 19-44, en ANDERSON M., ARROYO E. APARICIO A . (Dirs.), en "Cuestiones hipotecarias e instrumentos de previsión. El impacto del Derecho de la Unión Europea", Ed. Marcial Pons, 2021.

166 Datos facilitados por el Presidente de la Asociación Hipotecaria Española, GONZÁLEZ SÁNCHEZ S., con base en los del INE y el BCE, en la conferencia titulada "*Consideraciones sobre el mercado inmobiliario. Su financiación*", pronunciada en el Congreso Internacional «Vivienda: Cuestiones Actuales», en la Universidad de Alicante, el 30 de noviembre de 2023.

una vivienda de 105m2 debería hacer un esfuerzo del 112%. Todo ello, suponiendo que tuviese ahorros suficientes para pagar el 20% de entrada más los impuestos y gastos correspondientes.

6.2. CONSECUENCIAS SOBRE LA ACCESIBILIDAD A LA VIVIENDA EN ALQUILER

6.2.1. Con carácter general: contracción de la oferta, encarecimiento de los precios y mayores dificultades para la profesionalización y crecimiento de un mercado arrendaticio de viviendas.

Con la limitación de precios se establece un sistema no ya de contención sino de cuasi-congelación de precios, cuyas consecuencias no pueden ser otras que ahuyentar la inversión en inmuebles residenciales destinados al alquiler de viviendas, la caída de la oferta subsiguiente y la inevitable subida de precios, lo cual no debería constituir ninguna sorpresa. Adicionalmente, este mercado, a diferencia del mercado hipotecario, es predominantemente artesanal. Por ello, las medidas expuestas en materia de alquiler de viviendas desde 2019 han provocado el efecto añadido de dificultar la profesionalización de ese mercado.

Nada de ello debería sorprendernos. Conviene recordar que ya los teólogos de la Escuela de Salamanca se plantearon la cuestión del precio justo y si éste debía ser determinado por el Estado, tratándose de artículos de primera necesidad, como el pan o la carne. Si bien la respuesta era afirmativa, sin embargo, al llevarla a la práctica, sostenían que el precio legal no debería diferir del precio natural o de mercado.

Juan de Mariana fue, incluso, más allá:

> "*Solo un tonto es capaz de separar esos valores de manera que el precio legal fuera distinto del precio natural. (…). Los hombres se guían en este tema por una valoración común basada en consideraciones sobre*

la calidad del producto y su abundancia o escasez. Sería inútil que un príncipe tratara de alterar esos principios del comercio. Es mejor que permanezcan intactos en lugar de atacarlos por la fuerza en detrimento del bien público"[167].

En el tema del alquiler, esta conclusión aparece ratificada por las evidencias empíricas. En 1972 el *Institute of Economic Affairs* recogió en el nº 7 de *Readings* cinco artículos escritos por las mejores plumas de distintas tendencias–Hayek, Friedman, Stigler, Bertrand de Jouvenel, Paish y Rydennfelt- entre 1946 y 1971 sobre los efectos de la intervención del precio de los alquileres en cinco países – Austria, Estados Unidos, Francia, Reino Unido y Suecia-. Algunos de esos artículos son seminales. Las conclusiones no dejan lugar a dudas: se desincentiva la inversión residencial con toda su cohorte de consecuencias perjudiciales para toda la economía y para todos los ciudadanos.

Muchos aún recordamos, por ejemplo, cómo dejó el centro de las ciudades la política franquista de intervención de los precios de los arrendamientos.

En esta misma línea se han manifestado también economistas críticos con la economía de mercado como Gunnar Myrdal[168] o Assar Linbeck[169].

---

167 Citado por WOODS TH.E., *La Iglesia y la economía. Una defensa católica de la economía libre,* El Buey Mudo, Madrid, 2010, pág.91.

168 Manifestaba este autor:" El control de alquileres ha constituido en ciertos países occidentales, quizás, el peor ejemplo de mala planificación por parte de gobiernos carentes de coraje y visión», citado por RYDENFELL, S.,*The Rise, Fall and Revival of Swedish Rent Control,*, en BLOCK W. y OLSEN E. eds., Rent Control: Myths and Realities, Vancouver, The Fraser Institute, 1981, pág.224.

169 Manifestaba este autor que el control de los alquileres es la forma más efectiva de destruir una ciudad con la excepción de los bombardeos. LINDBECK, A., *The Political Economy of the New Left : An Outsider's View,* Harper & Row Publishers, 1971, pág. 39.

Las evidencias empíricas parecen confirmar estas opiniones, como acreditan los casos de San Francisco, Berlín, Saint Paul (Minnesota), o Barcelona.

En San Francisco se ha reducido la oferta de viviendas en alquiler un 15%, y aumentado los precios de los alquileres a largo plazo[170].

El control de precios en Berlín solo redujo transitoriamente los precios iniciales en el segmento más alto, pero encareció los precios de los nuevos contratos[171] .

En St. Paul, Minnesota, se limitó el aumento de rentas a un máximo del 3% nominal anual, sin excepciones para nuevos contratos en noviembre de 2021. Como consecuencia, no solo se deterioró el valor de las viviendas entre el 6% y el 7%, para las viviendas en propiedad, y el 12% para las alquiladas, sino que fueron los inquilinos con mayores ingresos los que salieron ganando, mientras que, por el contrario, la pérdida fue cercana a cero para los propietarios de altos ingresos. [172]

La OCDE, en su Estudio Económico de España en 2023[173] advierte que "*Los controles de precios pueden reducir la disponibilidad de vivienda en alquiler a largo plazo*", para luego poner ejemplos de la

---

170 DIAMOND, R., McQUADE, T. y QIAN F. *The Effects of Rent Control Expansion on Tenants, Landlords, and Inequality: Evidence from San Francisco,* American Economic Review, 109 (9), 2019,pp. 3365-94.

171 THOMSKE L. (2016): *Distributional Price Effects of Rent Controls in Berlin: When Expectation Meets Reality,* CAWM Discussion Paper, 89, Westfälische Wilhelms-Universität Münster citado por Arruñada en op. cit. pág.3.

172 AHERN, K. R., y GIACOLETTI M. (2022): «Robbing Peter to Pay Paul? The Redistribution of Wealth Caused by Rent Control DIAMOND, R., McQUADE, T. y QIAN F. *The Effects of Rent Control Expansion on Tenants, Landlords, and Inequality: Evidence from San Francisco,* American Economic Review, 109 (9), 2019,», 18 de marzo. Citados por Arruñada B, op. cit., pág. 3.

173 https://issuu.com/oecd.publishing/docs/ppt-spain_en_web-osg-sparev#:~:text=ESTUDIO%20ECONÓMICO%20DE%20LA%20OCDE%20DE%20ESPAÑA%20Promoviendo,interno%20bruto%20Volumen%2C%20base%202019T4%20%3D%20100%20105. Consultado el 29 de marzo de 2024.

evidencia internacional: "*En San Francisco, la regulación de rentas ha reducido la oferta un 15%, mientras que en Berlín parece haber tenido efectos negativos más pequeños a corto plazo*".

Además, añade, "*existe evidencia de que los controles de renta pueden incrementar el precio de mercado del resto del parque residencial, reduciendo la accesibilidad para no titulares, muchos de los cuales serán personas jóvenes*". En esa línea, remarcan que la regulación ha llevado a un incremento general de los precios del 5,1% en San Francisco, y del 4% en Berlín.

Por lo que se refiere a los efectos del control de alquileres en España, RÀFOLS ESTEVE[174], en un minucioso estudio sobre el efecto del control de los alquileres en España entre 1920 y 1976, llega, entre otras, a las siguientes conclusiones:

a.-Ha reducido el nivel de ofertas en alquiler.

b.-Ha originado precios más altos en los nuevos contratos.

c.-Ha fomentado la inmovilidad de la población.

d.-Ha originado un deterioro del parque de viviendas en alquiler

Como señala el CERCLE D´ECONOMÍA, con referencia a la limitación de precios del alquiler de la Ley por el derecho a la vivienda [175] : "*La limitación de los precios del alquiler difícilmente conseguirá los objetivos que persigue y puede resultar, en cambio, en una reducción de la oferta, así como en una serie de efectos colaterales -desde la creación de un mercado negro, hasta la reconversión de alquileres regulares en modalidades no reguladas en la LAU (alquileres de habitaciones, alquileres de temporada, etc) que irán en perjuicio de los arrendatarios, efectivos y potenciales*". A ello añade acertadamente:" *Finalmente, el hecho de que la regulación de alquileres se*

---

174 RÀFOLS ESTEVE J. *El control de alquileres como medida de política de vivienda en España, Información Comercial Española,* núm. 548, abril, 1979,pág. 19.

175 CERCLE D´ECONOMIA, *De la desconfianza a la colaboración. Por un partenariado entre el sector público y el privado que resuelva de verdad el problema del acceso a la vivienda en Cataluña y en España,*pág.3 y 24 https://admin.cercledeconomia.com/content/uploads/2024/06/nota-de-opinion-cde_vivienda_junio24.pdf. Consultado el 11 de julio de 2024.

presente como una medida «provisional», pero sin un plazo fijo de duración, introduce un elemento de incertidumbre y discrecionalidad muy grande que erosiona la seguridad jurídica y debilita todavía más, en último término, el incentivo de los propietarios a invertir en el mantenimiento y construcción de nuevas viviendas."

6.2.2. *Efectos de la Ley 11/2020 del Parlament de Cataluña de medidas urgentes en materia de contención de rentas en los contratos de arrendamiento de vivienda y de modificación de la Ley 18/2007, de la Ley 24/2015 y de la Ley 4/2016, relativas a la protección del derecho a la vivienda, en Barcelona*

Por lo que se refiere a los efectos del control de precios establecido en Cataluña en virtud de la Ley 11/2020, luego declarada inconstitucional pero sólo por razones competenciales[176], también apuntan en dirección contraria a la deseada por el legislador, sobre todo en cuanto a modificar y reducir la oferta de viviendas en alquiler. También ha provocado un incremento general de precios, sobre todo de las viviendas mas accesibles -13%-[177].

---

176 Fue declarada inconstitucional por la STC 37/2022, de 10 de marzo, en lo referente, entre otros aspectos, al régimen de fijación de precios de los arrendamientos, por contravenir la reserva constitucional a favor del Estado de la regulación de las bases de las obligaciones contractuales del artículo 149.1.8. CE.

177 MONRÀS J. y GARCÍA MONTALVO J. (2022): *The Effect of Second Generation Rent Controls: New Evidence from Catalonia,* Pompeu Fabra University, Department of Economics and Business Working Papers Series 1836, abril.
En sentido contrario, PONCE SOLE J. remitiéndose a AA.VV, *Conclusions del cicle de trobades sobre el dret a l'habitatge celebrat durant 2022 i organitzat per la Càtedra Barcelona d'estudis d'habitatge i l'Instituto Pascual Madoz de la Universidad Carlos III de madrid,* Càtedra Barcelona d´Estudis d´Habitatge i Instituto Pascual Madoz de la Universidad Carlos III de Madrid, Barcelona, 2022, disponible a:
www.cbeh.cat/wp-content/uploads/2022/12/CONCLUSIONS-DEL-CICLE-SOBRE-EL-DRET-A-L´HABITATGE-CBEH-UC3M-_-Catala.pdf

Como concluye NASARRE AZNAR S., "*un sistema fuerte de control de los alquileres es ineficaz y contraproducente para los fines que se persiguen,(...)". Un ejemplo reciente lo ha representado, hasta su declaración de inconstitucionalidad, los efectos de la Ley catalana 11/2020 sobre control de rentas. Atendiendo a los resultados disponibles para dos ciudades comparables, Barcelona y Madrid, la primera con control de renta y la segunda no, en el período septiembre 2020 a septiembre 2021 (en el que estuvo en vigor el control de renta), hubo una disminución de la oferta de viviendas en alquiler en Barcelona del 42% cuando en Madrid fue del 22%; y la disminución de la renta media de los alquileres en Barcelona fue del 8,2% pero de un 9,3% en Madrid.*"[178]

En una línea parecida y tras año y medio de vigencia de la ley GARCIA MONTALVO, MONRÀS y RAYA[179] afirman : "*La Ley que limitó los alquileres en Cataluña solo redujo el precio del alquiler en las viviendas más caras, y de hecho produjo una subida a las más baratas: benefició principalmente a los hogares con mayor poder adquisitivo y pudo haber perjudicado a los de menor capacidad.*

Además, redujo mucho la cantidad de contratos firmados, especialmente entre los pisos más caros. A la luz de evidencia recogida en otras ciudades, esta menor oferta podría incrementar los precios a la larga. Además, podría trasladar viviendas de alquiler a venta (que solo se

---

Para ello se basa en el Informe del Observatori Metropolità de l´Habitatge de Barcelona *Impacto de la Ley 11/2020 en el mercado del alquiler en la demarción de Barcelona,* emitido en julio de 2022. Puede consultarse en https://www.ohb.cat/wp-content/uploads/2022/07/O22015_LAB_Control-lloguer_avenc_v_ampliada_Informe-v.CAST_.pdf. Consultado el 29 de marzo de 2024.

PONCE SOLE J. *Zones de mercat residencial tensionat en la nova Llei Estatal 12/2023, de 24 de maig, pel dret a l´habitatge* , artículo pendiente de publicación.

178 NASARRE AZNAR S. *El proyecto de Ley de vivienda de 2022,* en FEDEA, 2022, Informes y Papeles de Grupo de Trabajo Mixto, Covid-19, pág.17.

179 GARCIA MONTALVO J., MONRÀS J y RAYA J M, *Los efectos de la limitación de precios de los alquileres en Cataluña*, Esade Ec Pol Insight, 4,Febrero 2023, pág.1

pueden permitir hogares ricos) o a zonas limítrofes (donde sí sube el precio), reducir la construcción futura, y bajar la calidad del parque de alquiler.

Esta evidencia parece indicar que el problema del alto precio de los alquileres en grandes ciudades es, seguramente, más un problema de falta de oferta dado el incremento de demanda, que de poder de mercado."

Por lo que se refiere al efecto de la fijación de precios en Cataluña tras la entrada en vigor de la Ley por el derecho a la vivienda -única Comunidad Autónoma en la que se ha recurrido ha tal medida-, se ha detectado, en el primer mes de vigencia, una caída de la oferta de vivienda en alquiler y un aumento de los precios del mismo[180].

Pese a todo ello, el control de precios sobre los alquileres se ha intentado intensificar en Cataluña con la aprobación del Decreto Ley 6/2024 de 24 de abril de medidas urgentes en materia de vivienda, el cual extiende el control de precios a gran parte de

---

180 El *Idealista* de quince de abril de 2024 da las siguientes cifras: "La reducción de oferta de vivienda en alquiler permanente en Cataluña ha tomado un nuevo impulso con la entrada en vigor del control de precios previsto en la Ley de Vivienda el pasado 16 de marzo: el stock cae un 13%, según un estudio realizado por idealista.
La caída ha sido generalizada también entre las capitales catalanas, con ajustes de doble dígito en un solo mes en la mayoría de ellas: en Girona el número de alquileres disponibles se ha reducido un 21%, mientras que en Tarragona la reducción de oferta ha sido del 16%, quedándose en el 14% en la ciudad de Barcelona. En Lleida, en cambio, la caída de stock se ha quedado en el 9%.
Entre las provincias catalanas la tónica es similar, con importantes caídas de oferta en todas ellas. Barcelona es la que más ha acusado el control de precios, ya que las familias que buscan una vivienda en alquiler en la provincia encuentran un -14% menos oferta que antes de su entrada en vigor. Le siguen los descensos de Tarragona (-10%), Girona (-7%) y Girona (-5%)." file:///Users/fpmendez/Documents/Vivienda%20El%20stock%20de%20alquileres%20permanentes%20en%20Cataluña%20cae%20un%2013%25%20tras%20la%20entrada%20en%20vigor%20del%20control%20de%20pr.webarchive. Consultado el 18 de abril de 2024

los alquileres de temporada y a los alquileres de habitaciones[181]. La consecuencia inevitable hubiera sido una intensificación de la contracción de la oferta de viviendas en alquiler en Cataluña, con todos sus efectos derivados. Afortunadamente, el *Parlament*, por acuerdo de la Diputación Permanente del mismo, con fecha 23 de mayo de 2024, no lo convalidó.

---

181 Dispone el artículo 5 del Decreto Ley 6/2024:
" *Se añade un nuevo artículo, el 66 bis, a la Ley 18/2007, de 28 de diciembre, del derecho a la vivienda, con el siguiente contenido:*
Artículo 66 bis. Arrendamientos para uso de vivienda
1. Se aplican las normas de los arrendamientos de vivienda relativas a la fianza y determinación de la renta, su actualización, elevación por mejoras y asunción de gastos generales y servicios individuales, a los arrendamientos suscritos con carácter temporal por razones profesionales, laborales, de estudios, de atención o asistencia médica, de situaciones provisionales a la espera de entrega de vivienda o de regreso a la residencia habitual, o por otros usos análogos que no sean distintos a los de vivienda. También se aplican a los contratos de arrendamiento de vivienda en los que sólo se prevea la duración, pero no la finalidad de carácter temporal.
2. En los casos del apartado 1, la finalidad de carácter temporal debe hacerse constar en el contrato y debe acreditarse debidamente. La documentación acreditativa de esta causa o finalidad debe depositarse junto con la fianza en el registro correspondiente. Se presume que el arrendamiento es para vivienda permanente si en el registro correspondiente no consta acreditada la finalidad de carácter temporal.
3. Se aplican las normas relativas al arrendamiento para usos distinto al de vivienda a la que tiene exclusivamente una finalidad de ocio, vacaciones o recreativa. Esta causa o finalidad debe hacerse constar en el contrato y debe acreditarse debidamente. La documentación acreditativa debe depositarse junto con la fianza en el registro correspondiente.
4. El arrendamiento de vivienda por habitaciones u otro tipo de fragmentación física o contractual no desnaturaliza el carácter de arrendamiento de vivienda ni permite evitar la aplicación de las reglas que le son propias. En este tipo de contratos, la suma de las rentas pactadas en varios contratos de arrendamiento de vigencia simultánea de una vivienda ubicada en una zona de mercado residencial tensado no podrá rebasar la renta máxima aplicable al arrendamiento unitario de la vivienda."

6.2.3. La dificultad de revertir el control de precios de los alquileres

Si el control de precios de los alquileres produce efectos claramente negativos sobre la accesibilidad a la vivienda en régimen de alquiler, entonces cabe plantearse la cuestión de por qué son tan populares las políticas de control de precios.

Creo que una parte de la respuesta se puede encontrar en el hecho de que, en relación a los inquilinos vigentes, tales políticas, unidas a la prórroga forzosa, implican una transferencia de rentas de los propietarios a esos inquilinos. Ante una situación de escasez derivada de una falta de oferta, en vez de articular políticas públicas que aumenten la oferta, las cuales son complejas y de efecto no inmediato, resulta atractivo recurrir a congelar los precios, lo cual transmite el mensaje de limitar ingresos a los ricos -se supone que lo son quienes han ahorrado e invertido en adquirir una o más viviendas para alquilarlas y, en todo caso, las empresas dedicadas al alquiler de viviendas- para favorecer a los pobres, entendiendo por tales los inquilinos en todo caso y, especialmente, los más vulnerables.

Otra parte de la razón se debe a la existencia de un sesgo cognitivo persistente favorable a la política de control de alquileres por medio de un tope máximo[182], probablemente porque es una idea simple que lleva a la autoconvicción de que contiene el precio de los alquileres. En realidad, es un autoengaño porque la realidad es contraintuitiva: lo que contiene los precios no es la política de control de precios sino las políticas dirigidas a aumentar la oferta.

Un ejemplo de ello lo encontramos en la Ley por el derecho a la vivienda, la cual, en su Preámbulo afirma que la ley pretende favorecer " *la existencia de una oferta a precios asequibles y adaptada a las realidades de los ámbitos urbanos y rurales*". Esta afirmación pare-

---

182 BUSOM I., LÓPEZ-MAYANA C., & PANADÉS J. *Student´s persistent preconceptions and learning economic principles.* The Journal of Economic Educatio*n*, 2017, 48(2), 74-92.

ce indicar que el legislador es consciente de que la inaccesibilidad de la vivienda se debe a la escasez de la oferta; sin embargo, las medidas que instrumenta la ley contraerán aún más la oferta de viviendas. De hecho, así lo advierte la OCDE en su Informe de 2023 sobre la economía española[183]

Por estas razones, resulta tentador para los políticos arbitrar este tipo de medidas tan fáciles como perjudiciales a medio y largo plazo.

Una vez adoptada esta política es difícilmente reversible porque, como señala ARRUÑADA[184], la propia reducción del mercado de alquiler, al disminuir la oferta, genera mayor escasez y ello eleva los precios, lo que hace aún más valiosa para los inquilinos la posibilidad de prorrogar los contratos en unas condiciones artificialmente favorables. Es lógico, por ello, que estos se conviertan en grupos de presión cada vez más poderosos, y ello en cualquier tipo de régimen político.

No obstante, la reversión de tal política es posible, como muestra la experiencia europea. Como afirma RÀFOLS ESTEVE[185], en aras de una racionalización del mercado de alquileres y de favorecer la movilidad de las familias solventes hacia el mercado de nuevas viviendas, los estados europeos abordaron con energía, a partir del 1960, el levantamiento del control de alquileres. Se autorizaron aumentos graduales de los mismos. No obstante, para minimizar sus efectos en las familias con bajos niveles de ingresos, se instrumentaron programas de subsidios de alquiler, a fin de permitir a

---

183 OCDE, *Estudio económico sobre España 2023.* https://issuu.com/oecd.publishing/docs/ppt-spain_en_web-osg-sparev#:~:text=ESTUDIO%20ECONÓMICO%20DE%20LA%20OCDE%20DE%20ESPAÑA%20Promoviendo,interno%20bruto%20Volumen%2C%20base%202019T4%20%3D%20100%20105. Consultado el 29 de marzo de 2024.

184 ARRUÑADA B., *Comentarios a las nuevas regulaciones del alquiler,* Revista del Instituto de Estudios Económicos núm.3, 2022, pág.141.

185 RÀFOLS ESTEVE J.El *control de alquileres como medida de política de vivienda en España, Información Comercial Española,* núm. 548, abril, 1979, pág.20.

las familias pobres el acceso a viviendas en buenas condiciones o permanecer en las que ocupaban al aumentarse los alquileres.

6.2.4. La accesibilidad de la vivienda en alquiler en Madrid y Barcelona

Todo lo expuesto ha llevado a la siguiente situación en cuanto a la accesibilidad de la vivienda en alquiler en España, tomando como referencia la situación en Madrid y Barcelona, por ser los dos principales núcleos de población.

En 2023 en Madrid, para alquilar una vivienda de 385 000 euros, con un rendimiento bruto del alquiler del 8%, habría que pagar una renta mensual de 2.567 euros. Una persona con salario mínimo interprofesional, dedicando un esfuerzo financiero del 35%, solo podría alquilar una vivienda de 17 m2. En Barcelona, para alquilar una vivienda de 322.484 euros, con la misma rentabilidad bruta del alquiler, habría que pagar una renta mensual de 2.150 euros. Una persona de ingresos medios, con un esfuerzo financiero del 35% solo podría alquilar una vivienda de 19 m2. En Madrid, para alquilar una vivienda de 101 m2 debería hacer un esfuerzo financiero del 183%. En Barcelona, para alquilar una vivienda de 93m2 debería hacer un esfuerzo financiero del 143% [186]

El alquiler, sin embargo, va en aumento porque muchos ciudadanos son expulsados del mercado del crédito hipotecario y, en consecuencia, de la adquisición de una vivienda en propiedad.

---

[186] Datos facilitados por el Presidente de la Asociación Hipotecaria Española, SANTOS GONZÁLEZ , con base en los del INE y el BCE, en su conferencia *Consideraciones sobre el mercado inmobiliario. Su financiación,* pronunciada en el Congreso Internacional, "Vivienda: Cuestiones Actuales". Universidad de Alicante.30 noviembre de 2023

6.3. RESULTADO DE AMBOS TIPOS DE CONSECUENCIAS: LA TORMENTA PERFECTA O LA PROGRESIVA INASEQUIBILIDAD DE LA VIVIENDA TANTO EN RÉGIMEN DE PROPIEDAD COMO DE ALQUILER

Estos dos factores endógenos han producido, por sí solos, una tormenta perfecta.

Ante el encarecimiento del mercado del crédito hipotecario, la parte de la población expulsada del mismo se ha visto forzada a buscar vivienda en alquiler, con lo cual ha aumentado la demanda de esta modalidad de tenencia, lo que, por sí solo, ya hubiera producido un aumento del precio de los alquileres. Pero, además, como consecuencia de las decisiones legislativas adoptadas, la oferta en el mercado de la vivienda en alquiler se ha ido contrayendo y, en consecuencia, éste se ha ido encareciendo aún más, lo cual expulsa del mismo a una parte importante de la población, ya expulsada del mercado de la vivienda en propiedad, especialmente en las zonas con mayor densidad de población, obligándoles a dispersarse y/o a vivir en viviendas de reducido tamaño o compartidas -*cohousing* o *coliving*-, [187]modalidades que, en la postguerra civil española, se denominaban "alquiler de habitación con derecho a cocina".[188]

---

187 Una de las modalidades de la vivienda compartida es el subarriendo. OROZCO MARTÍNEZ C.,BAYONA-I-CARRASCO J,GIL ALONSO F., *Vivienda e inmigración: el subarriendo y la vivienda compartida a través de los hogares sin núcleo,* Ciudad y Territorio, Vol.LVI, núm. 221,Otoño 2024, pág 818 , ponen de manifiesto que en 2017 el 74,5 % y en 2020 el 72,5 % del subarriendo se concentra en hogares sin núcleo, especialmente de inmigrantes, en quienes se observa también edades más adultas y una lleve feminización

188 Como expondré más adelante, según datos elaborados por, SANTOS GONZALEZ SÁNCHEZ Presidente de la Asociación Hipotecaria Española, partiendo de los datos del MITMA y del BdE, en 2023, un persona, con el SMI, sin sobrepasar el 35% de esfuerzo financiero, con una financiación del 80% del valor de tasación, por un plazo de 30 años, en Madrid solo podría comprarse una vivienda de 30 m2, de 33 m2 en

A estos factores endógenos, hay que añadir otros factores exógenos que, como advertí al inicio de este estudio, quedan fuera de este análisis y que, en todo caso, contribuyen a agravar la situación, tales como: el hecho de que los salarios reales lleven congelados alrededor de treinta años, la política de expansión monetaria que ha caracterizado a la última década y media para hacer frente a las sucesivas crisis, tales como el Covid-19 o la guerra de Ucrania y la inflación subsiguiente, que ha llegado a alcanzar niveles desconocidos desde la fundación del euro, lo cual está afectando significativamente al poder adquisitivo de los ciudadanos, en mayor medida a los de menor nivel de renta.

La situación a la que se ha llegado explica que una parte de los ciudadanos, especialmente los más jóvenes y los inmigrantes, perciban las dificultades de acceso a una vivienda digna como uno de los principales problemas con los que se encuentran, un problema especialmente grave por tratarse de un bien de primera necesidad, que afecta a las posibilidades de desarrollar una vida buena, como toda persona desea y cuya consecución es la justificación última del Estado o, si se prefiere, de toda organización política y económica.

Ello plantea la cuestión de qué hacer para superar esta situación. A ello dedicaré la última parte de mi intervención.

Barcelona, de 52 m2 en Alicante o de 70 m2 en Burgos. Por lo que respecta al alquiler serían 19, 23, 30 y 40 m2 respectivamente. Ello sugiere que el mercado del futuro, con toda probabilidad ofrecerá viviendas más reducidas. Datos aportados SANTOS GONZÁLEZ en su conferencia *Consideraciones sobre el mercado inmobiliario. Su financiación,* pronunciada en el Congreso Internacional "Vivienda: Cuestiones Actuales". Universidad de Alicante.30 noviembre de 2023

6.4. REFERENCIA A LA DENOMINADA OKUPACIÓN U OCUPACIÓN ILEGAL DE VIVIENDAS

Estas dificultades de acceso a la vivienda tanto en propiedad como en arrendamiento, así como el acusado déficit de viviendas sociales, subyacen a la expansión de la *okupación*, esto es, de la ocupación ilegal de viviendas y, en general, de inmuebles como medio de solventar los problemas habitacionales que ni las administraciones públicas ni el mercado "formal" solventan. Se trata de un fenómeno que ha adquirido unas proporciones considerables en España.

Aunque no existen estadísticas oficiales sobre la ocupación ilegal de viviendas y, en general, de inmuebles en España, sí existen datos que permiten conocer la magnitud aproximada del problema. Así, según el Ministerio del Interior[189], se ha pasado de 2.702 denuncias por ocupación ilegal de inmuebles -incluyendo allanamientos de morada- en 2010 a 16.765 en 2022 -año en el que se produje un leve retroceso respecto de 2021, en el que las denuncias fueron 17.274-, siendo Cataluña la líder en ocupaciones ilegales, con mas del 40% del total., habiendo aumentado las denuncias un 62.67% en cinco años. En 2017, el INSTITUT CERDÀ[190] calculaba que unas 87.500 familias ocupaban entre 85.000 y 90.000 viviendas, que equivalía al alojamiento de 262.500 personas.

Además de las razones expuestas anteriormente, existe otra razón que debe ser resaltada. Como afirma CUENA CASAS[191],

---

189 Ministerio del Interior. Secretaria de Estado de Seguridad. Sistema Estadístico de Criminalidad.

190 INSTITUT CERDÀ, *"La ocupación ilegal: realidad social, urbana y económica. Un problema que necesita solución"*, 2017.

191 CUENA CASAS M., *La ocupación ilegal de inmuebles: un necesario enfoque global, Cuadernos de Derecho Transnacional (Octubre 2023), Vol. 15, N° 2,*. 304. En el mismo sentido se pronuncia SIMON MORENO H., *La ocupación de viviendas sin título habilitante y los derechos fundamentales y humanos en conflicto,* RCDI núm. 786, pág. 2165, el cual destaca la débil pro-

es la propia legislación la que incentiva las ocupaciones ilegales de viviendas e inmuebles, especialmente de los pertenecientes a los denominados *grandes tenedores*, una expresión ideológica surgida en Cataluña para referirse a las empresas, con forma individual o societaria, dedicadas al arrendamiento de viviendas.

Los incentivos consisten básicamente en la constante acumulación de dificultades procesales impuestas al propietario que se ha visto privado de la posesión[192] para el desalojo del ocupante ilegal, lo que se traduce en una larga duración de los procedimientos y en que durante todo ese tiempo el propietario privado de su posesión tiene que asumir todos los gastos de luz, agua, teléfono, comunidad etc. Por esta vía, la *okupación* se ha convertido en una modalidad mas de tenencia temporal cuando los ocupantes se encuentran en situación de vulnerabilidad.

En los países de nuestro entorno, sin embargo, se ha seguido la línea opuesta.[193]

Así, en Francia se ha aprobado la *Loi n° 2023-668 du 27 juillet 2023 visant à protéger les logements contre l'occupation illicite.* Entre otras medidas, introduce un nuevo delito de "ocupación fraudu-

---

tección del derecho de propiedad privada como uno de los incentivos para que haya ocupaciones ilegales.

192 NOGUERAS CAPILLAS, "La usurpación de inmuebles. Problemática del tratamiento penal como delito leve", en Izquierdo Blanco, P., y Pico i Junoy (Dirs.), *El juicio verbal de desahucio y el desalojo de viviendas okupadas,* Ed, Bosch, 2018, p. 328, MAGRO SERVET, V"¿Delito de ocupación (art. 245.2 CP) o allanamiento de morada (art. 202 CP)? ¿Medidas civiles o medidas cautelares penales de expulsión?" Diario La Ley, n° 9680, 23 de julio de 2020.

193 CUENA CASAS M., *La ocupación ilegal de inmuebles: un necesario enfoque global, Cuadernos de Derecho Transnacional (Octubre 2023), Vol. 15, N° 2*,págs.333-334.VALLEJO ROS C.",La ocupación de vivienda. Aspectos civiles y procesales", en VÁZQUEZ ALBERT (Dir.), ARNÁIZ RAMOS R. y PONCE SOLÉ J, *La Ley por el derecho a la vivienda. Balance de un año de aplicación.* Ed. Tirant Lo Blanch, 2024, pág.132.

lenta de locales utilizados como vivienda o con fines comerciales, agrícolas o profesionales", que se castigará con dos años de cárcel y una multa de 30.000 euros. Este delito también se aplicará a los inquilinos que no hayan pagado el alquiler y permanezcan en el inmueble tras una orden firme de desalojo, excepto en el caso de que se trate de una vivienda pública. Se crea un nuevo delito castigado con 3.750 euros de multa por propaganda o publicidad que incite a la *okupación*, y con tres años de cárcel y 45.000 euros de multa por hacerse pasar por el propietario de una vivienda *okupada*, regula un procedimiento específico administrativo sin necesidad de autorización judicial. La policía puede desalojar a un ocupante ilegal durante las primeras 48 horas, desde el momento en que tiene conocimiento del hecho.

En Alemania, cabe la misma actuación policial en el plazo de 24 horas, previa denuncia del propietario. La pena es de un año de prisión y multa. En Holanda, solamente se exige una denuncia policial para recuperar la posesión, exhibiendo el título de propiedad y que los ocupantes no disponen de ninguno. Reino Unido también dispone de un sistema policial urgente para recuperar el inmueble tras la denuncia del titular. Así, en Inglaterra y Gales desde el 1 de septiembre de 2012 es delito la ocupación de edificios residenciales. El delito lleva aparejada una pena de 6 meses de prisión y una multa de 5.000 libras. En Escocia conforme a la *Draft Bill 17th March 1864 prevention of trespasses*, denunciada la ocupación los agentes de la policía pueden proceder a la detención del ocupante y expulsarlos del inmueble ocupado. En Italia, el juzgado puede ordenar inmediatamente a la policía el desalojo del inmueble ocupado, una vez acreditada la titularidad del bien y la inexistencia de título en el ocupante.

La tendencia es endurecer las penas por ocupación y facilitar el desalojo policial.

El hecho de que en España se esté siguiendo una tendencia opuesta a la de los países de nuestro entorno, ha dado lugar a que España sea considerada por los propios *okupas* como el paraíso[194] de la *okupación*, lo que ha generado un fuerte crecimiento de la misma y, por lo tanto, la aparición y crecimiento de un mercado de *okupación* ilegal de viviendas, cuyos principales empresarios son las mafias dedicadas a identificar la existencia de viviendas no ocupadas cotidianamente por sus dueños, a averiguar si éstos son grandes tenedores, debido a las mayores dificultades para el desalojo de las viviendas de su pertenencia y, a continuación, a realizar ofertas de *ockupación* ilegal cobrando por ello un precio. Según GUTIÉRREZ SANZ[195], los datos recogen que en el 70% de las ocupaciones ilegales intervienen grupos organizados, dando lugar, en algunos casos, a las llamadas "inmobiliarias ocupas", regidas por sujetos que, aprovechando la situación, han creado negocios de venta y alquiler de bienes ajenos, altamente lucrativos

Como consecuencia, ha surgido también el mercado de la *desokupación*, cuyos protagonistas son empresas dedicadas a conseguir el desalojo de los ocupantes ilegales por métodos extrajudiciales y que son contratadas por los propietarios ante la evidencia de que el Estado se demuestra incapaz de cumplir con su obligación de protegerlos frente a quienes violan su derecho de propiedad sobre un inmueble. Como describe CUENA CASAS[196], el servicio que ofrecen estas empresas es formalmente la mediación entre el propietario y el ocupante, destacando la "presión" que ejercen sobre el *okupa* mediante

---

194 CORBISHLEY, N., "How Spain Became a Squatter's Paradise" https://wolfstreet.com/2020/09/12/how-spain-became-a-squatters-paradise/, consultado el 25-septiembre-2024

195 GUTIÉRREZ SANZ Mª R., "Entre la experiencia y la esperanza: ineficacia e ineficiencia de la tutela procesal penal frente a la ocupación ilícita", en MATE SATUÉ L.C., HERNÁNDEZ SAINZ E., ALONSO PÉREZ M.T., *El derecho a la vivienda en tiempos de incertidumbre, Aranzadi, 2024,* pág.254.

196 CUENA CASAS M., *La ocupación ilegal de inmuebles: un necesario enfoque global, Cuadernos de Derecho Transnacional (Octubre 2023), Vol. 15, Nº* 2,pág.303

el control de accesos, impidiendo la entrada a cualquier individuo que abandone el domicilio[197], con la idea de que el ocupante ilegal no estará muy interesado en llamar a la policía para denunciar estas presiones.

PÉREZ DAUDI[198] sintetiza del siguiente modo las opciones del poseedor legítimo frente a los supuestos de privación inconsentida de su posesión:

En el orden civil dispone de las siguientes opciones:

1.-Una acción de desahucio en precario (artículo 250.12 LEC)

2.-Una acción de defensa de los derechos registrales inscritos (artículo 250.1.6 LEC)

3.-Una acción que pretenda la tutela sumaria de la tenencia o la posesión de una cosa o derecho por quien haya sido despojado de ellas o perturbado en su disfrute (artículo 250.1.4 LEC) en el que se pretende la recuperación de la posesión de una finca rústica o urbana.

---

197 Véase el artículo 32.b de la Ley5/2014, de Seguridad Privada. Conforme al mismos, los vigilantes de seguridad privada están autorizados a "*efectuar controles de identidad, de objetos personales, paquetería, mercancías o vehículos, incluido el interior de éstos, en el acceso o en el interior de inmuebles o propiedades donde presten servicio, sin que, en ningún caso, puedan retener la documentación personal, pero sí impedir el acceso a dichos inmuebles o propiedades. La negativa a exhibir la identificación o a permitir el control de los objetos personales, de paquetería, mercancía o del vehículo facultará para impedir a los particulares el acceso o para ordenarles el abandono del inmueble o propiedad objeto de su protección*". Las empresas de d*esokupación* suelen utilizar este artículo como argumento de la legalidad de sus servicios, pero, en función de cómo actúen, pueden sobrepasar la línea que separa una actuación lícita de un delito de amenazas o coacciones.

198 PEREZ DAUDI V., "Las opciones procesales frente a la okupación y la protección de los colectivos vulnerables", en MATE SATUÉ L.C., HERNÁNDEZ SAINZ E., ALONSO PÉREZ M.T., *El derecho a la vivienda en tiempos de incertidumbre, Aranzadi, 2024,*págs..456-459.

4.-Una acción de recuperación de la posesión por su titular legítimo frente al ocupante sin título con la posibilidad de solicitar una medida cautelar de recuperación inmediata de la posesión (artículo 250.1.4.2 LEC)

5.-El procedimiento ordinario.

En el orden penal, distingue en función de que la vivienda ocupada sea el domicilio habitual del poseedor legítimo.

1.-Si es el domicilio habitual, nos hallaríamos ante un delito de allanamiento de morada, regulado en el artículo 202 CP. Este delito tiene dos variantes: a.- La que se realiza sin que medie violencia o intimidación, regulada en el artículo 202.1 CP, que constituye el delito menos grave de allanamiento de morada, y b.-La ocupación en la que media violencia o intimidación, regulada en el artículo 202.2 CP y que constituye la modalidad agravada del mismo delito.

2.- Si el titular del bien inmuebles es una persona jurídica y constituye su domicilio, despacho profesional, oficina o establecimiento abierto al público, es un delito tipificado en el artículo 203 CP.

3.-En el caso de que el inmueble estuviera vacío nos hallamos ante un delito leve de usurpación violenta y de ocupación de inmuebles vacíos, previsto en el artículo 245 CP.

A estas vías hay que añadir la vía administrativa. A nivel estatal, la Ley Orgánica 4/2015, de 30 de marzo, de protección de la seguridad ciudadana, en el parágrafo primero del artículo 37.1.7 considera como falta leve: "*La ocupación de cualquier inmueble, vivienda o edificio ajenos, o la permanencia en ellos, en ambos casos contra la voluntad de su propietario, arrendatario o titular de otro derecho sobre el mismo, cuando no sean constitutivas de infracción penal.*"

Se sanciona con multa de 100 a 600 euros (artículo 39.1 LSC)

La aplicación de una u otra rama del derecho dependerá de la intensidad en la conducta, de la duración constatada de la ocupación y de la vocación de permanencia con carácter habitacional (SAP de Madrid de 19 de junio de 2018)[199]

Obviamente, se trata de una medida escasamente desincentivadora de la ocupación ilegal e, incluso, puede dificultar la aplicación de la norma penal.

A nivel autonómico, destaca la Ley 1/2023, de 15 de febrero, del *Parlament* de Cataluña, de modificación de la Ley 18/2007, de vivienda y del Libro Quinto del Código Civil de Cataluña, con relación a la adopción de medidas urgentes para afrontar la inactividad de los propietarios en caso de ocupación ilegal de viviendas con alteración de la convivencia vecinal, la cual, en opinión de PÉREZ DAUDI[200], introduce la sustitución procesal del legítimo poseedor de la vivienda ocupada por el Ayuntamiento, lo que plantea dudas sobre su constitucionalidad, por razones competenciales.

He afirmado anteriormente que es la legislación la que incentiva las *okupaciones*. GUTIÉRREZ SANZ[201] llega a afirmar que la imagen

---

199 SIMON MORENO H., *La ocupación de viviendas sin título habilitante y los derechos fundamentales y humanos en conflicto,* RCDI núm. 786, pág. 2165, pág.2171.

200 PEREZ DAUDI V., "Las opciones procesales frente a la okupación y la protección de los colectivos vulnerables", en MATE SATUÉ L.C., HERNÁNDEZ SAINZ E., ALONSO PÉREZ M.T., *El derecho a la vivienda en tiempos de incertidumbre, Aranzadi, 2024,*págs.. 468.472. En opinión de este autor no es una regulación inconstitucional pues ya existen preceptos autonómicos que regulan la sustitución procesal y no se han recurrido ante el TC, al ser considerados como derecho material.

201 GUTIÉRREZ SANZ Mª R., "Entre la experiencia y la esperanza: ineficacia e ineficiencia de la tutela procesal penal frente a la ocupación ilícita", en MATE SATUÉ L.C., HERNÁNDEZ SAINZ E., ALONSO PÉREZ M.T., *El derecho a la vivienda en tiempos de incertidumbre, Aranzadi, 2024,* pág.254. Como afirma esta autora, ha surgido una especie de fenómeno del "sálvese quien pueda". Se adquieren alarmas, cámaras de video vigilancia, cerraduras sofisticadas, se contratan empresas de vigilancia o de desocupación o ya, en el colmo de la consternación, se paga a los ocupantes para que se marchen de la vivienda y se apela a que la providencia sea benevolente con noso-

colectiva es la de un Estado que anima y protege a quien *okupa* y le dota de herramientas para mantenerse en la *okupación* y enfrentarse, pacífica o incluso violentamente, a quien trata de impedírselo.

Para una inteligencia cabal de esta realidad, es preciso hacer una breve exposición de la evolución procesal que regula la recuperación de la posesión por parte del propietario privado ilegalmente de su posesión, evolución que se caracteriza por haber ido dificultando progresivamente el desalojo, alargar la duración temporal de la *okupación* y someter al mismo tratamiento al *okupa* y al *inquiokupa*, esto es, al inquilino que deja de pagar, pero se niega a desalojar el inmueble arrendado. Por el momento, esta evolución ha culminado en la regulación establecida por la Ley 12/2023, de 24 de mayo por el derecho a la vivienda en cuyo Preámbulo puede leerse que una de sus finalidades es impedir "*los desalojos forzosos arbitrarios y que se centren en las necesidades de las personas sin hogar erradicando el fenómeno del sinhogarismo (…)*".[202]

Coincido con CUENA CASAS cuando afirma que, conocedor el legislador de las causas que ralentizan el desalojo del ocupante ilegal, no solo no las ha removido, sino que ha agravado la situación del propietario, poniendo más obstáculos procesales al mismo del siguiente modo[203]:

1.-La Ley 5/2018 de reforma de la LEC introdujo la siguiente regla en el artículo 150 LEC: "*Cuando la notificación de la resolución*

---

tros y lleve a los "okupas" a la casa del vecino en vez de la nuestra. Bueno, tal vez no a la casa del vecino, porque la ocupación es un acontecimiento que afecta no solo a quien lo padece sino a toda la comunidad circundante -pág.255-.

202 La única propuesta real para erradicar el sinhogarismo, es la presentada por diversos grupos en 2022 en el Parlament de Cataluña; *Proposició de llei de mesures transitòries i urgents per a fer front i erradicar el sensellarismo.*

203 La evolución procesal ha sido desarrollada por CUENA CASAS M. en "¿La okupación de inmuebles como instrumento para garantizar el derecho a la vivienda?", en MATE SATUÉ L.C., HERNÁNDEZ SAINZ E., ALONSO PÉREZ M.T., *El derecho a la vivienda en tiempos de incertidumbre, Aranzadi, 2024* págs.. 237-245. La síntesis que expongo se basa principalmente en esta autora.

contenga fijación de fecha para el lanzamiento de quienes ocupan una vivienda, se dará traslado a los servicios públicos competentes en materia de política social por si procediera su actuación, siempre que se hubiera otorgado el consentimiento por los interesados".

La regla se reitera en el artículo 441 bis LEC para el caso de la orden de desalojo derivada de la acción de recobrar la posesión. En efecto, es el Estado el que debe hacerse cargo de los colectivos vulnerables y no el propietario, por lo que se trata de reglas claramente justificadas.

2.- El Real Decreto-ley 7/2019, de 1 de marzo de medidas urgentes en materia de vivienda y alquiler introdujo el artículo 441.5 LEC. No basta con la comunicación a los servicios sociales, sino que se da un paso más. Por un lado, sigue manteniendo la diferencia de trato entre el ocupante ilegal y el inquilino que no puede pagar la renta. Por otro lado, se suspende el desalojo, durante un mes o tres en función de que el denunciante sea persona física o jurídica, en realidad, en función de que sea o no un arrendador más o menos profesional, perjudicando más a los arrendadores mas profesionales, ya que, por diferentes razones, suelen adoptar forma societaria para explotar los inmuebles en arrendamiento, dificultando con ello el desarrollo de un mercado impersonal de arrendamiento de vivienda.[204]

3.-El Real Decreto-ley 11/2020, de 31 de marzo por el que se adoptan medidas urgentes complementarias en el ámbito social y económico para hacer frente al COVID-19.

El artículo 1 regula la suspensión del procedimiento de desahucio y de los lanzamientos para arrendatarios vulnerables de vivienda

---

204 Con ello no se hace sino profundizar en la línea seguida por la Ley 1/2013, de 14 de mayo de medidas para reforzar la protección a los deudores hipotecarios, reestructuración de deuda y alquiler social que reguló la suspensión de lanzamientos como consecuencia de procedimientos hipotecarios con respecto a la vivienda habitual siempre que el deudor fuera de especial vulnerabilidad. Esta suspensión ha sido objeto de prórrogas sucesivas.

habitual sin alternativa habitacional siempre que, además, el arrendador sea titular de más de diez viviendas. La decisión la debe adoptar el juez a la vista del informe de los servicios sociales. Esta medida vuelve a discriminar a los arrendadores más profesionales, en rigor, a las empresas destinadas al arrendamiento de viviendas, incrementando la dificultad para el desarrollo de un mercado arrendaticio de viviendas impersonal y contribuyendo, por lo tanto, a la disminución de la oferta.

El Real Decreto-ley 37/2020 de 22 de diciembre de medidas urgentes para hacer frente a las situaciones de vulnerabilidad social y económica en el ámbito de la vivienda introduce un artículo 1 bis en el Real Decreto-ley 11/2020, consistente en que el juez por primera vez valora la vulnerabilidad y económica y la medida se desvincula del Covid-19.

4.-El Real Decreto-ley 1/2021, de 19 de enero de protección de los consumidores y usuarios frente a situaciones de vulnerabilidad social y económica.

Esta norma extiende la suspensión a aquellas personas que están sujetas a un proceso penal en el que se sustancia el lanzamiento de la vivienda habitual de aquellas personas que la están habitando sin ningún título habilitante para ello.

Para que proceda la suspensión en estos casos, se introducen requisitos más rigurosos:

a.-El propietario o poseedor legítimo debe ser persona jurídica o persona física titular de más de diez viviendas, previéndose una compensación a cargo de la Administración autonómica. Ello implica una nueva discriminación en perjuicio de los arrendadores más profesionales.

b.-El ocupante debe ser una persona dependiente de conformidad con lo dispuesto en el artículo 2 de la Ley 39/2006, de 14 de diciembre, de Promoción de la Autonomía Personal y Atención a las personas en situación de dependencia, víctima de violencia sobre la mujer o tener a su cargo, conviviendo en la misma vivienda, alguna persona dependiente o menor de edad, excluyéndose la suspensión del lanzamiento en algunos supuestos.

c.-El ocupante debe probar que se encuentra en situación de "extrema necesidad" y para ello se valorará el informe emitido por servicios sociales, así como la cooperación del ocupante con las autoridades para buscar una alternativa de vivienda.

5.-La Ley 12/2023, de 24 de mayo por el derecho a la vivienda introduce las novedades que expongo a continuación[205].

a.-Trata por igual a todos los poseedores ilegítimos -confer.: artículos 250.1 , 250.2 o 250.4º y 7º LEC-

b.-Los límites que impone la Ley a la acción de desalojo afectan a todos los propietarios, pero discrimina en perjuicio de los grandes tenedores, y, por lo tanto, en perjuicio de los arrendadores más profesionales, con todas las consecuencias. El

---

[205] En los casos de subasta y de ejecución hipotecaria del inmueble ocupado ilegalmente, se introducen limitaciones semejantes en base a la vulnerabilidad -confer.: artículo 685.2 LEC-.La regulación estatal debe complementarse con la autonómica. En Cataluña, la Ley 1/2022, de modificación de la ley 18/2007, la ley 24/2015 y la ley 4/2016 para afrontar la emergencia en el ámbito de la vivienda, que regula el ofrecimiento de un alquiler social obligatorio antes del inicio del proceso judicial cuando concurran determinadas circunstancias. Como señala PÉREZ DAUDI, las principales novedades de esta ley son que extiende la obligación de ofrecer un alquiler social antes de iniciar un proceso judicial que implique el lanzamiento de la vivienda habitual, entre los que incluye los procesos en los que los demandados no tengan título jurídico que habilite la ocupación de la vivienda si concurren determinadas circunstancias, entre las que se incluye que la ocupación sin título se inició antes del 1 de junio de 2021. El demandante debe acreditar la oferta en la demanda presentada y en caso de no hacerla se interrumpe el proceso judicial para que se realice. El Gobierno interpuso recurso de inconstitucionalidad contra el artículo 12 de esta ley, apartado 1 c que se añade a la Ley 24/2015., únicamente en cuanto a la disposición adicional primera, admitido a trámite por el Tribunal Constitucional el 24 de enero de 2023. Véase PEREZ DAUDI V., "Las opciones procesales frente a la okupación y la protección de los colectivos vulnerables", en MATE SATUÉ L.C., HERNÁNDEZ SAINZ E., ALONSO PÉREZ M.T., *El derecho a la vivienda en tiempos de incertidumbre, Aranzadi, 2024*, pág.454.

demandante soporta la carga de la prueba de que no es un gran tenedor, para lo que debe aportar certificación del Registro de la Propiedad en la que consten los bienes de los que es titular.

c.-El propietario debe especificar -no probar- si el inmueble ocupado es o no la vivienda habitual del ocupante. Si es un gran tenedor, deberá especificar, además, si el ocupante se encuentra o no en situación de vulnerabilidad económica. Para ello, la Disposición Adicional Séptima le da varias opciones que, en todo caso, exigen que el propietario dedique tiempo y recursos a la obtención de la documentación pertinente, tiempo durante el cual deberá hacerse cargo de los gastos del inmueble mientras el ocupante ilegal sigue disfrutando sin coste alguno de una vivienda ajena.

De todo este proceso pueden derivarse dos resultados:

a.-Que el ocupante ilegal no sea vulnerable o que el inmueble ocupado no sea su vivienda habitual. Transcurrido el plazo, se podrá efectuar el lanzamiento, el cual lleva como mínimo 18 meses en la actualidad.

b.-Que el ocupante ilegal sea vulnerable -confer.: artículo 441.7 LEC-, que la casa ocupada sea su vivienda habitual y que el propietario sea un gran tenedor.

En este caso, no se admitirá la demanda de desalojo hasta que el propietario acredite que se ha sometido al procedimiento de conciliación o intermediación que a tal efecto establezcan las administraciones públicas competentes, con base en las circunstancias de ambas partes y de las posibles ayudas y subvenciones existentes en materia de vivienda conforme a lo dispuesto en la legislación y normativa autonómica.

Con esta regulación, se garantiza el alojamiento gratis a los ocupantes ilegales durante, al menos, tres años y, además, sin que el propietario reciba compensación alguna.

A todo ello hay que añadir que la Ley 12/2023 modifica y amplía el incidente de suspensión del desahucio arrendaticio por vulnerabilidad económica del arrendatario previsto en el artículo 441.5 LEC, incrementándose el plazo máximo de suspensión hasta los dos meses en el caso de que el arrendador sea persona física y hasta los cuatro meses si es persona jurídica, extendiendo la aplicación de este incidente al resto de procedimientos de recuperación posesoria no arrendaticios -artículos 250 1.2º,4º y 7º LEC-.

Todo ello, genera una situación en la que, como afirma GUTIÉRREZ SANZ[206], los afectados navegan entre la desesperación y la búsqueda de explicaciones a un fenómeno que ni entienden ni parece justificable, en el que los infractores permanecen en los inmuebles admitiendo carecer de título que les habilite para ocupar los mismos y esgrimiendo como todo aval una especie de derecho general a una vivienda, tenga ésta dueño legítimo o no.

Se plantea así la cuestión de si es preferible recurrir a la vía penal para recuperar la posesión de un inmueble ocupado ilícitamente. Según esta autora[207] no, por las siguientes razones:

1.-La esperanza de una recuperación rápida se ve frustrada, en muchas ocasiones, por la interpretación retocada y dispar de los tribunales sobre los elementos constitutivos del tipo penal, lo que dificulta acceder a la protección penal.

2.-Una vez iniciada la vía penal no es posible simultanearla con la civil, sino que hay que esperar a que esta finalice para que los tribunales puedan ofrecer la tutela civil.

---

206 GUTIÉRREZ SANZ Mª R., "Entre la experiencia y la esperanza: ineficacia e ineficiencia de la tutela procesal penal frente a la ocupación ilícita", en MATE SATUÉ L.C., HERNÁNDEZ SAINZ E., ALONSO PÉREZ M.T., *El derecho a la vivienda en tiempos de incertidumbre, Aranzadi, 2024,* pág.254

207 GUTIÉRREZ SANZ Mª R., "Entre la experiencia y la esperanza: ineficacia e ineficiencia de la tutela procesal penal frente a la ocupación ilícita", en MATE SATUÉ L.C., HERNÁNDEZ SAINZ E., ALONSO PÉREZ M.T., *El derecho a la vivienda en tiempos de incertidumbre, Aranzadi, 2024,*págs..256,257.

3.-Mientras que en la vía civil la carga de la prueba de la tenencia de título legítimo que justifique la ocupación corresponde al ocupante -confer.: artículo 217 LEC-, en la vía penal el derecho fundamental a la presunción de inocencia desplaza esta carga a la acusación.

4.-En un alto porcentaje de casos, el denunciante, si quiere obtener una tutela medianamente eficaz, no puede permanecer ajeno al proceso, sino que deberá personarse e instar diligencias, reiterar su oposición a la ocupación, intentar acreditar que el inmueble no está abandonado, reclamar la adopción de medidas de desalojo, solicitar la evaluación de los daños materiales producidos por la ocupación, etc.

5.-El plazo de resolución efectiva, entendiendo por ésta la ejecución de la sentencia, es similar e incluso mayor que el de un proceso civil.

6.-El espejismo de conseguir la recuperación inmediata del inmueble se desvanece ante la dificultad, cuando no la imposibilidad, de que el juez acuerde una medida cautelar de desalojo, especialmente para el supuesto de delito de usurpación del artículo 245.2 del Código Penal.[208]

---

[208] Señala PÉREZ DAUDI que, aunque legalmente es posible solicitar esta medida, sin embargo, para su adopción deben concurrir los presupuestos del artículo 721 ss. LEC. La medida cautelar se adoptaría muy probablemente si nos hallásemos ante un delito de allanamiento de morada. Si los hechos denunciados son calificados como un delito de usurpación deberá acreditarse no sólo el *fumus boni iuris,* sino también el *periculum in mora* concurrente, que se concreta en el perjuicio que sufre el poseedor legítimo por la *okupación.* En ocasiones se comete el error de identificarlo con la duración del proceso judicial y el retraso en la entrega de la posesión a su legítimo tenedor. Con esta alegación no es suficiente, sino que deben concretarse los motivos por los que se ocasiona el perjuicio irreparable para el legítimo tenedor, que puede ser tanto la imposibilidad de lograr un beneficio económico como el peligro que pueden ocasionar las actividades que realizan los *okupantes* del bien inmueble que ponen en

Si tanto la vía civil como la penal dilatan excesivamente la recuperación de la posesión por el poseedor legítimo, queda por analizar la vía policial.

A este respecto, se plantea, como afirma TORRAS COLL,[209] la siguiente pregunta: ¿Alguien consideraría en su sano juicio razonable que a quien sustrae un vehículo a motor y le detiene la policía, le dejaran el vehículo de motor en su posesión, hasta sentencia firme, o exigiendo que el juez debiera dictar una medida cautelar a fin de que le devolvieran el vehículo al propietario, o que el autor pudiese alegar que no tiene vehículo y que lo necesita para trabajar por ser vulnerable?. Como sostiene el autor, no es lo mismo una vivienda que un vehículo de motor, pero en otros delitos resulta impensable que se den estas circunstancias de que el juez o la policía dejen en la posesión del autor el bien objeto de delito, que es precisamente lo que sucede en el fenómeno de la ocupación ilegal de inmuebles.

Como subraya PÉREZ DAUDI[210], para llegar a una solución semejante en el caso de usurpación de un bien inmueble es esencial el concepto de flagrancia, cuyos requisitos han sido delimitados por la jurisprudencia. Según la Sentencia del Tribunal Supremo de 12 de septiembre de 2018, para que haya flagrancia deben concurrir los siguientes requisitos: la inmediatez de la acción, la inmediatez personal

---

riesgo la convivencia vecinal o a los inmuebles de alrededor. PEREZ DAUDI V., "Las opciones procesales frente a la okupación y la protección de los colectivos vulnerables", en MATE SATUÉ L.C., HERNÁNDEZ SAINZ E., ALONSO PÉREZ M.T., *El derecho a la vivienda en tiempos de incertidumbre, Aranzadi, 2024,*pág.458.

209 TORRAS COLL J.M., "La problemática de la okupación ilegal de inmuebles. Aspectos penales", en VÁZQUEZ ALBERT (Dir.), ARNÁIZ RAMOS R. y PONCE SOLÉ J, *La Ley por el derecho a la vivienda. Balance de un año de aplicación.* Ed. Tirant Lo Blanch, 2024, pág.139

210 PEREZ DAUDI V., "Las opciones procesales frente a la okupación y la protección de los colectivos vulnerables", en MATE SATUÉ L.C., HERNÁNDEZ SAINZ E., ALONSO PÉREZ M.T., *El derecho a la vivienda en tiempos de incertidumbre, Aranzadi, 2024,* pág 466.

y la necesidad urgente de la intervención policial para evitar la progresión delictiva o la propagación del mal que la infracción acarrea.

El problema, como señala este autor, es la inseguridad jurídica que crean a los cuerpos de seguridad del Estado las distintas interpretaciones legales, las cuales provocan que no actúen, por lo que es necesario dar unos criterios y pautas claros de interpretación y actuación para que los cuerpos de seguridad del Estado se sientan respaldados en su actuación y no tengan la inseguridad jurídica que se percibe en la actualidad, ya que ello puede provocar que no tomen la decisión de desalojar.

Conscientes de ello, los ocupantes ilegales suelen ser especialmente diligentes en la creación de indicios que generen la apariencia de que el inmueble ocupado constituye su domicilio habitual, con la finalidad de infundir dudas en los cuerpos de seguridad del Estado y evitar el desalojo.

Hay que tener en cuenta que juega a su favor el hecho de que nuestro ordenamiento jurídico no indica cuándo se consolida una vivienda como habitual[211]. Esta es una razón adicional por la que es esencial la rápida actuación por parte del poseedor legítimo para poder instar el desalojo por los citados cuerpos.

Por todo ello, en la práctica, señala PÉREZ DAUDI[212], sólo en los casos en los que la ocupación se está realizando en ese momento, la policía procede a la detención y evita la consumación del delito flagrante, pero remite a la vía judicial cuando ésta ya se ha producido, existen indicios de que es la vivienda habitual de los ocupantes o existen personas vulnerables. Por esta razón, afirma el autor, la primera

211 PEREZ DAUDI V., "Las opciones procesales frente a la okupación y la protección de los colectivos vulnerables", en MATE SATUÉ L.C., HERNÁNDEZ SAINZ E., ALONSO PÉREZ M.T., *El derecho a la vivienda en tiempos de incertidumbre, Aranzadi, 2024*, págs..455-456.

212 PEREZ DAUDI V., "Las opciones procesales frente a la okupación y la protección de los colectivos vulnerables", en MATE SATUÉ L.C., HERNÁNDEZ SAINZ E., ALONSO PÉREZ M.T., *El derecho a la vivienda en tiempos de incertidumbre, Aranzadi, 2024*, pág. 456.

medida que habría que adoptar sería indicar de una forma objetiva cuándo una vivienda se convierte en habitual del ocupante sin título. Pese a que existe la creencia general de que el plazo es de 48 horas no hay ninguna norma que lo prevea.

Como sostiene CUENA CASAS[213], está plenamente justificada la obligación de poner en conocimiento de la Administración Pública competente que una persona va a ser desalojada con objeto de que pueda proveer un alojamiento. Pero una cosa es esto y otra muy distinta obligar al propietario a mantener al ocupante ilegal en el uso de su vivienda, cuando se trata de un ocupante vulnerable, como sucederá casi siempre. Esto último supone trasladar a los propietarios privados una obligación de los poderes públicos, cuando no es a los primeros sino a los segundos a quienes compete generar las condiciones para que los ciudadanos puedan acceder a una vivienda digna.

Todo lo expuesto explica por qué se puede afirmar que esta regulación, expuesta someramente y solo en sus rasgos más relevantes desde la perspectiva de este estudio, incentiva la ocupación ilegal en España hasta convertirla, según ellos mismos proclaman en las redes sociales, en el paraíso de los *okupas*.

La consecuencia directa es que restringe la inversión en vivienda para destinarla al alquiler, no solo por parte de los pequeños ahorradores, sino, especialmente, por parte de las empresas, a quienes se dificulta aún más el desalojo de inquilinos incumplidores que cumplan los requisitos para ser considerados vulnerables, con lo cual disminuye la oferta y el acceso a la vivienda se dificulta, especialmente para los ciudadanos más vulnerables, pues, dada la protección de la que gozan, los propietarios procuran evitarlos como inquilinos.

Si el artículo 47 CE obliga a los poderes públicos a promover las “condiciones necesarias” y a establecer las “normas pertinentes” para

---

213 CUENA CASAS M. en “¿La okupación de inmuebles como instrumento para garantizar el derecho a la vivienda?”, en MATE SATUÉ L.C., HERNÁNDEZ SAINZ E., ALONSO PÉREZ M.T., *El derecho a la vivienda en tiempos de incertidumbre, Aranzadi, 2024,* págs. 246-247.

hacer efectivo "el derecho a una vivienda digna y adecuada" que el propio precepto reconoce a los ciudadanos españoles, la regulación procesal de la *okupación* y de la *inquiokupación* no es un cuerpo de normas que contribuya a crear tales condiciones, sino que contribuye exactamente a lo contrario: contribuye a la caída de la oferta y, por lo tanto, a empeorar, en lugar de a mejorar, las mismas.

Esta es la situación a la que conduce confundir el derecho a una vivienda digna y adecuada con la adopción de medidas que, invocando la función social de la propiedad como cláusula general, limiten y debiliten sustantiva y procesalmente los derechos de los propietarios. La adopción de tales medidas no contribuye a hacer efectivo el derecho a una vivienda digna y adecuada del artículo 47CE, sino que, por el contrario, tiene como efecto que la vivienda sea cada vez más inasequible en cualquier forma de tenencia. Puede concluirse, por ello, que tales normas vulneran el artículo 47 CE.

7. *Medidas para una vivienda accesible*

La situación a la que se ha llegado en materia de vivienda es consecuencia de un *continuum* de decisiones a lo largo de varias décadas. No se ha llegado a esta situación de una forma abrupta o repentina, sino gradual, conforme las decisiones adoptadas sucesivamente han ido produciendo sus consecuencias respectivas, las cuales eran previsibles y, por lo tanto, no pueden resultar sorprendentes.

Del mismo modo, no es realista pretender soluciones que produzcan un efecto inmediato. Las medidas que se adopten, por más acertadas que sean, requieren tiempo para que produzcan sus efectos, algunos de los cuales pueden producirse más a corto plazo que otros. Es preciso evitar caer en la Falacia del Nirvana[214] y, en su lugar, buscar soluciones *coasianas*, esto es, incrementales, que vayan mejorando la situación progresivamente, de manera robusta y mantenida a lo largo del tiempo.

La vivienda es un bien esencial, cuyo adecuado acceso o cuya falta de acceso o acceso a un coste desproporcionado condicionan de un modo determinante la existencia humana, incluido el acceso a ciertos derechos considerados fundamentales en un Estado de Derecho. De ahí que una adecuada política de vivienda deba hacerse desde una perspectiva holística, tanto en sentido sincrónico como en sentido diacrónico.

Como anuncié al principio de estas páginas, he centrado mi análisis en las medidas legislativas de tipo sustantivo y procesal

---

214 DEMSETZ H., *Information and Efficiency: Another Viewpoint*, Journal of Law and Economics 12 (april 1969)

que han recaído sobre los préstamos hipotecarios, imprescindibles en un alto porcentaje para adquirir una vivienda en propiedad, y sobre el alquiler de vivienda, por ser las dos modalidades de tenencia más habituales en nuestro país, sin olvidar las medidas legislativas de tipo urbanístico y fiscal.

Llegados a este punto, procede exponer algunas ideas dirigidas a conseguir una vivienda más accesible.

7.1. PROPUESTAS EN RELACIÓN A LA OCUPACIÓN ILEGAL DE VIVIENDAS.

Como afirma SIMON MORENO[215], la "okupación" de viviendas sin título habilitante es el resultado del fracaso de las políticas públicas: no se provee de un acceso asequible y estable a una vivienda ni existe vivienda social suficiente para hacer frente a situaciones de necesidad, como exige el derecho a la vivienda, ni se ponen los medios materiales y humanos para una recuperación rápida de su posesión cuando se ocupa sin título habilitante, como exige el derecho de propiedad. También debe recordarse la paradoja de la ocupación de viviendas sin título habilitante: el Derecho civil posibilita que la posesión continuada de una vivienda pueda otorgar a su ocupante un título de propiedad, y ello aunque la posea sin título y de mala fe (artículo 447 del Código civil), si bien el Derecho penal puede considerar dicha posesión como un delito.

215 SIMON MORENO H., *La ocupación de viviendas sin título habilitante y los derechos fundamentales y humanos en conflicto*, RCDI núm. 786, pág.2166.

7.1.1. Debe suprimirse la necesidad de intervención del Jurado en el delito de allanamiento de morada.

El artículo 1.2 d) de la Ley Orgánica 5/1995, de 22 de mayo, del Tribunal del Jurado somete a competencia del mismo el conocimiento y fallo de las causas por los delitos previstos en los artículos 202 y 204 del Código Penal.

Como afirma GUTIÉRREZ SANZ[216], supone el cauce menos adecuado de cuantos hubiera podido diseñar el legislador para la protección frente al allanamiento de morada. El tema se agrava, además, porque el artículo 1.2 de la Ley 5/1995 dispone que el Jurado es competente también para conocer y enjuiciar delitos conexos, aunque no se encuentren incluidos entre los enumerados por el mismo.

El delito de allanamiento de morada suele ser un delito instrumental para cometer otros delitos, como robos, delitos sexuales y otros, que requieren una respuesta rápida que el Tribunal del Jurado no puede proporcionar. Por ello, la Fiscalía General del Estado, en su Informe acerca de la experiencia aplicativa del Jurado y algunas propuestas de reforma de 26 de julio de 1997, ya propuso que el delito de allanamiento de morada se sustrajera de la competencia del Tribunal del Jurado. En el mismo sentido se pronunciaron los presidentes de Audiencias Provinciales en las XXI Jornadas celebradas en junio de 2023:" *El delito de allanamiento de morada debe quedar excluido de la competencia del Tribunal del jurado, evitando así los problemas que actualmente en supuestos de conexidad*".

Coincido con GUTIÉRREZ SANZ[217] cuando afirma que la lógica indica que esta conducta delictiva debería ser tramitada por

---

[216] GUTIÉRREZ SANZ Mª R., "Entre la experiencia y la esperanza: ineficacia e ineficiencia de la tutela procesal penal frente a la ocupación ilícita", en MATE SATUÉ L.C., HERNÁNDEZ SAINZ E., ALONSO PÉREZ M.T., *El derecho a la vivienda en tiempos de incertidumbre, Aranzadi, 2024*, págs.258-259.

[217] GUTIÉRREZ SANZ Mª R., "Entre la experiencia y la esperanza: ineficacia e ineficiencia de la tutela procesal penal frente a la ocupación ilícita", en

un procedimiento abreviado y, es más, podría tramitarse, incluso, como juicio rápido. De hecho, existiendo conformidad con la petición Fiscal, el Juez de Guardia podría dictar sentencia en el acto y, en caso de no conformidad, el Juzgado de lo Penal podría realizar un señalamiento en el plazo de una semana.

7.1.2. Propuestas de reforma procesal, civil y penal, administrativas y fiscales en relación con la ocupación ilegal

Suscribo las propuestas formuladas por CUENA CASAS al respecto[218], que expongo a continuación, si bien con las observaciones que hago constar. Tales propuestas y observaciones son las que siguen.

1.-Para evitar que el ocupante ilegal burle la medida cautelar de desalojo falsificando contratos de arrendamiento, sería razonable modificar la libertad de forma del contrato de arrendamiento contemplada en el artículo 37 de la Ley de Arrendamientos Urbanos. No debe valer un simple documento privado, o incluso un acuerdo verbal si las partes no se compelen a la forma escrita. El contrato de arrendamiento debe convertirse en un contrato formal. Bastaría una "formalidad administrativa": Contrato celebrado por escrito sellado y depositado en la Comunidad autónoma en la que esté situado el inmueble (Consejería de vivienda correspondiente). Podría así crearse un registro administrativo de contratos de arrendamiento de fincas urbanas en la Agencia de vivienda social que es la que actualmente está gestionando las fianzas arrendaticias en la Comunidad de Madrid o en el organismo equivalente de otras Comunidades Autónomas (vgr.: la Agencia de Vivienda y Rehabilitación de Andalucía).

MATE SATUÉ L.C., HERNÁNDEZ SAINZ E., ALONSO PÉREZ M.T., *El derecho a la vivienda en tiempos de incertidumbre, Aranzadi, 2024,* pág.259

218 CUENA CASAS M., *La ocupación ilegal de inmuebles: un necesario enfoque global, Cuadernos de Derecho Transnacional (Octubre 2023), Vol. 15, Nº 2,* págs. 335-336.

A mi juicio, esta propuesta debe ser matizada en el sentido de que no es necesario modificar la libertad de forma consagrada en el artículo 37 LAU sino solamente exigir un contrato debidamente autenticado, firmado por el titular registral, un causahabiente o apoderado voluntario o legal del mismo y el ocupante ilegal, para poder paralizar el desalojo directo por la Policía, no pudiendo evitarlo si carece de tal documentación y quien insta el desalojo es el titular registral.

2. Debe prohibirse el empadronamiento del ocupante ilegal.

La regulación del empadronamiento resulta un tanto paradójica. Según el artículo 55 del Reglamento de Población y Demarcación Territorial de las Entidades Locales: "*Son vecinos del municipio las personas que, residiendo habitualmente en el mismo, en los términos establecidos en el artículo 54.1 de este Reglamento, se encuentran inscritos en el padrón municipal*".

Ante la solicitud de empadronamiento, el Ayuntamiento deberá comprobar la veracidad de la habitualidad de su residencia en el Municipio y del título que legitime la ocupación de la vivienda, según prevé, al respecto, el art. 59.2: "*El Ayuntamiento podrá comprobar la veracidad de los datos consignados por los vecinos, exigiendo al efecto la presentación del documento nacional de identidad o tarjeta de residencia, el libro de familia, el titulo que legitime la ocupación de la vivienda u otros documentos análogos*". Por lo tanto, debe denegarse el empadronamiento a un ocupante ilegal.

Sin embargo, la posibilidad de que el Ayuntamiento solicite del vecino "*el título que legitime la ocupación de la vivienda*" (artículo 59.2 2 del Reglamento de Población y Demarcación Territorial de las Entidades Locales58) no le atribuye "*ninguna competencia para juzgar cuestiones de propiedad, de arrendamientos urbanos o, en general, de naturaleza jurídico-privada, sino que tiene por única finalidad servir de elemento de prueba para acreditar que, efectivamente, el vecino habita en el domicilio que ha indicado*" (SAP de Barcelona de 20 de abril de 2018).

En esa misma línea la Resolución de 17 de febrero de 2020, de la Presidencia del Instituto Nacional de Estadística y de la Dirección General de Cooperación Autonómica y Local dictamina al respecto que el padrón es el registro administrativo que pretende reflejar el domicilio donde residen las personas que viven en España. Su objetivo es, por tanto, dejar constancia de un hecho, por lo que, en principio, no debe resultar distorsionado ni por los derechos que puedan o no corresponder al vecino para residir en ese domicilio, ni por los derechos que podrían derivarse de la expedición de una certificación acreditativa de aquel hecho.

Con ello, se está convirtiendo a los Ayuntamientos en cómplices involuntarios de la ocupación ilegal en la medida en que se les veta exigir a los ocupantes y valorar la legalidad del titulo que pretendan que acredita la legalidad de su posesión.

Esta situación debe superarse y regular que los ayuntamientos deban exigir el titulo que legitime la ocupación, valorar su legalidad y rechazar el empadronamiento en el caso de que consideren que el titulo exhibido no se ajusta a la legalidad.

En todo caso, la propuesta, a mi juicio, debe ser complementada en relación a las personas sin hogar. A este respecto, parece razonable lo dispuesto en la *Proposició de llei de mesures transitòries i urgents per a fer front i erradicar el sensellarisme* presentada en 2022 en el *Parlamen*t de Cataluña, concretamente en su artículo 10, conforme al cual, los servicios de empadronamiento tienen la obligación de inscribir en el padrón municipal a las personas en situación de sinhogarismo, que residan efectivamente dentro de su término municipal, a cuyo efecto se ha de facilitar a las mismas, que pernocten dentro del término municipal, una dirección postal, que servirá como lugar de residencia habitual a efectos del empadronamiento y será considerado como domicilio para la recepción de notificaciones y comunicaciones oficiales. En el caso de que las administraciones municipales no determinen ningún lugar en concreto se hará constar como domicilio la sede principal de la corporación municipal.

A continuación, la norma precisa que la fijación de este domicilio lo es a los meros efectos de facilitar el empadronamiento y no supone ninguna alteración de la titularidad, la posesión o el uso respecto de aquellas instalaciones municipales.

3. Deben adoptarse medidas que favorezcan la medida cautelar de desalojo tanto en el proceso civil como en el penal. Ambos procedimientos deben poder iniciarse de forma simultánea.

a.-Respecto del proceso civil, la medida cautelar de desalojo prevista en el juicio verbal para recuperar la posesión (artículo 250.1.4º LEC) debe extenderse también a personas jurídicas. También debe poderse solicitar medida cautelar en el procedimiento recogido en los artículos 250.1.7 LEC y 41 de la Ley Hipotecaria para el caso en el que el poseedor legítimo sea titular registral.

b.-Respecto del proceso penal, sería conveniente una modificación de la LECRIM que adicione un nuevo artículo 544 sexies que señalara lo siguiente:

> "*En los casos en los que se investigue un delito del artículo 245 del Código el Juez o Tribunal, adoptará motivadamente la medida del lanzamiento en el plazo máximo de 72 horas desde la petición cautelar, en tanto en cuanto, una vez requeridos los ocupantes del inmueble, no exhiban el título posesorio por el que están ocupando el inmueble. Antes de efectuar el lanzamiento podrán dar cuenta a los servicios sociales municipales a los efectos de facilitar el realojamiento en el caso de que por las circunstancias del caso así se apreciare*".

A mi juicio, si el denunciante o querellante es el titular registral y el ocupante no presenta un titulo auténtico que legitime su posesión otorgado por el propio titular registral, su causahabiente o apoderado voluntario o legal con facultades suficientes para ello, debe adoptarse necesariamente la medida cautelar de lanzamiento en todo caso.

c.-O bien que el delito de ocupación de inmuebles pase a ser un delito menos grave pudiéndose incoar diligencias previas con petición de medida cautelar por la vía del artículo 13 LECRIM.

Ciertamente, es conveniente aclarar este supuesto, si bien el artículo 13 LECRIM permite adoptar la medida cautelar de lanzamiento, la cual debería proceder, al igual que en los demás casos, si el denunciante o querellante es el titular registral y el ocupante no presenta un titulo autentico que legitime su posesión otorgado por el propio titular registral, su causahabiente o apoderado voluntario o legal con facultades suficientes para ello.

En todo caso, sería conveniente una reforma en la línea de lo acordado por la Junta Sectorial de magistrados de las Secciones Penales de la Audiencia Provincial de Madrid en noviembre de 2022. En el acuerdo de unificación de criterio, los magistrados recuerdan que el artículo 13 de la LECRIM habilita a la autoridad judicial a adoptar todas aquellas medidas que resulten necesarias para preservar y tutelar los bienes jurídicos ofendidos por el delito presuntamente cometido.

Los magistrados decidieron por unanimidad que, con carácter general, se adoptara la medida cautelar de desalojo y restitución del inmueble en aquellos supuestos en que se apreciaran sólidos indicios de la ejecución del delito de allanamiento o usurpación y se verificara, además, la existencia de efectos perjudiciales para el legítimo poseedor. Todo ello con independencia de si el sujeto era una persona física o jurídica y, en este último caso, con independencia de si era pública o privada. También tuvieron en consideración a los vecinos, los cuales pueden resultar perjudicados por las acciones de los ocupantes ilegales. Y todo ello, sin perjuicio de que cuando se observe una situación de especial vulnerabilidad en las personas que ocupan el inmueble, se de traslado de forma simultánea a los servicios sociales a fin de que adopten las medidas oportunas para su protección.[219]

---

219 Con ello los magistrados de las Secciones Penales de la Audiencia Provincial de Madrid se separaron del criterio seguido por la la Instrucción 1/2020, de 15 de septiembre de la Fiscalía General del Estado,

4.- Exención al propietario de la obligación del pago de los impuestos que gravan la propiedad del inmueble cuando se acredite haber iniciado un procedimiento judicial para lograr el desalojo de un ocupante ilegal.

5.- Los gastos de rehabilitación del inmueble que deba satisfacer el propietario como consecuencia del retraso en el desalojo del ocupante ilegal deben ser gasto deducible fiscalmente.

6.- Facultar a las comunidades de propietarios y ayuntamientos para instar desalojos de ocupantes ilegales.

Puede servir a este respecto la línea seguida por la Ley1/2013, de 15 de febrero del *Parlament* de Cataluña, extendiendo la legitimación activa a las comunidades de propietarios.

7.-La ocupación de inmuebles debe considerarse delito flagrante permanente y permitirse el desalojo policial del ocupante. O bien, debe objetivarse el plazo (48-72 horas) en el que la policía puede desalojar al ocupante sin necesidad de autorización judicial, en la línea de lo acontecido en los ordenamientos de nuestro entorno.

8.- El propietario debe poder cortar los suministros de la vivienda ocupada ilegalmente sin que ello tenga la consideración de delito de coacciones.

7.1.3. La inquiokupación como delito de estafa.

MAGRO SERVET[220] pone de manifiesto cómo, en determinadas ocasiones, quienes pretenden *okupar* un inmueble utilizan la siguiente vía: firman, fraudulentamente, un contrato de arrendamiento,

---

posteriormente ratificada por la Disposición Adicional Séptima de la Leyb12/2023.

220 MAGRO SERVET V., *Cómo afrontar jurídicamente la ocupación ilegal de un inmueble.* Ed.: La Ley, 2024, pág 150.

contrato que es el instrumento o "vehículo" del fraude para obtener el *inquiokupa* las llaves del inmueble a sabiendas de que no pagará las rentas, y aparentando que lo hará al cumplir solo lo inicial exigido del contrato para la entrega de las llaves, que es pago de un mes de fianza y la primera mensualidad de renta.

Se trata, como afirma el autor, de una forma de realizar una ocupación ilegal de un inmueble bajo la apariencia de un contrato de arrendamiento, que, en principio, pretende evitar el ejercicio de la acción penal por el propietario por la vía del allanamiento de morada y/o usurpación de bienes inmuebles, al *disfrazar* el delito de la ocupación ilegal con un aparente contrato de arrendamiento en el que existe dolo y, en todo caso, obligarle a acudir a la acción civil de desahucio por falta de pago, cuando, en realidad, en el momento de la celebración del contrato ya existía el dolo de dejar de pagar y, en consecuencia, incumplir el contrato de arrendamiento.

Y todo ello, aprovechándose del tiempo que tardará el procedimiento judicial en tramitar el lanzamiento, beneficiándose de los tiempos medios que existen desde la demanda hasta el lanzamiento para no abonar rentas y vivir en el inmueble de esa manera.

En opinión de MAGRO SERVET, estos hechos deben incardinarse dentro del delito de estafa, al que se refiere el artículo 240 CP, conforme al cual:

"*Cometen estafa los que, con ánimo de lucro, utilizaren engaño bastante para producir error en otro, induciéndolo a realizar un acto de disposición en perjuicio propio o ajeno*".

Al igual que en los casos de allanamiento de morada y de usurpación de bienes inmuebles, lo importante en este caso es que el juez de instrucción pueda adoptar una medida cautelar de expulsión del inmueble del arrendatario falso, una vez haya examinado las pruebas aportadas con la querella por el arrendador.

7.1.4. Debe otorgarse un trato procesal igualitario a todos los propietarios

A mi juicio, debe otorgarse un trato procesal igualitario a todos los propietarios, sean personas físicas o jurídica y con independencia del número de inmuebles de su titularidad dedicados al arrendamiento de vivienda. No puede haber discriminación en un derecho fundamental como es el de la tutela judicial efectiva, proclamado por el artículo 24 CE.

Algunos ayuntamientos -v.gr.: Cornellá de Llobregat– han tomado la iniciativa de publicitar y distribuir entre los vecinos una aplicación electrónica, informándoles acerca de cómo actuar en caso de ser víctimas de una ocupación ilegal. Deben actuar rápidamente, comunicándolo a la policía. Al propio tiempo, se ha llegado a un acuerdo de actuación coordinada con el sistema judicial, a fin de poder desalojar rápidamente a los okupas. Se trata de un sistema exitoso que sería conveniente que se generalizase.

7.1.5. Es necesario que vaya abriéndose camino un cambio de percepción en todo lo relativo a la vivienda, la propiedad de la vivienda y la posesión.

Para que las medidas expuestas puedan ir abriéndose camino, es necesario que vaya abriéndose camino simultáneamente un cambio de percepción en todo lo relativo a la vivienda, la propiedad de la vivienda y la posesión.

Así, es necesario que se extienda la conciencia de que el propietario de una o mas viviendas que es privado ilegalmente de la posesión de las mismas es víctima de un delito, término éste que, como señala GUTIÉRREZ SANZ[221], gusta poco cuando se trata de

---

[221] GUTIÉRREZ SANZ Mª R., "Entre la experiencia y la esperanza: ineficacia e ineficiencia de la tutela procesal penal frente a la ocupación ilícita", en MATE SATUÉ L.C., HERNÁNDEZ SAINZ E., ALONSO PÉREZ M.T., *El derecho a la vivienda en tiempos de incertidumbre, Aranzadi, 2024*,pág.256.

este tipo de delitos porque parece que quien sufre una ocupación no merece la consideración de tal, antes bien, ha de tratársele como alguien que disfruta de un patrimonio que, de forma altruista, debería compartir con aquellos que carecen del mismo, supliendo las funciones que, hasta ahora, creíamos propias de las Administraciones Públicas.

Para que esta percepción cambie, es necesario que se entienda que no se trata de proteger a los propietarios como clase social, sino al sistema de derechos de propiedad que, junto con la libertad contractual, la libertad de transferencia y el Estado de Derecho nos proporcionan un entorno de libertad y prosperidad mayor que en cualquier otro momento de la historia, porque posibilitan el paso de una economía de subsistencia a una economía de intercambio. Es la economía basada en el intercambio impersonal la que posibilita extraer todos los beneficiosos efectos de la especialización, singularmente el aumento de productividad, por lo tanto, de competitividad y, en última instancia, de prosperidad[222].

Solo si se entiende la función del derecho de propiedad -a la que me referiré posteriormente, al tratar de la función social de la propiedad-, se entiende que la protección del mismo no solo conlleva la protección del interés del propietario, sino del sistema de derechos de propiedad y, con ello, del interés público, entendiendo por tal el interés de la inmensa mayoría.

En el mismo orden de cosas, es necesario, si se me permite la expresión, desmitificar el valor de la posesión como signo de propiedad legítimamente adquirida. Es lógico que el Código civil declare que todo poseedor tiene derecho a ser respetado en la posesión -artículo 446 del Código civil- e, incluso, que establezca una presunción de propiedad a favor del poseedor -artículo

---

222 MÉNDEZ GONZÁLEZ F.P., *Evolución institucional de los sistemas de transmisión onerosa*, Ed.: Tirant Lo Blanch, Valencia, 2023, pág.31

448 del Código civil -. Como señala MERRILL[223], en un mundo premoderno, con bajos niveles de alfabetización y sin métodos formales de registro de títulos, se entiende que las personas no tengan interiorizado un concepto de propiedad que vaya más allá del deber de respetar las situaciones posesorias de los demás. Y esa es, más o menos, la situación contemplada por el Código civil.

En el mundo moderno, con un Estado de Derecho que alcanza hasta el último rincón del territorio, con un sistema de registro de derechos como el español, en el que prácticamente hay plena inscripción, el valor de la posesión como signo de propiedad se desvanece ante el valor probatorio de las declaraciones registrales. La inscripción es un documento público que contiene una declaración formal de reconocimiento por el Estado de la titularidad de un derecho real sobre un bien inmueble, lo que implica, entre otras cosas, la atribución de una titularidad *in rem* o inatacable, si se dan los requisitos exigidos por el sistema registral. Tal documento se halla bajo la salvaguardia de los tribunales mientras no se declare su inexactitud -artículo 1-III de la Ley Hipotecaria- e incorpora el derecho a invocar la intervención coercitiva del Estado para defender el derecho así adquirido, frente a cualquiera que lo perturbe -artículo 41 de la Ley Hipotecaria-.

Tratándose de propiedad inscrita, al titular registral se le presume como poseedor, prevaleciendo dicha presunción sobre la del artículo 448 del Código civil, que solo rige en relación a la propiedad no inscrita. Tratándose de propiedad inscrita prevalece la presunción del artículo 38 de la Ley Hipotecaria, como consecuencia de la remisión a la misma de los artículos 605,608 y 1537 del Código civil[224]

---

223 MERRIL TH. W., "Ownership and possession", en YU-CHIEN-CHANG (Ed.), *Law and Economics of Possession*, Cambridge University Press, 2015, pág.9

224 MÉNDEZ GONZÁLE F.P., *La función de la fe pública registral en la transmisión de bienes inmuebles*, Ed.: Tirant Lo Blanch, 2017, pág.113.

En este estado de cosas, fácilmente se comprende que la Policía podría desalojar a cualquier intruso que no presente un titulo, con garantías de autenticidad, que pruebe la concesión del derecho a poseer por parte del titular registral. Ello erradicaría el negocio de la *okupación* y daría seguridad a los propietarios, la inmensa mayoría de tenedores de viviendas en España y también en el resto de la Unión Europea.

7.2. PROPUESTAS EN RELACIÓN AL CRÉDITO HIPOTECARIO Y A LA ADQUISICIÓN DE LA PROPIEDAD DE LA VIVIENDA

Una vez clarificadas las diferentes cuestiones litigiosas ante el Tribunal de Justicia de la Unión Europea; una vez adoptadas medidas sustantivas para asegurar la transparencia material de los contratos de préstamos hipotecarios concedidos por las entidades financieras y, de ese modo, asegurar un consentimiento no viciado y, por lo tanto, jurídicamente válido y eficaz, por parte de los consumidores; y una vez adoptadas medidas para asegurar el conocimiento por parte del deudor hipotecario del contenido exacto de la inscripción de la hipoteca que, por su carácter constitutivo, es la que determina el alcance exacto de la misma, deberían revisarse algunas de las decisiones legislativas adoptadas y que, a mi juicio, no son necesarias para conseguir los efectos descritos, pero encarecen innecesariamente el crédito hipotecario necesario, en casi la mitad de los casos, para la adquisición de una vivienda en propiedad.

Así, parece excesivo el número de cuotas impagadas exigidas, como también el porcentaje de crédito a que asciendan los impagos, para poder dar por vencido anticipadamente el crédito o préstamo hipotecario y proceder, en consecuencia, a su ejecución. Dadas las características del contrato de préstamo hipotecario, uno de los factores que inciden en el tipo de interés es el tiempo de duración del procedimiento para que el acreedor, en caso de impago, pueda resarcirse del mismo ejecutando la garantía[225].

Una dilación como la establecida por la Ley 5/2019 de 15 de marzo reguladora de los contratos de crédito inmobiliario solo contribuye al encarecimiento del crédito hipotecario para los demandantes futuros del mismo y, por lo tanto, a dificultar, aún más, la adquisición de vivienda en propiedad, sin asegurar una mayor probabilidad de cumplimiento por parte del deudor incumplidor.

Por la misma razón, deberían agilizarse los procedimientos de ejecución, una vez iniciados. Una medida que podría contribuir a ello consistiría en conceder al deudor un plazo razonable desde la inscripción -v.gr.: seis meses- para impugnar las cláusulas del préstamo hipotecario inscritas que considere nulas por abusivas, procediendo a la anotación preventiva correspondiente en el Registro de la Propiedad. Si el deudor no las impugna y, posteriormente, incumple, una vez iniciado el procedimiento de ejecución no debe poder oponerlas, sino que solo las debe poder apreciar el juez de oficio. Con ello no se vulnera el principio de efectividad exigido por la Directiva 93/13/CEE sobre las cláusulas abusivas en los contratos celebrados con consumidores y se evita la posibilidad de utilizar tácticas dilatorias que prolonguen indebidamente el procedimiento y, por lo tanto, la ejecución de la garantía.

Correlativamente, debería rebajarse al 0.5% -idealmente, suprimir- el tipo de gravamen del Impuesto de Actos Jurídicos Documentados que grava las hipotecas destinadas a financiar la construcción, adquisición o rehabilitación de la vivienda habitual[226].

---

225 CÁRDENAS, autor material de la Ley Hipotecaria de 1861 y de su Reglamento, ya advertía que para desarrollar el crédito hipotecario -entonces denominado territorial- era necesario que el acreedor gozase de seguridad en la titularidad y de prontitud en el reembolso en caso de impago. CÁRDENAS F. *El Derecho Moderno*.núm.8, 1850, pág.14.

226 La Generalitat de Catalunya, por ejemplo, usó como excusa la Sentencia de 16 de octubre de 2018 de la Sala Tercera del Tribunal Supremo

Durante los últimos tiempos, sin embargo, se ha ido produciendo un progresivo aumento de la fiscalidad sobre la adquisición de la vivienda en propiedad, con algunas excepciones. La OCDE, en su Informe de 2023, aconseja rebajar dicha carga fiscal por estar entre las más altas de los países bajo su jurisdicción y dificultar, por ello, la movilidad residencial, a lo que hay que añadir que tal dificultad consiste en que hace más inaccesible la vivienda.

Por esa razón, debe rebajarse el tipo de gravamen del Impuesto de Transmisiones Patrimoniales onerosas así como el IVA que gravan la adquisición de la vivienda -10% o 4% si se trata de viviendas protegidas de promoción pública-, en función de que se trate de una primera entrega o de una vivienda usada.

La gestión del Impuesto de Transmisiones Patrimoniales, de titularidad estatal, se halla cedida a las comunidades autónomas, las cuales tienen capacidad de modificación normativa, en uso de la cual han subido el tipo de gravamen. En este momento los tales tipos oscilan entre el 6 y el 11.5%, situándose Cataluña en el grupo de las comunidades autónomas con tipos más elevados -junto con Baleares y la Comunidad Valenciana-, con un tipo general del 10%, siendo del 11% cuando el precio de la vivienda excede de un millón de euros -del 11.5 en Baleares-. Siendo las comunidades con tipos más bajos Madrid y Extremadura -6%-, el País Vasco y Andalucía -7%-.

---

para subir el tipo de gravamen al 2%, solo cuando el sujeto pasivo sea el prestador, es decir, en general, la entidad financiera. En realidad, se sube el impuesto al adquirente porque las entidades financieras repercuten la subida del impuesto a los adquirentes elevando el tipo de interés. Se trata de una medida más de encarecimiento de la adquisición de la vivienda en propiedad. **FOMENT DEL TREBALL NACIONAL**, en *Libro Verde sobre la fiscalidad de Cataluña* de abril de 2024 propone rebajarlo al 0.5%
Constata que: "*En el ámbito externo, este impuesto es notablemente más bajo en los países de nuestro entorno e inexistente en países tan importantes como Reino Unido, Holanda o Alemania.*" (pág.74).

También merece destacarse la propuesta del Libro Verde de la Fiscalidad de Cataluña [227], de *Foment del Treball Nacional,* en relación a la determinación de la base imponible del Impuesto de Transmisiones Patrimoniales:

"Desde el día 1 de enero de 2022 la base imponible, tanto del impuesto de transmisiones patrimoniales onerosas como del impuesto de sucesiones y donaciones, viene determinado por el valor de referencia catastral si éste es superior al valor escriturado.

La Orden HFP/1104/2021 aprobó un factor de minoración del 10% para la determinación del valor referencia de los inmuebles, con la finalidad de que el valor de referencia catastral no fuera nunca superior al valor de mercado de los inmuebles.

La experiencia pone de manifiesto, sin embargo, que esa minoración no es suficiente para conseguir la finalidad pretendida. En demasiadas ocasiones el valor de referencia catastral sigue siendo superior al valor de mercado de los inmuebles, colocando a los sujetos pasivos en una situación insostenible puesto que se ven obligados a pagar los impuestos sobre una base imponible -valor de referencia catastral- que no se corresponde con la realidad.

Como consecuencia, el contribuyente se ve obligado, en primer lugar, a liquidar el impuesto sobre una base que no se corresponde con la realidad, con la finalidad de no incurrir en una infracción tributaria y, posteriormente, si lo desea, iniciar un procedimiento administrativo de rectificación del valor referencia catastral con los costes explícitos -dinero- e implícitos -tiempo- que ello supone.

Este escenario coloca al ciudadano, en la práctica, en una situación de indefensión, puesto que en muchas situaciones no iniciará procedimiento alguno y, en consecuencia, deberá soportar cada año en el impuesto sobre el patrimonio una valoración de un inmueble de su propiedad que no se corresponde con la realidad. Como consecuencia, la

227 FOMENT DEL TREBALL NACIONAL, En *Libro Verde sobre la fiscalidad de Cataluña* de abril de 2024, pág.74

regulación descrita implica una subida encubierta de los impuestos de referencia.

Por ello, con la finalidad de evitar o, al menos, paliar la situación descrita se propone un aumento del factor de minoración vigente al 20%."

Por esa misma razón, debería reducirse -idealmente, eliminarse- el Impuesto de Sucesiones en general y sobre la vivienda habitual en particular, especialmente cuando el heredero es ascendiente o descendiente. En el caso de Cataluña debería revertirse la situación actual y recuperar la anterior a la reforma llevada a cabo por la Ley 5/2020, de 29 de abril, ampliando la reducción de la base imponible al 99% del valor de la vivienda.[228]

7.3. PROPUESTAS EN RELACIÓN AL ARRENDAMIENTO DE VIVIENDAS

El tratamiento fiscal favorable del arrendamiento, en especial en relación a los inversores en viviendas destinadas al arrendamiento, es una medida correcta pero insuficiente para estimular el arrendamiento en nuestro país. La razón estriba en que choca con una regulación sustantiva y procesal que dificulta la inversión.

Como he venido exponiendo, nuestra historia demuestra que el mercado de arrendamiento de vivienda crece y prospera en la medida en la que se respeta la libertad contractual y se contrae en la medida en la que se reduce la misma, especialmente la libertad de precios de los alquileres.

---

228 El Libro Verde de la Fiscalidad de Cataluña, de abril de 2024, elaborado por Foment del Treball Nacional propone la no sujeción cuando se trate de la vivienda familiar dentro de determinados grados de parentesco. En concreto, propone : "*Establecer la no sujeción para la adquisición de bienes y derechos por herencia, legado o cualquier otro título sucesorio cuando el sujeto pasivo sea el cónyuge, ascendiente o descendiente de primer grado por línea directa siempre que la base liquidable no sea superior a 1 millón de euros, así como para la adquisición de la vivienda habitual del causante.*" (pág.95)

Durante la mayor parte de nuestra historia ha habido una fuerte restricción de la libertad contractual en materia de arrendamiento de vivienda, lo cual explica que este mercado haya sido y siga siendo artesanal y de dimensiones reducidas. Esta característica explica que la intervención pública, imponiendo una duración mínima e interviniendo los precios, produzca una contracción de la oferta especialmente acusada y, por lo tanto, un aumento del precio de los arrendamientos, expulsando del mismo a los colectivos más vulnerables, que ya incluyen a ciudadanos con un alto nivel de estudios y trabajos estables, especialmente en las grandes ciudades.

Si se quiere aumentar el tamaño de este mercado, de modo que constituya una alternativa habitacional real y pueda contribuir eficazmente a mejorar la accesibilidad habitacional, a mi juicio, sería conveniente adoptar las medidas que se exponen a continuación.

7.3.1. *La necesaria evolución desde un mercado artesanal, personal y poco profesionalizado hacia un mercado profesional, impersonal y altamente competitivo*

Hoy, si alguien quiere un préstamo hipotecario para financiar la adquisición de una vivienda, no consulta la prensa o agencias especializadas que dan a conocer a los ciudadanos que ofrecen préstamos hipotecarios. Por el contrario, existen unos actores de gran tamaño, las entidades financieras, que ofrecen sus préstamos, los publicitan y compiten entre sí. Se trata de un mercado altamente profesionalizado y competitivo. Y es esa estructura del mercado por el lado de la oferta la que permite a los ciudadanos obtener préstamos hipotecarios con tipos de interés competitivos. A ello fuerza, además, la Ley 2/1994, de 30 de marzo, por la que se regula la Subrogación y la Modificación de los Préstamos Hipotecarios, cuya filosofía ha aceptado e incorporado la Directiva 2014/17/UE del Parlamento Europeo y del Consejo.

Piénsese, por un momento, en cómo sería el mercado hipotecario español –especialmente en su vertiente de mercado de préstamos hipotecarios- sin la existencia de entidades financieras, confiado tan solo a los recursos que un cierto número de particulares, cuya actividad principal fuera otra distinta, destinasen a invertir parte de sus ahorros en créditos o préstamos hipotecarios.

Pues bien, si alguien quiere alquilar una vivienda, usualmente, consulta por internet o se dirige a una agencia inmobiliaria, la cual le mostrará un conjunto de viviendas que sus propietarios desean alquiler. No hay empresas de gran tamaño que ofrezcan grandes cantidades de viviendas en alquiler, a diferencia de lo que sucede con los préstamos hipotecarios. El mercado es artesanal, personal, compuesto mayormente por pequeños ahorradores. Si queremos un mercado arrendaticio de vivienda mayor y más eficiente, es necesario profesionalizarlo.

El desarrollo del mercado arrendaticio urbano –incluido el de viviendas- requiere su profesionalización, es decir, la participación de agentes de gran tamaño dedicados al alquiler de vivienda con un alto nivel de competencia entre sí -como sucede, por ejemplo, con el mercado hipotecario-.

Los activos reputacionales puestos en juego por tales operadores funcionarían como salvaguardia de los derechos de los arrendatarios y de su estabilidad residencial de un modo más eficaz que el derecho de prórroga forzosa, al igual que sucede hoy en el mercado de préstamos hipotecarios.

Adicionalmente, los arrendatarios de este tipo de sociedades, normalmente, quedarían sujetos a la Directiva 93/13/CEE del Consejo, de 5 de abril de 1993, sobre las cláusulas abusivas en los contratos celebrados con consumidores, así como a la Ley 7/1998, de 13 de abril, sobre de Condiciones Generales de la Contratación y a la Ley 1/2007 de 16 de noviembre General para la Defensa de los Consumidores y Usuarios.

Además, al igual que hoy quien desea un préstamo o crédito, se dirige directamente a las entidades financieras, sin necesidad de recurrir a intermediarios, en ese nuevo escenario los demandantes de viviendas en alquiler podrían dirigirse directamente a esos agentes de gran tamaño dedicados al arrendamiento, que deberían convertirse en los protagonistas del mercado, evitando de ese modo, en un porcentaje significativo de ocasiones, los costes de intermediación propios de un mercado artesanal como el actual.

Para conseguir este objetivo, es necesario convertir a las SOCIMI, sin olvidar a las sociedades destinadas al arrendamiento de viviendas, en los actores principales del mercado arrendaticio de vivienda en el lado de la oferta. Para que ello sea posible es necesario introducir ciertas modificaciones en la Ley de Arrendamientos Urbanos y en la Ley de Enjuiciamiento Civil, dirigidas a aumentar la libertad contractual y agilizar los procedimientos de desahucio en caso de impago.

También sería conveniente volver al régimen fiscal de las SOCIMI introducido por la reforma de 2012 , modificado por la Ley 11/2021, de 9 de julio, de medidas de prevención y lucha contra el fraude fiscal, la cual ha introducido un gravamen especial del 15 por ciento sobre el importe de los beneficios obtenidos en el ejercicio que no sea objeto de distribución, en la parte que proceda de rentas que no hayan tributado al tipo general de gravamen del Impuesto sobre Sociedades ni se trate de rentas acogidas al período de reinversión de 3 años regulado en la letra b) del artículo 6.1 de la Ley 11/2009.[229]

Si se consigue que en el mercado actúen operadores de gran tamaño, con un alto nivel de competencia entre ellos, los principales beneficiarios serán los ciudadanos, los cuales podrán beneficiarse de

---

[229] Una exposición detallada del régimen fiscal de las SOCIMI puede verse en BUENO MALUENDA Mª C., "El régimen fiscal de las SOCIMI en el impuesto sobre sociedades: evolución y evaluación", en MATE SATUÉ L.C., HERNÁNDEZ SAINZ E., ALONSO PÉREZ M.T., *El derecho a la vivienda en tiempos de incertidumbre, Aranzadi, 2024*

unos alquileres más bajos, de los efectos de la presión de dichos alquileres sobre los precios de la vivienda, facilitando también su adquisición en propiedad, y de la posibilidad de optar por el alquiler como opción de vida, pues, mientras el arrendatario cumpla con sus obligaciones, el arrendador, si es una SOCIMI o una sociedad dedicada al arrendamiento de viviendas, no debería poder desistir del contrato de arrendamiento vigente. Los arrendatarios, en este caso, tendrían, además, la condición jurídica de consumidores, con lo que sería aplicable a los contratos de arrendamiento predispuestos por estas sociedades la normativa europea y nacional protectora de los derechos de los consumidores.

7.3.2. Sin menoscabo de la libertad contractual, deben adoptarse medidas que estimulen los contratos de arrendamiento de viviendas de duración indefinida o a largo plazo.

Con una regulación adecuada, esta es una opción que interesa tanto a arrendadores -pues da mayor seguridad a la rentabilidad de su inversión- como a arrendatarios -pues les permite concebir el arrendamiento como una opción habitacional real-. Esta figura se contempla en Alemania, Austria[230], Suiza, Italia y Portugal.

Con la finalidad de estimular este tipo de arrendamiento, es preciso introducir modificaciones importantes en la Ley de Arrendamientos Urbanos en la dirección de implicar más al arrendador en los gastos necesarios para la conservación y realización de obras en la vivienda, introducción de causas tasadas de resolución del contrato, aumento de la cantidad exigible como fianza, exigencia de plazos de preaviso mayores para el caso de desistimiento del arrendatario, conversión en contrato temporal por la duración mínima exigida por la ley en el caso de novación subjetiva activa o pasiva del contrato y otras.

---

[230] Por lo que se refiere a Austria véase BOVÉ J.M, *Retos de Viena*, conferencia pronunciada en a Universidad Internacional de Cataluña el 7 de febrero de 2024, facilitada por el autor.

El arrendamiento de duración indefinida ha demostrado ser una herramienta útil en Alemania, Austria y Suiza para promocionar la rehabilitación de viviendas, así como para percibir el alquiler como una alternativa habitacional real, dotando de estabilidad tanto a arrendadores como a arrendatarios[231].

En esta misma línea debe estimularse también el denominado *arrendamiento concertado*, para atender las necesidades de individuos o familias especialmente vulnerables, por haber sido desahuciados o estar a punto de serlo por falta de recursos, inspirándose, por ejemplo, en la fórmula de Dublin. Mediante este sistema los propietarios ofrecen al Estado viviendas a precio inferior al de mercado a cambio de alquileres de larga duración y la garantía de que recibirán en su día la vivienda en perfecto estado. Como afirma el CERCLE D´ECONOMIA se trata de que las viviendas *"puedan ser ocupadas por familias vulnerables, recibiendo a cambio rentas por debajo del precio de mercado, por un número (elevado) de años. La vivienda se devuelve en perfecto estado pasado los años establecidos. Es decir, lo que se hace es utilizar el parque de vivienda ya existente en manos de grandes y pequeños tenedores para hacer frente a la emergencia habitacional más inmediata. En el caso de España habría que contemplar el posible derecho de subarriendo de la Administración Central a las CC. AA. y los ayuntamientos."*[232]

---

231 NASARRE AZNAR S -*Los años de la crisis de la vivienda. De las hipotecas subprime a la vivienda colaborativa*, Ed. Tirant Lo Blanch, Valencia, 2020, págs.. 570-590, NASARRE AZNAR S., SIMON H. Y MOLINS F., *Un nou dret d´arrendaments urbans per a afavorir l´acces a l´habitatge*, Ed. : Atelier, Barcelona, 2018. Por lo que respecta a Viena, MATZNETTER W., "Un mercado de alquiler: el caso de Viena", en LEAL MALDONADO J. (Coord.), *Las políticas de vivienda en alquiler en las grandes ciudades europeas.*, Ayuntamiento de Madrid, 2008, págs. 105-131. También BOVE J.M op. cit.

232 CERCLE D´ECONOMIA, *De la desconfianza a la colaboración. Por un partenariado entre el sector público y el privado que resuelva de verdad el problema del acceso a la vivienda en Cataluña y en España.* https://admin.cercledeconomia.com/content/uploads/2024/06/nota-de-opinion-cde_vivienda_junio24.pdf, *pág. 26.* Como subraya el informe*:*

7.3.3. La protección de los derechos de los arrendatarios en caso de venta de la vivienda alquilada no debe llevarse a cabo a costa de los derechos de adquirentes y de acreedores

Son muchos más los propietarios y los deudores hipotecarios, así como el importe de su deuda que el número de arrendatarios y el importe de sus rentas. Por ello, no está justificada la protección de los derechos de éstos mediante medidas que perjudiquen innecesariamente a adquirentes y acreedores -y, por lo tanto, también a deudores- hipotecarios. Para la protección de los derechos de los arrendatarios, en caso de venta de la vivienda alquilada, basta con no exceptuar la protección de sus derechos del régimen general para proteger cualquier titularidad sobre un inmueble y ese régimen general, en relación a inmuebles inscritos, viene establecido por el artículo 34 de la Ley Hipotecaria.

Cualquier excepción a la fe pública registral significa favorecer a un grupo en perjuicio de todos los demás, por lo que debe estar plenamente justificada y no es el caso de los arrendatarios. En efecto, tal excepción encarece las adquisiciones,

---

"Este sistema, además de poder ser implementado de forma rápida, tiene ventajas importantes en términos de coste. Por un lado, los tenedores asumen una parte de la subvención al alquiler a cambio de la garantía de tener el piso arrendado durante un plazo largo de tiempo y de que se les devolverá en perfecto estado. Además, el alquiler concertado es una forma mucho menos onerosa de dar una solución a las familias e individuos desahuciados. En la actualidad, muchos ayuntamientos sobre todo los más grandes alojan a las familias desahuciadas en pensiones, lo que supone de media un coste de unos quince mil euros por familia y año. El Ayuntamiento de Barcelona, por ejemplo, gasta unos treinta y cinco millones de euros al año por ese concepto. El coste del alquiler concertado para las administraciones podría ser de cinco mil euros al año por familia, muy por debajo del coste de alojarlas en pensiones. Si hubiera unas cien mil familias que se acogieran a este sistema, el coste total sería de quinientos millones/año, una cifra asumible, sobre todo si se reparte entre los tres niveles de administraciones. A ese coste presupuestario bruto habría que deducirle, lógicamente, el ahorro que tendrían muchos ayuntamientos al no tener que pagar la estancia de las personas desahuciadas en pensiones u hoteles.". Págs. 26-27.

pues obliga a despejar incertidumbres de modo siempre inseguro y, además, al disminuir el valor del inmueble como garantía, encarece el crédito, en perjuicio de todos los potenciales adquirentes necesitados de recurrir al mismo para poder llevar a cabo su adquisición. Tal excepción dificulta el tránsito desde un mercado arrendaticio personal a otro impersonal y, por lo tanto, el crecimiento del mismo y la conversión del arrendamiento en una opción habitacional real.

El desarrollo, por último, de un mercado eficiente de arrendamiento de viviendas posibilita la contención de los precios de la vivienda, o mas exactamente, hace más accesible su adquisición en propiedad. En efecto, cuando la parte de intereses de la cuota mensual del préstamo hipotecario supera el importe de las rentas arrendaticias para inmuebles equivalentes, ya no es rentable, en esas condiciones y en las previsibles, endeudarse para comprar, sino para alquilar, lo que marca una línea de referencia para las cuotas de amortización hipotecaria y, por lo tanto, para los precios de viviendas equivalentes.

7.3.4. El arrendamiento de la vivienda habitual no es una fórmula sustitutiva del régimen de tenencia en propiedad

No obstante, aunque se adopten estas u otras medidas dirigidas a facilitar el desarrollo del mercado de arrendamiento de viviendas, no es realista pensar que el arrendamiento "a precio de mercado" acabe siendo una fórmula sustitutiva de la tenencia en régimen de propiedad, como lo sugiere el hecho de que la media de la Unión Europea se sitúa en torno al 30% de la vivienda en arrendamiento – del que 20.8 % alquilan sus viviendas a precio de mercado y el 9.3 % las alquilan en régimen de arrendamiento protegido o alojamiento gratuito-. Una cuarta parte (24,9 %) de la población de la EU-27 residía en una vivienda en propiedad con una hipoteca o un préstamo, mientras que más de dos quintas partes (45,1 %) de la población lo hacían en una vivienda en propiedad sin préstamo ni hipoteca.

En España, la proporción es de 13.1% de viviendas en arrendamiento a precio de mercado y de 9,6% a precio inferior, incluyendo en este porcentaje las viviendas cedidas gratuitamente -7.1%-, elevándose al 77.3% el porcentaje de propietarios de viviendas, situándose en octavo lugar en esta proporción, tras los antiguos países socialistas de la Europa del Este. Ello significa que aunque hay un camino por recorrer, el alquiler debe ser contemplado como un mecanismo complementario, no sustitutivo del de la vivienda en régimen de propiedad.

Otro argumento que juega a favor de la vivienda en régimen de propiedad es el coste de mantenimiento de la misma. Según resulta de Eurostat, la proporción de la población cuyos costes en vivienda superaban el 40 % de su renta disponible equivalente alcanzó el nivel más alto en el caso de los arrendatarios con alquileres a precios de mercado (25,1 %) y el más bajo en el de las personas que vivían en su propia vivienda (4 %). Ello significa que, en la UE, de media, el coste de una vivienda en alquiler a precio de mercado es superior al de una vivienda en régimen de propiedad, adquirida mediante un préstamo hipotecario.

A ello hay que añadir que, cuando el préstamo hipotecario se ha pagado, el tenedor soporta los costes más bajos y, además, tiene un activo, especialmente valioso durante la última fase de la vida. Dicho activo permite obtener rentabilidades diversas[233] –v.gr.: constituyendo una hipoteca inversa que permita completar la pensión, entre otras posibilidades-. Mientras tanto, el arrenda-

233 En los últimos años están surgiendo empresas que contemplan la situación de personas mayores que quieren o necesitan ingresar en una residencia. Ofrecen hacer obras de reforma y anticipar las cantidades necesarias para cubrir la diferencia entre la pensión y el coste de una residencia privada, explotando dichas empresas la vivienda en régimen de alquiler. Lógicamente, esta operación no es posible si la persona mayor carece de una vivienda o inmueble en propiedad.

tario a precio de mercado, deberá seguir soportando los costes más altos.[234]

Si tenemos en cuenta el progresivo envejecimiento de la población, el encarecimiento de productos y servicios y las dificultades crecientes para el mantenimiento del poder adquisitivo de las pensiones, es sensato conjeturar que la vivienda puede convertirse en un problema aún más grave a medio plazo para aquellas personas que lleguen a la jubilación, carezcan de vivienda en propiedad y , por carencia de ahorros, tengan como único ingreso su pensión: probablemente, ni siquiera podrán seguir viviendo como inquilinos en la vivienda que venían habitando. Este problema se agrava si consideramos que todo indica que hay un creciente desajuste entre oferta y demanda de viviendas, con un preocupante déficit de vivienda disponible en los años venideros[235]. Es una bomba de relojería de la que apenas existe conciencia de su existencia.

---

234 Fuente: https://ec.europa.eu/eurostat/statistics-explained/index.php?oldid=498645#Asequibilidad_de_la_vivienda. Consultado el 5 de abril de 2024.

235 Así, la consultora de fondos Aura REE advierte de un déficit de hasta 1,2 millones de viviendas para el año 2037 fruto del incipiente desfase entre la corriente migratoria y el stock de obra nueva. En el Observatorio Inmobiliario, 10 de abril de 2024. El Banco de España proyecta una escasez inminente de unas 600.000 viviendas para 2025 debido al incremento en la formación de hogares y la migración. El informe del Banco de España detalla que la producción anual de nuevas viviendas se ha estabilizado en torno a las 90.000 unidades desde 2021, cifra que se queda corta frente al ritmo acelerado de creación de nuevos hogares en los años 2022 y 2023. Esta dinámica ha sido catalogada como «un hecho inédito en la historia del mercado inmobiliario español» donde tradicionalmente la oferta de vivienda nueva superaba la formación de nuevos hogares. BANCO DE ESPAÑA, *El mercado de la vivienda en España: evolución reciente, riesgos y problemas de accesibilidad,* Capítulo 4 del Informe Anual 2023

7.4. LA NECESIDAD DE AUMENTAR EL GASTO PÚBLICO DESTINADO A VIVIENDA SOCIAL.

No está claro cuál es el porcentaje de vivienda social que hay en España, aunque parece que es bastante inferior al de la media europea y se situaría en torno al 2.5% del total del parque de viviendas existentes[236]. GARCIA MONTALVO J., MONRÀS J. y RAYA J. M.[237] sostienen que el parque de viviendas públicas en España es de los menores de la Unión Europea (0,9 viviendas por cada 100 habitantes, frente a los 12,5 de Países Bajos o 10,3 de Austria).

Habitualmente[238] se suele utilizar la Encuesta de Condiciones de Vida del INE, que ofrece una distribución de los hogares por régimen de tenencia. La vivienda social podría entenderse comprendida dentro del apartado "alquiler inferior al precio de mercado". Así, los datos correspondientes a 2015 arrojan una cifra de viviendas en régimen de "alquiler inferior al precio de mercado" del 2.5%.

En todo caso, esta cifra indica que, pese a los esfuerzos realizados es necesario incrementar el parque de vivienda social, con la finalidad de facilitar una vivienda asequible a quienes no pueden acceder

---

236 Sobre la insuficiencia de este porcentaje véase INURRIETA BERUETE A., *Mercado de vivienda en alquiler en España, más vivienda social y más mercado profesional,* Working Paper 113/2007, Fundación Alternativas, págs.27 a 33. LEAL J.L, *La política de vivienda en España.* Documentación social. Revista de Estudios sociales y sociología aplicada, núm.138, pág.69.

237 GARCIA MONTALVO J., MONRÀS J y RAYA J. M. *Los efectos de la limitación de precios de los alquileres en Cataluña* -Esade Ec Pol Insight,44, Febrero 2023, pág.22.

238 MÉNDEZ GONZÁLEZ F.P., "La conveniencia de desarrollar un mercado arrendaticio de vivienda eficiente", en MOLTÓ DARNER J.M y PONCE SOLÉ J. (Coords.)., *Derecho a la vivienda y función social de la propiedad,* Ed.: Thomson Reuters- Registradores de España, 2017, pág.110. Más información en:http://www.ine.es/dyngs/INEbase/es/operacion.htm?c=Estadistica_C&cid=1254736176807&menu=ultiDatos&idp=1254735976608

a una vivienda en régimen de propiedad o de alquiler a precio de mercado, situación en la que se encuentra una parte creciente de la población residente en los grandes núcleos urbanos. Según el DEFENSOR DEL PUEBLO[239], es necesario incrementar el parque de viviendas sociales: se entregaron 67514 viviendas en 2007 y 53332 en 2012; sin embargo, el número disminuyó progresivamente hasta alcanzar las 5167 unidades entregadas en 2018, el peor escenario desde 1950. En Cataluña, por ejemplo, en 2021 , había un total de 84.442 inscripciones vigentes en el Registro de Solicitantes de Viviendas de Protección Oficial, mientras que se acabaron solamente 1529[240].

A este fin, el Real Decreto-Ley 27/2012, de 15 de noviembre de medidas urgentes para reforzar la protección de los deudores hipotecarios, en su Disposición Adicional única, dispone la creación de un Fondo Social de viviendas[241].

---

239 DEFENSOR DEL PUEBLO (2019). *La vivienda protegida y el alquiler social en España.* Separata del volumen II del Informe anual 2018. Madrid. En https://www.defensordelpueblo.es/wp-content/uploads/2019/09/Separata_vivienda_protegida.pdf.

240 TRAYTER JIMÉNEZ J.M., *Derecho Urbanístico de Cataluña,* Ed. Atelier, 2024, pág.49.

241 El Real Decreto-Ley 27/2012, de 15 de noviembre de medidas urgentes para reforzar la protección de los deudores hipotecarios, en su Disposición Adicional única, dispone la creación de un Fondo Social de viviendas en los siguientes términos: " *Se encomienda al Gobierno que promueva con el sector financiero la constitución de un fondo social de viviendas propiedad de las entidades de crédito, destinadas a ofrecer cobertura a aquellas personas que hayan sido desalojadas de su vivienda habitual por el impago de un préstamo hipotecario, cuando concurran en ellas las circunstancias previstas en el artículo 1 del presente real decreto-ley. Este fondo social de viviendas tendrá por objetivo facilitar el acceso a estas personas a contratos de arrendamiento con rentas asumibles en función de los ingresos que perciban*". La disposición final segunda del R.D.-ley 3/2013, de 22 de febrero, por el que se modifica el régimen de las tasas en el ámbito de la Administración de Justicia y el sistema de asistencia jurídica gratuita, establece que: *"Los contratos de arrendamiento que se suscriban en el marco de la encomienda al Gobierno prevista en la disposición adicional única, se considerarán contratos de arrendamiento de vivienda*

Cuestión distinta es si esa vivienda social debe promoverse en régimen de propiedad, de alquiler o usando fórmulas alternativas de tenencia.

Como observa NASARRE AZNAR[242], acertadamente o no[243], la política de vivienda en España ha favorecido que la vivienda social sea mayoritariamente en propiedad, lo que evita a la Administración el coste de mantener un parque público de viviendas en alquiler[244] y, además, hacer frente al coste de los desahucios

---

y estarán sujetos a la Ley 29/1994, de 24 de noviembre, de Arrendamientos Urbanos, excepto en lo previsto en sus artículos 9 y 18, con las especialidades que se regulan a continuación. La duración de estos contratos de arrendamiento será de dos años, prorrogables por otro año. A los seis meses de producido el impago de la renta sin que este se haya regularizado en su integridad, el arrendador podrá iniciar el desahucio del arrendatario. Asimismo, transcurrido el plazo de duración del contrato, si el arrendatario no desalojara la vivienda, el arrendador podrá iniciar el procedimiento de desahucio". Como sostiene NASARRE AZNAR, el Fondo Social de Viviendas no es una solución definitiva, ante la escasez de vivienda social disponible -algo menos de 10.000 para toda España- como por los requisitos subjetivos exigidos para acceder al mismo. NASARRE AZNAR S. *Los años de la crisis de la vivienda. De las hipotecas subprime a la vivienda colaborativa,* Ed. Tirant Lo Blanch, Valencia, 2020, pág.392.

242 NASARRE AZNAR S. *Los años de la crisis de la vivienda. De las hipotecas subprime a la vivienda colaborativa,* Ed. Tirant Lo Blanch, Valencia, 2020, págs.393-394

243 TRILLA C. *La política de vivienda en una en una perspectiva europea comparada,* Fundación La Caixa, Barcelona, 2001. LEAL MALDONADO J (Coord.), *Las políticas de vivienda en alquiler en las grandes ciudades europeas.,* Ayuntamiento de Madrid, 2008. BERMÚDEZ T. y TRILLA C, *Un parque de viviendas de alquiler social. Una asignatura pendiente en Cataluña.* Debats Catalunya Social ,núm.30, octubre 2014, págs. 1 a 11. PAREJA EASTWAY M. y SÁNCHEZ MARTÍNEZ M.T., *El sistema de vivienda en España y el papel de las políticas ¿qué falta por resolver?,* en Cuadernos Económicos de ICE, núm. 90, 2015, págs.. 149-174, LEAL MALDONADO J. y MARTÍNEZ DEL OLMO, *Tendencias recientes de la política de vivienda en España,* en Cuaderno de Relaciones Laborales, Vol.35, núm. 1 2017, págs 15 41.

244 Por ello, en los países con gran cantidad de vivienda social en alquiler suele recurrirse a fórmulas de colaboración público-privada

por impago. No obstante, tras el inicio de la crisis de 2007 se ha fomentado por parte de todas las administraciones públicas la fórmula de la vivienda social en régimen de alquiler[245],habiendo introducido la Ley por el derecho a la vivienda la fórmula del arrendamiento incentivado. El debate se centra, por lo tanto, como afirma el autor, en si es adecuado invertir dinero público en unas formas de tenencia indeseada y más cara como es el alquiler o, por el contrario, hacer propietarios a unos con el dinero de otros.

Como afirma el CERCLE D´ECONOMIA, desde principios de siglo, el gasto público en vivienda en España ha sido alrededor del 0,2% del PIB anual de media -frente a un 0,3% en los países referentes en este ámbito-.

En España se han primado la regulación y las desgravaciones fiscales como vías para promover el acceso a la vivienda en lugar de hacerlo por medio del gasto público, un instrumento más transparente, pero que hay que financiar[246].

Por primera vez en su historia, a partir de la crisis del 2007, el gasto público ha desaparecido prácticamente y ha dejado de hacer la función anticíclica que le era propia y que evitaba caídas en la oferta de vivienda asequible[247]. Señala VAQUER CABALLERIA, que

---

245 Se ha hecho por parte del Estado, especialmente a partir del Plan Estatal de Vivienda 2013-2016, así como por parte de las CCAA, elaborando leyes de vivienda en uso de las competencias atribuidas en materia de vivienda por el artículo 148.1.3 CE.

246 CERCLE D´ECONOMIA, *De la desconfianza a la colaboración. Por un partenariado entre el sector público y el privado que resuelva de verdad el problema del acceso a la vivienda en Cataluña y en España.* https://admin.cercledeconomia.com/content/uploads/2024/06/nota-de-opinion-cde_vivienda_junio24.pdf,pág.3.

247 CERCLE D´ECONOMIA, *De la desconfianza a la colaboración. Por un partenariado entre el sector público y el privado que resuelva de verdad el problema del acceso a la vivienda en Cataluña y en España.* https://admin.cercledeconomia.com/content/uploads/2024/06/nota-de-opinion-cde_vivienda_junio24.pdf, pág.20. Anteriormente, y a excepción de la etapa de la

la crisis financiera e inmobiliaria que se hizo patente a finales de 2007 arrastró a la Hacienda Pública a niveles de déficit y endeudamiento incompatibles con el pacto europeo de estabilidad y empujó a los poderes públicos a reducir drásticamente los recursos públicos dedicados a la política de vivienda: tanto los ingresos dejados de percibir por los beneficios fiscales, como el gasto directo de las subvenciones y demás ayudas públicas articuladas por los planes de vivienda.

Una política dirigida a conseguir una mayor accesibilidad de la vivienda para las personas más desfavorecidas requiere una mayor intervención pública. A diferencia de la política seguida tradicionalmente, debe dejar de ponerse el foco en la regulación para ponerlo en el gasto público. Como sostiene el CERCLE D´ECOMOMIA, el gasto público es un mecanismo mucho más transparente y sus efectos son más fáciles de monitorizar, en cuanto a su efecto sobre la eficiencia del mercado de la vivienda como, sobre todo, a su impacto sobre la equidad[248]

Así pues, España tiene un largo camino por delante para poder cumplir los "objetivos específicos" de lo estipulado por el apartado 1 de la Disposición Transitoria 2.ª de Ley 12/2023, de 24 de mayo por el derecho a la vivienda, que establece "*como referencia general el compromiso de alcanzar, en el plazo de 20 años, un parque mínimo de viviendas destinadas a políticas sociales del 20% respecto al total de hogares que residen en aquellos municipios en los que se hayan declarado zonas de mercado residencial tensionado*". Pero

burbuja 1997-2007, el gasto público en vivienda tenía un carácter contracíclico y crecía fundamentalmente fomentando la producción de viviendas de protección oficial cuando caía la construcción en general. Durante la burbuja, a pesar del fuerte crecimiento económico, el gasto público también creció, porque había desaparecido prácticamente la producción de vivienda de protección oficial. Pág. 20

248 CERCLE D´ECONOMIA, *De la desconfianza a la colaboración. Por un partenariado entre el sector público y el privado que resuelva de verdad el problema del acceso a la vivienda en Cataluña y en España.* https://admin.cercledeconomia.com/content/uploads/2024/06/nota-de-opinion-cde_vivienda_junio24.pdf,pág.25.

parece evidente que un objetivo tan ambicioso -incrementar en los próximos 20 años los parques públicos de vivienda hasta el 20% con respecto al total de hogares- no podrá ser logrado únicamente a través de la iniciativa pública.[249]

Como afirma el Instituto de Estudios Económicos, para ello será necesario, por un lado, favorecer una regulación equilibrada y que incentive la puesta en el mercado de vivienda en alquiler y por otro, implementar programas de colaboración entre el sector público y el privado con dicha finalidad.[250]

Esta colaboración publico-privada -continúa afirmando el Instituto de Estudios Económicos"- *"se ve obstaculizada por el entorno regulatorio, así como por la falta de incentivos económicos y financieros dirigidos hacia la oferta. Junto a lo anterior, es mandatorio incorporar planes que pongan a disposición de la Administración vivienda ya existente de segunda mano. En relación con este último punto, es necesario que la normativa en materia de vivienda recoja un modelo de colaboración público – privada explícito basado en experiencias europeas y que fomente a través de un programa específico la puesta a disposición de viviendas tanto de pequeños propietarios, como grandes tenedores, estos son, los fondos de inversión, entidades de gestión de activos, fondos de capital riesgo y fondos de titulización de activos para su alquiler como vivienda asequible o social".*[251]

No obstante, hay que tener en cuenta que el porcentaje de vivienda social también tiene sus límites. La Decisión de la

---

249 En Francia, las *Lois de la solidarité et renouvelement urbains y L´Urbanisme et Habitat* de 2 de julio de 2003, recogen, entre otros extremos, los denominados programas locales del hábitat, donde se fijan las necesidades de la vivienda, así como las previsiones para conseguir el 20% de viviendas de protección oficial entre los municipios que reúnan determinadas características.

250 file:///Users/fpmendez/Documents/Vivienda%20La%20colaboración%20público-privada%20y%20el%20reto%20de%20la%20vivienda.%20Índice%20Internacional%20de%20Derechos%20de%20Propie.webarchive. Consultado el 17 de abril de 2024

251 Ibidem.

Comisión Europea nº 642/2009, Bruselas 15-12-2009, a propósito de la situación en los Países Bajos, el Estado con más vivienda social en el ámbito de la Unión Europea, declara que una generalización excesiva de la vivienda social puede distorsionar la competencia, por lo que debe limitarse "*para los grupos de población calificados como vulnerables o socialmente más desfavorecidos*"[252]

En concreto, la Comisión consideró que no bastaba con la consideración como servicio público de las empresas de vivienda -*woningcorporaties*- les obligase a limitar el precio de las viviendas sociales y diese preferencia a las personas y colectivos más desfavorecidos, sino que debían reservarse exclusivamente para dichos grupos, por lo que decidió que el régimen de vivienda social vigente en los Países Bajos no era compatible con el Tratado de Funcionamiento de la Unión Europea-TFUE-[253]

7.5. LA CONVENIENCIA DE SUSTITUIR EL SISTEMA DE FIJACIÓN DE PRECIOS DE LOS ALQUILERES POR OTRO DE SUBVENCIONES A LOS INQUILINOS MAS NECESITADOS

Como ha señalado acertadamente RÀFOLS ESTEVE[254], el principal inconveniente del sistema de fijación de precios de los alquileres consiste en que se aplica a las viviendas en lugar de a las personas. El precio máximo es el mismo con independencia de

252 Véase también la STJUE 15-11-2018 (Tribunal General).

253 Al mismo tiempo admitió que sí era conforme con el Tratado la proyectada reforma del Gobierno holandés de limitar el colectivo de beneficiarios de la vivienda social a los grupos especialmente necesitados, definidos conforme a ciertos parámetros: renta anual inferior a 33.000 euros, renta arrendaticia máxima de 647.53 euros. Las empresas de vivienda debían dedicar, al menos, el 90% a ese grupo.

254 RÀFOLS ESTEVE J. *El control de alquileres como medida de política de vivienda en España, Información Comercial Española,* núm. 548, abril, 1979, págs. 20-21.

la renta del inquilino. Un sistema más justo y más eficiente para hacer la vivienda asequible debería relacionar la cuantía del alquiler a cargo del inquilino con su capacidad de pago. Sin embargo, este sistema es incompatible con el intento de asegurar una tasa de retorno razonable si el inquilino es una persona de bajo nivel de ingresos. Para obviar este inconveniente, sería necesario introducir un sistema de subsidios que cubriese la diferencia entre la renta a pagar y la capacidad de pago.

Un sistema de subsidios de alquileres aparece así como mucho más eficaz que el control de alquileres como instrumento para hacer asequible la vivienda a los segmentos de población para los que, por su renta, la vivienda es inasequible . Además de la razón expuesta, evita la contracción de la oferta y abrir el camino hacia la destrucción del parque de viviendas en alquiler que inevitablemente produce el sistema de fijación de precios. En definitiva, evita la generación de costes sociales adicionales.

Todo indica que el sistema de fijación de precios probablemente solo se va a aplicar en Cataluña, que es, además, la comunidad en la que se ha originado esta medida. Ello significa que el sistema de fijación de precios, muy probablemente, tendrá, además de las consecuencias negativas conocidas, una consecuencia negativa adicional, cual es la huida de la inversión hacia otras zonas del territorio español o, incluso, fuera del mismo, percibidas como zonas más seguras jurídicamente, lo que agravará aún más la caída de la oferta de vivienda en Barcelona y, en general, en Cataluña, con todas sus consecuencias.

Antes de que estos daños se agudicen, sería conveniente que las autoridades de Cataluña derogasen el sistema de fijación de precios y lo fueran sustituyendo progresivamente por otro de subsidios a los más necesitados. Para ello, pueden inspirarse en las diferentes experiencias europeas, cuando, a partir de los años sesenta del pasado siglo, la mayoría de los estados europeos, tomaron la decisión de sustituir los sistemas de fijación de precios por la de subvenciones a los inquilinos con una renta insuficiente como instrumento para evitar que la vivienda fuera inaccesible para los sectores de población con renta insuficiente.[255]

Sin embargo, dichas autoridades están siguiendo la línea opuesta, de modo que el control de precios sobre los alquileres se pretendió intensificar en Cataluña con la aprobación del Decreto

---

[255] Existen diferentes ayudas al alquiler. Con carácter general, las hay en el Plan Estatal de Vivienda 2022–2025. Además, están de cada comunidad autónoma, Son las siguientes (2024) Andalucía:https://www.juntadeandalucia.es/servicios/sede/tramites/procedimientos/detalle/16413.html
Aragón https://www.aragon.es/-/ayudas-alquiler-vivienda
Asturias https://sede.asturias.es/-/dboid-6269000045385884007573
Baleares https://www.caib.es/webgoib/lloguer1
Canarias https://www.gobiernodecanarias.org/vivienda/
Castilla y Leon https://vivienda.jcyl.es/web/es/vivienda-urbanismo.html
Castilla-La Mancha https://vivienda.castillalamancha.es/ayudas-y-subvenciones/ayudas-al-alquiler
Cataluña https://web.gencat.cat/es/tramits/tramits-temes/20246_Subvencions-per-al-pagament-del-lloguer
Comunidad de Madrid https://www.comunidad.madrid/servicios/vivienda/ayudas-alquiler-vivienda-2023
Comunidad Valencisana https://ultimasayudas.com/ayudas-alquiler-en-comunidad-valenciana/
Extremadura https://www.juntaex.es/w/0623322
Galicia https://igvs.xunta.gal/areas/vivenda/aluguer/alugamento-2023?langId=es_ES
Rioja https://web.larioja.org/oficina-electronica/tramite?n=22627
Murcia https://sede.carm.es/web/pagina?IDCONTENIDO=3934&IDTIPO=240&RASTRO=c$m40288
Navarra http://www.navarra.es/home_es/Temas/Vivienda/Ciudadanos/Ayudas+y+subvenciones/
Pais Vasco https://www.euskadi.eus/gaztelagun_es/web01-tramite/es/
Resulta de gran interés el estudio de las diferentes ayudas a los inquilinos en Francia y, concretamente, en el caso de París. Véase Agence départamentale d´Information sur le Logement de Paris, *Le logement parisien en chifres*, nº.: 23, diciembre de 2023. La Cámara de la Propiedad Urbana de Barcelona ha publicado un extracto de dicho documento en Documents nº.3, Febrero de 2024.

Ley 6/2024 de 24 de abril de medidas urgentes en materia de vivienda, el cual extiende el control de precios a gran parte de los alquileres de temporada y a los alquileres de habitaciones. Afortunadamente, dicho Decreto Ley no superó el procedimiento de convalidación. La consecuencia inevitable hubiera sido una intensificación de la contracción de la oferta de viviendas en alquiler en Cataluña, con todos sus efectos derivados

7.6. LA NECESIDAD DE REGULAR FORMAS DE TENENCIA DISTINTAS DE LA PROPIEDAD Y DEL ALQUILER. ALGUNAS PROPUESTAS

Pese a que en nuestro país las fórmulas más habituales de tenencia son la propiedad y el alquiler, eso no significa que sean las únicas fórmulas posibles ni las únicas existentes[256]. La fórmula más deseada es la de ser propietario de la propia vivienda y, de no ser posible, el alquiler, que suele contemplarse como una fórmula transitoria hasta encontrar una vivienda accesible y de características satisfactorias. Sin embargo, como pone de manifiesto el BANCO DE ESPAÑA, las posibilidades de que los inquilinos se conviertan en propietarios son limitadas:

"*En términos relativos, la escasa capacidad de ahorro y la reducida renta de los hogares que residen en alquiler dificultan su acceso a una vivienda en propiedad. Se estima que, en 2021, un 61 % de los hogares que residían en alquiler o en una vivienda cedida no disponían del ahorro necesario para adquirir una vivienda en el municipio en el que residían,*

[256] De hecho, el INE, en 2014 habla de un 7.1 de "cesiones gratuitas", esto es, de tenencias en régimen de cesión gratuita, sin que identifique cuáles son esos regímenes de tenencia, que, probablemente, haya que identificar con usufructos viduales, adjudicaciones a cónyuge no propietario del uso de la vivienda por tener la patria potestad de hijos menores de edad y similares.http://www.ine.es/dyngs/INEbase/es/operacion.htm?c=Estadistica_C&cid=1254736176807&menu=ultiDatos&idp=1254735976608

teniendo en cuenta la cuantía económica que suponen el pago inicial (no cubierto con crédito hipotecario) y los gastos e impuestos asociados a la compra. Para el resto de los hogares alquilados -un 39 % del total-, que sí disponían de suficientes ahorros para cubrir los gastos iniciales de la compra y la parte del precio no cubierta por la hipoteca, un 40,5 % tendrían que hacer frente a una cuota hipotecaria que superaría el umbral máximo recomendado del 35 % de la renta neta del hogar a partir del que se incrementa la probabilidad de impago para un hogar con renta mediana. Esta proporción aumentaría hasta el 55 % con los tipos de interés promedio de 2023 (3,9 % TAE). De este modo, si se combinan las dos restricciones -disponibilidad de ahorro suficiente para cubrir los gastos iniciales y ratio de cuota hipotecaria sobre renta inferior al 35 %-, se obtiene que un 76,5 % de los hogares en alquiler tenían dificultades en 2021 para acceder a un préstamo con el que financiar la adquisición de una vivienda. Estas dificultades se incrementarían con los tipos de interés de 2023, elevando dicha proporción hasta el 82,5 %. Estos resultados se encuentran en línea con la Encuesta de Competencias Financieras de 2021, en la que solo un 27 % de los hogares arrendatarios declaraban residir en una vivienda de alquiler por sus preferencias o su menor coste".[257]

Dado que ambas fórmulas, propiedad y alquiler, resultan inaccesibles para sectores crecientes de la población, especialmente en las grandes áreas urbanas, se hace necesario explorar otras fórmulas de acceso a la vivienda. A continuación, me refiero a alguna de esas fórmulas.

7.6.1. El arrendamiento financiero con opción de compra y la revitalización del censo enfitéutico

Uno de los principales problemas para adquirir una vivienda en propiedad es que, usualmente, requiere recurrir a la financiación hipotecaria, la cual no puede exceder del 80% del valor de

---

[257] BANCO DE ESPAÑA, *El mercado de la vivienda en España: evolución reciente, riesgos y problemas de accesibilidad,* Capítulo 4 del Informe Anual 2023, págs. 38-39.

tasación, por exigirlo así el artículo 5.2 de la Ley Reguladora del Mercado Hipotecario, si la entidad financiera desea poder utilizar la hipoteca para emitir títulos hipotecarios que le permitan refinanciarse. Es decir, el potencial comprador debe contar con un capital mínimo del 20%, más el importe del impuesto que grava la transmisión -entre el 6% y el 11.5%, en función de la Comunidad Autónoma de que se trate y del precio, más los gastos complementarios-, lo cual no está al alcance de muchos particulares.

El arrendamiento financiero con opción de compra no exige esta aportación inicial sino, por el contrario, el pago final por el ejercicio de la opción.

Para que esta fórmula pueda tener éxito, es preciso que se conceda por un plazo similar al de un préstamo hipotecario, de modo que la cuota mensual del arrendatario financiero sea similar a la que paga un deudor hipotecario y que, por lo tanto, el ejercicio final del derecho de opción de compra sea del importe equivalente a una cuota más, de modo que sea puramente residual.

Por el momento, esta fórmula no tiene éxito debido a sus deficiencias regulatorias, especialmente prudenciales y fiscales, para ser utilizada con la finalidad expuesta, lo cual hace que no se suela conceder un plazo que vaya más allá de los tres o cinco años.

Ante este problema, GARCIA-HINOJAL propone la revitalización del censo , concretamente del enfitéutico, señalando que la evolución legislativa que determinó convertir al censatario en propietario ha originado una doctrina que contempla el censo, sobre todo el enfitéutico, como un instrumento al servicio de la política de ordenación urbana por los poderes públicos con la finalidad de ofrecer viviendas como censos enfitéuticos, lo que supondría facilitar el acceso a la vivienda, incidiendo en el mercado inmobiliario, al establecer una competencia en relación con los particulares, lo que se podría hacerse extensivo a las inversiones inmobiliarias empresariales de amortización breve.

En este sentido, ha propuesto que la revitalización del censo enfitéutico permitiría regular la cantidad que hay que pagar de entrada, y en este caso el esfuerzo sería de parte del ente público ya que este tiene más facilidades para acudir al crédito oficial o a una hipoteca que los particulares. En tal caso, los jóvenes se convertirían en censualistas debiendo pagar una renta concreta y acordando durante cierto número de años o bien su redención por una cantidad determinada de dinero, la adquisición de su propiedad, o simplemente la extinción del censo.

A la figura del censo se refiere el artículo 1623 del Código civil y se halla regulada en el Derecho civil de Cataluña, concretamente, en el Capítulo V, del Título VI, de la Ley 5/2006, de 10 de mayo, del Libro Quinto del Código Civil de Cataluña, relativa a derechos reales. En concreto, dicha regulación está contemplada en los Art. 565-1 a Art. 565.33 del CCC, así como en la Ley 6/1990, perviviendo también en Baleares y en la Comunidad Valenciana.[258]

7.6.2. La propiedad superficiaria

El derecho de superficie o de construcción en suelo ajeno da lugar a la denominada propiedad superficiaria, que la Ley 8/2007, de 28 de mayo, de Suelo regula en sus artículos 35 y 36 y que también ha tenido poco éxito, probablemente por su limitación temporal – el artículo 35.2 establece un límite máximo de 99 años-.

---

258 A diferencia del adquirente con financiación hipotecaria o de las diferentes fórmulas de propiedad compartida, en el arrendamiento con opción de compra, mientras no se ejercite la opción, se sigue siendo arrendatario, con las limitaciones que ello comporta. NASARRE AZNAR S. *La insuficiencia de la normativa actual sobre acceso a la vivienda en propiedad y en alquiler: la necesidad de instituciones jurídico-privadas* en NASARRE AZNAR S (Dir.) , *El acceso a la vivienda en un contexto de crisis.* Ed.: Edisofer, 2011, págs.155 a 160. La reforma de la legislación sustantiva al respecto exige fórmulas para poder superar esas limitaciones. GARCÍA-HINOJAL LÓPEZ V.J.,*La revitalización del censo como instrumento para políticas públicas de vivienda,* conferencia pronunciada en el Decanato de los Registradores de Cataluña el 17 de octubre de octubre de 2024, texto facilitado por el autor.

El artículo 35.1 lo define del siguiente modo: " *El derecho real de superficie atribuye al superficiario la facultad de realizar construcciones o edificaciones en la rasante y en el vuelo y el subsuelo de una finca ajena, manteniendo la propiedad temporal de las construcciones o edificaciones realizadas. También puede constituirse dicho derecho sobre construcciones o edificaciones ya realizadas o sobre viviendas, locales o elementos privativos de construcciones o edificaciones, atribuyendo al superficiario la propiedad temporal de las mismas, sin perjuicio de la propiedad separada del titular del suelo.*"

Cuando se trata de suelo público, el derecho de superficie permite evitar total o parcialmente la repercusión del coste del suelo sobre el precio final de la vivienda, se adquiera ésta en cualquier forma de tenencia -propiedad plena, compartida, temporal o arrendamiento-.

Finalizado el plazo temporal por el que se hubiere pactado, con un límite máximo de noventa y nueve años-, el artículo 36 núm.5 párrafo segundo de la Ley del Suelo dispone:

> "*...el propietario del suelo hace suya la propiedad de lo edificado, sin que deba satisfacer indemnización alguna cualquiera que sea el título en virtud del cual se hubiera constituido el derecho. No obstante, podrán pactarse normas sobre la liquidación del régimen del derecho de superficie.*[259]

Esta modalidad de tenencia está siendo impulsada por *El Pla pel dret a l´habitatge*, 2016-2025 del Ayuntamiento de Barcelona, pero, sin embargo, está teniendo escasa aceptación entre los solicitantes

---

[259] Es preciso tener en cuenta que, conforme a lo dispuesto por el artículo 35 número 5 en sus dos últimos párrafos: "*La extinción del derecho de superficie por el transcurso de su plazo de duración determina la de toda clase de derechos reales o personales impuestos por el superficiario.*
Si por cualquier otra causa se reunieran los derechos de propiedad del suelo y los del superficiario, las cargas que recayeren sobre uno y otro derecho continuarán gravándolos separadamente hasta el transcurso del plazo del derecho de superficie."

necesitados de vivienda, siendo la modalidad de tenencia menos solicitada[260].

La Ley por el derecho a la vivienda, en su artículo 28.1.a, -intitulado *Criterios orientadores en la gestión de los parques públicos de vivienda*- ubicado dentro del Titulo III referente a los parques públicos de vivienda, dispone:

"*1. Para la gestión de los parques públicos de vivienda y el cumplimiento de sus finalidades, las Administraciones Públicas competentes en materia de vivienda y sus entes adscritos o dependientes, de conformidad con lo dispuesto en su legislación y normativa de aplicación, y sin perjuicio de los criterios específicos que esta establezca, podrán:*

b) Otorgar derechos de superficie o concesiones administrativas a terceros para que edifiquen, rehabiliten y/o gestionen viviendas del parque público, siempre que quede garantizada la titularidad pública del suelo, mediante los correspondientes procedimientos que garanticen la transparencia y pública concurrencia en la concesión de estos derechos."

El INSTITUTO DE ESTUDIOS ECONÓMICOS, por su parte, ha elaborado la siguiente propuesta para optimizar la utilización de la propiedad superficiaria:

"*En cuanto a la puesta a disposición de suelo, debería analizarse la viabilidad jurídica de una propuesta en que el suelo sea privado, el propietario elabore el proyecto constructivo y proceda a ejecutar las obras de edificación asumiendo el riesgo de la obra y posteriormente explote el activo mediante el alquiler de las viviendas. En este caso, obviamente*

260 *El Pla pel dret a l'habitatge*, 2016-2025 del Ayuntamiento de Barcelona prevé que el 40% de las viviendas nuevas lo sean en régimen de superficie y solo el 6% en alquiler https://www.habitatge.barcelona/sites/default/files/documents/pdhb_volum_ii_pla_pel_dret_a_lhabitatge_2016-2025.pdf, consultado el 25 de marzo de 2024. Según recoge el propio plan en su parte primera, en 2016, el derecho de superficie era la modalidad de tenencia menos solicitada.

debería existir aportación pública (también existe en algunos casos de colaboración con suelo público), que puede tener diversas concreciones. También podría variar el momento en que el activo se incorpore al patrimonio público. Podría ser en el momento en el que finaliza la ejecución de obra de edificación estableciendo una cesión de uso o alquiler del conjunto. O bien se podría producir la adquisición del activo por parte del sector público al final del período contractual".[261]

7.6.3. La propiedad compartida y la propiedad temporal

En Cataluña, se han regulado la propiedad compartida y la propiedad temporal por la Ley 19/2015, de 29 de julio, de incorporación de la propiedad temporal y de la propiedad compartida al libro quinto del Código civil de Cataluña. Están inspiradas en la *shared owneship* del Reino Unido, que existe en aquel país desde los años 70 del siglo pasado.

Como afirma el propio preámbulo de la Ley: "*La introducción de estas modalidades de dominio obedece, principalmente, al propósito de aportar soluciones al problema del acceso a la propiedad de la vivienda, flexibilizando las vías de adquisición, ofreciendo fórmulas que permitan abaratar o minorar los costes económicos y respetando la naturaleza jurídica del derecho de propiedad, de conformidad con la tradición jurídica propia.*"

Define la propiedad temporal como aquella que "*otorga a su titular el dominio de un bien durante un plazo cierto y determinado, a cuyo vencimiento el dominio deviene del titular sucesivo*" y la propiedad compartida como aquella que "*confiere a uno de los dos titulares, que recibe el nombre de propietario material, una cuota inicial del*

---

261 Instituto de Estudios Económicos, La colaboración público-privada y el reto de la vivienda. Índice Internacional de Derechos de Propiedad 2023. file:///Users/fpmendez/Documents/Vivienda%20La%20colaboración%20público-privada%20y%20el%20reto%20de%20la%20vivienda.%20Índice%20Internacional%20de%20Derechos%20de%20Propie.webarchive. Consultado el 17 de abril de 2024.

dominio, y la posesión, el uso y disfrute exclusivo del bien y el derecho a adquirir, de modo gradual, la cuota restante del otro titular, que recibe el nombre de propietario formal. Esta situación jurídica supone, en cualquier caso, la exclusión de la acción de división".

Hasta el momento, estas fórmulas están teniendo poco éxito[262], probablemente porque no existe una cultura de vivienda compartida y se prefieren las fórmulas en las que tanto el derecho formal como el material pertenezcan solo al ocupante, con la única excepción del arrendamiento que, pese a su crecimiento, sigue siendo muy minoritario en relación a la propiedad. Además de por esta razón, las entidades financieras, tras las agudas crisis experimentadas y la cada vez más rigurosa regulación prudencial, siguen prefiriendo la adquisición en propiedad tradicional como objeto de financiación.

En todo caso, como afirma ARNAIZ RAMOS[263], se trata de una regulación cuyo objetivo no precisaba introducir fórmulas disonantes con los elementos característicos del derecho de propiedad, dada la posibilidad de generar derechos de propiedad de duración temporal -suspensiva y resolutoriamente aplazados- y fórmulas de cotitularidad idénticas a las introducidas sobre la base del juego de la autonomía de la voluntad; el fomento de tales fórmulas

---

262 De hecho, ni las estadísticas registrales ni las notariales han detectado hasta el momento ningún caso de aplicación de la ley, lo que es achacado por SIMON MORENO H., con quien se muestra de acuerdo NASARRE AZNAR S., al hecho de que tales fórmulas no requieren, para existir ni escritura pública ni inscripción registral. SIMON MORENO H., *Comentarios al art.547-8 y al art.556-5,* en NASARRE AZNAR S.(Dir.) La propiedad compartida y la propiedad temporal, Ed.: Tirant lo Blanch, Valencia, 2017, págs..183 y 270. NASARRE AZNAR S., *Los años de la crisis de la vivienda,* Ed.: Tirant lo Blanch, Valencia 2020, pág.548.

263 ARNAIZ RAMOS R., *Las actuaciones legislativas sobre el derecho de propiedad por razón de la protección del derecho a una vivienda digna,* en VAQUER CABALLERÍA M., PONCE SOLÉ J. y ARNAIZ RAMOS R., "Propuestas jurídicas para facilitar el acceso a la vivienda", Fundación Coloquio Jurídico Europeo, 2016., pág.239

podía haberse logrado con el simple establecimiento de medidas de promoción administrativa y beneficios fiscales.

Y, en efecto, los particulares se están inclinando más por fórmulas conocidas como la venta de la nuda propiedad con reserva de usufructo. Estas operaciones suelen ser realizadas por personas mayores de 75 años -con lo que evitan tributar en el Impuesto sobre la Renta de las Personas Físicas por la liquidez obtenida- y los compradores suelen obtener un descuento de alrededor del 35%. Una fórmula parecida es la venta de la propiedad de la casa pero constituyendo un derecho de arrendamiento a favor del vendedor por un precio inferior al de mercado. En último término, también suele recurrirse a la hipoteca inversa. Según MAS VIDA, de cada 100 operaciones de este tipo en Cataluña, 60 corresponden a la primera modalidad, 30 a la segunda y 10 a la tercera[264]. Se trata de una tendencia al alza en el conjunto de España, con especial crecimiento en Castilla-León, donde la venta de nuda propiedad con reserva de usufructo creció un 72% en 2023, con 57 operaciones de este tipo.

Ciertamente, este tipo de operaciones permite que ciudadanos de edad avanzada obtengan liquidez conservando la vivienda, si bien transformando su régimen de tenencia. De este modo, pueden complementar su pensión y tener una vida más desahogada. No obstante, este tipo de operaciones tiene el efecto añadido de impedir que los descendientes puedan acceder a una vivienda por vía hereditaria, algo que, si bien algunas CCAA facilitan fiscalmente, otras, sin embargo, como es el caso de Cataluña, lo gravan severamente, hasta el punto de imposibilitar el acceso ante la incapacidad de hacer frente al coste fiscal que grava la sucesión. De generalizarse estas operaciones, el problema de la vivienda se agravará aún más en el futuro, pues una porción creciente de la población no podrá acceder a la misma tampoco por vía hereditaria.

---

264 https://www.barcelonanoticies.com/actualidad-empresarial/291172-las-operaciones-de-nuda-propiedad-se-han-duplicado-en-el-primer-semestre.htm

7.6.4. *La shared equity*

Una modalidad de financiación que puede resultar interesante para facilitar la adquisición de la vivienda en propiedad es la *shared equity* inglesa. El propietario debe efectuar un depósito con recursos propios del 5%. A continuación, el Gobierno concede un préstamo-propiedad blando -*equity loan*- de hasta un 20% -o un 40% en Londres- y, de ese modo, puede obtener un préstamo hipotecario ordinario por el 75% restante [265].

En esta línea se inserta lo dispuesto por el artículo 86 del Real Decreto-ley 8/2023, de 27 de diciembre, por el que se adoptan medidas para afrontar las consecuencias económicas y sociales derivadas de los conflictos en Ucrania y Oriente Próximo, así como para paliar los efectos de la sequía. Bajo ciertas condiciones y con el cumplimiento de los requisitos exigidos, el Instituto de Crédito Oficial podrá avalar hasta el 25% del principal del préstamo para la adquisición de la vivienda habitual.

7.7. LA NECESIDAD DE GRADUAR LAS CONSECUENCIAS DE LAS DECLARACIONES DE NULIDAD QUE AFECTAN A LOS INSTRUMENTOS URBANÍSTICOS

Según reza el artículo 4.1 del Real Decreto Legislativo 7/2015, de 30 de octubre, por el que se aprueba el Texto Refundido de la Ley de Suelo y Rehabilitación Urbana:

> *"La ordenación territorial y la urbanística son funciones públicas no susceptibles de transacción que organizan y definen el uso del territorio y del suelo de acuerdo con el interés general, determinando las facultades y deberes del derecho de propiedad del suelo conforme al destino de éste. Esta determinación no confiere derecho a exigir indemnización, salvo en los casos expresamente establecidos en las leyes"*

---

[265] NASARRE AZNAR S., *Los años de la crisis de la vivienda,* Ed.: Tirant lo Blanch, Valencia 2020, pág.530

Y según el apartado 2.a del mismo artículo:

"La legislación sobre la ordenación territorial y urbanística garantizará:

a.-La dirección y el control por las Administraciones Públicas competentes del proceso urbanístico en sus fases de ocupación, urbanización, construcción o edificación y utilización del suelo por cualesquiera sujetos, públicos y privados."

Si, además, consideramos que el ejercicio de tales funciones públicas incide directamente sobre el derecho de propiedad privada, configurándolo de modo determinante, se entiende que las diferentes legislaciones prevean la necesidad de elaborar planes y, en general, instrumentos de ordenación urbanística, para cuya elaboración y ejecución se han de seguir trámites necesarios no solo para la buena calidad de la actuación urbanística sino también para evitar perjuicios injustificados. Todo ello hace que los procedimientos urbanísticos sean rígidos y lentos.

La rigidez de los procedimientos a los que se refiere la Ley de Suelo y Rehabilitación Urbana, aprobado por el Real Decreto legislativo 7/2015, de 30 de octubre, así como los desarrollados por diferentes legislaciones autonómicas tienen como consecuencia que, ante un aumento de la demanda de vivienda, la respuesta de la oferta no sea lo ágil que debería para evitar un desajuste entre oferta y demanda con el consiguiente encarecimiento de los precios de las viviendas tanto en régimen de propiedad como de alquiler.

Se impone, por lo tanto, flexibilizar en la medida de lo posible todo lo referente a tales procedimientos.

Uno de los problemas que mas ha contribuido y contribuye a la ralentización de todo el proceso urbanístico es -como señala la Exposición de Motivos del Proyecto de Ley por la que se modifica el Texto Refundido de la Ley de Suelo y Rehabilitación Urbana- el de la "*problemática que plantea la calificación inflexible de los vicios de los Reglamentos cuando estos se proyectan sobre los instrumentos de ordenación territorial y urbanística. Tal calificación provoca su nulidad de pleno derecho por cualquier tipo de vicio procedimental, por insignificante que éste sea*".

En dicho proyecto de Ley se introducen medidas para graduar las consecuencias de las declaraciones de nulidad que afectan a los instrumentos urbanísticos, en función de los vicios más o menos graves, invalidantes o no, que den lugar a tal declaración, como se admitió, durante años, por vía hermenéutica, en el procedimiento administrativo común, "*interpretación que, sin una justificación evidente, ha desaparecido solo en relación con los instrumentos de ordenación territorial y urbanística, desde hace varios años*", como declara la Exposición de motivos.

Es de desear que, aunque inicialmente dicho Proyecto de Ley haya sido rechazado en el Congreso de los Diputados, se apruebe lo antes posible para evitar las consecuencias indeseadas de las nulidades en cascada que se derivan del actual régimen jurídico, que retrasa considerablemente la efectividad de los planes con todas sus consecuencias.

7.8. PROPUESTA DE FLEXIBILIZACIÓN DE LOS REQUISITOS PARA LA INSCRIPCIÓN DE LA DECLARACIÓN DE OBRAS NUEVAS SITUADAS EN SUELO URBANO NO SOMETIDO A ACTUACIONES DE TRANSFORMACIÓN URBANÍSTICA Y DE LOS REQUISITOS PARA LA INSCRIPCIÓN DEL CAMBIO DE USO

7.8.1. En relación a la obra nueva

Merece destacarse también la necesidad de que se agilicen los trámites necesarios para los actos de edificación y construcción, trámites no siempre justificados y que retrasan innecesariamente la puesta en marcha del proceso de producción de nuevas viviendas.

Ciertamente, la edificabilidad no forma parte del contenido del derecho de propiedad, sino que se "patrimonializa", esto es, se adquiere "*únicamente con su realización efectiva* ", según resulta del artículo 11.2 del Texto Refundido de la Ley del Suelo y Rehabilitación Urbana (TRLSRU). Por ello, la inscripción de la declaración de una obra en el Registro de la Propiedad no es solamente la modificación de la descripción de la finca, sino la inscripción de la adquisición de un nuevo derecho, el derecho de propiedad sobre lo edificado, imprescindible para la inscripción de derechos reales que recaigan sobre la edificación, como, por ejemplo, una hipoteca que sirva de garantía para obtener la financiación necesaria para finalizar la obra declarada, que puede serlo simplemente en fase proyecto.

Y el número 3 del citado artículo 11 dispone :" *Todo acto de edificación requerirá del acto de conformidad, aprobación o autorización administrativa que sea preceptivo, según la legislación de ordenación territorial y urbanística, debiendo ser motivada su denegación. En ningún caso podrán entenderse adquiridas por silencio administrativo facultades o derechos que contravengan la ordenación territorial o urbanística.*"

Y el número 4 apartado b del mismo articulo aclara:

> "***4.*** *Con independencia de lo establecido en el apartado anterior, serán expresos, con silencio administrativo negativo, los actos que autoricen:*
>
> ***b)*** *Las obras de edificación, construcción e implantación de instalaciones de nueva planta.*"

En una primera aproximación, por lo tanto, no parece que la regulación de la inscripción de la declaración de obra en el Registro de la Propiedad deba presentar una especial complejidad. Sin embargo, como señala OLIVA IZQUIERDO[266], es ésta una de

---

266 OLIVA IZQUIERDO A.M., *Las declaraciones de obra nueva y el Registro de la Propiedad*, Ed.: Basconfer, 2022, pág.31. El libro tiene por objeto recopilar la extensísima legislación estatal -con referencia al Derecho civil común y foral, al Derecho Hipotecario y al Derecho Urbanístico- y autonómica vigente en materia de declaración de obras nuevas, analizando de manera pormenorizada los requisitos necesarios para su constancia en

las cuestiones que más problemática ha suscitado en materia registral, debido, entre otros factores, a que entran en juego, respectivamente, normas de carácter civil, hipotecario, urbanístico, reguladoras de la edificación y también catastrales, que, a su vez, pueden ser, según la clase de norma de que se trate, de carácter estatal o autonómico.

A ello hay que añadir la evolución legislativa del urbanismo en España, condicionada, debe añadirse, por la jurisprudencia constitucional, así como por los nuevos requerimientos, no siempre justificados, para la inscripción en general y de las obras nuevas en particular, introducidos por la Ley 13/2015 de modificación de la Ley Hipotecaria y de la del Catastro Inmobiliario. Todo ello ha incidido directamente en la complejidad de la regulación de la inscripción de la declaración de obra en el Registro de la Propiedad.

No es éste el lugar para exponer dicha evolución legislativa. Sin embargo, me parece conveniente hacer una breve referencia a la misma para entender por qué se ha llegado a la actual situación y por qué es necesario reformar la regulación vigente con la finalidad de simplificar y agilizar la inscripción de las declaraciones de obra nueva.

---

el Registro de la Propiedad desde una perspectiva tanto legal como doctrinal, y examinando las resoluciones de la antigua Dirección General de los Registros y del Notariado, hoy Dirección General de Seguridad Jurídica y Fe Pública- pág.40-. Sobre este tema, cabe destacar: MÉNDEZ GONZÁLEZ F.P. *Registro de la Propiedad y Ley del Suelo*, RCDI, nº 698, año 2006. ARNÁIZ EGUREN R. *Aspecto civiles y registrales en la declaración de obra nueva. El alcance y significado del artículo 25 de la Ley de Reforma del Régimen Urbanístico y Valoraciones del Suelo de 25 de julio de 1990*, RCDI núm.697. ARNÁIZ EGUREN R., *La inscripción registral de actos urbanísticos*, Ed.: Marcial Pons. 1999, ARNÁIZ EGUREN R., *Terreno y edificación, propiedad horizontal y prehorizontalidad*, Thomson Reuters Civitas, 2010. ARNÁIZ RAMOS R., *La inscripción en el Registro de la Propiedad de la declaración de obra nueva*, Ed.: Bosch, 2012.

Como afirma ARNAIZ EGUREN[267], la regulación registral de la declaración de obra nueva como tal, es decir, como documento público en el que se manifiesta la voluntad del titular de describir la edificación existente, en construcción o en proyecto sobre una finca, con la intención de que dicha descripción se incorpore al folio correspondiente, surge con la reforma hipotecaria de 1944-1946 y constituye una consecuencia directa del desarrollo del sistema registral. La Ley Hipotecaria -artículo 208- y el Reglamento Hipotecario -artículo 308- consideraron la declaración de obra nueva como una mera declaración del titular registral, no sometida a control alguno del cumplimiento de la legalidad urbanística por parte de la autoridad registral porque, como afirmó la RDGRN de 16 de noviembre de 1981 era *"competencia exclusiva de las autoridades municipales y urbanísticas el velar por el cumplimiento de las normas de edificación"*.

Como consecuencia de la aprobación de la CE, singularmente de lo dispuesto por sus artículos 33 y 47, se aprobó la Ley 8/1990 de 25 de julio sobre Reforma del Régimen Urbanístico y Valoraciones del Suelo, la cual, en su artículo 25, sometió a control de legalidad por parte de las autoridades registrales las declaraciones de obra para poder obtener la inscripción de las mismas. La Ley, junto contras normas, se integró en el Texto Refundido de la Ley sobre Régimen del Suelo y Ordenación Urbana, aprobado por el Real Decreto Legislativo 1/1992 de 26 de junio, cuyo artículo 37.2 reproducía el citado artículo 25, con el siguiente tenor:

> *"2. Los Notarios y Registradores de la Propiedad exigirán para autorizar o inscribir, respectivamente, escrituras de declaración de obra nueva terminada, que se acredite el otorgamiento de la preceptiva licencia de edificación y la expedición por técnico competente de la certificación de finalización de la obra conforme al proyecto aprobado. Para autorizar*

---

267 ARNÁIZ EGUREN R. *Aspecto civiles y registrales en la declaración de obra nueva. El alcance y significado del artículo 25 de la Ley de Reforma del Régimen Urbanístico y Valoraciones del Suelo de 25 de julio de 1990*, RCDI núm.697, pág.2164.

e inscribir escrituras de declaración de obra nueva en construcción, a la licencia de edificación se acompañará certificación expedida por técnico competente, acreditativa de que la descripción de la obra nueva se ajusta al proyecto para el que se obtuvo la licencia. En este caso, el propietario deberá hacer constar la terminación mediante acta notarial que incorporará la certificación de finalización de la obra antes mencionada. Tanto la licencia como las expresadas certificaciones deberán testimoniarse en las correspondientes escrituras",

Estando así las cosas, el Tribunal Constitucional dictó la Sentencia 61/1997, de 20 de marzo, que apreció la insconstitucionalidad de, aproximadamente, dos terceras partes del Texto Refundido referido, por considerar que vulneraba las competencias de las CCAA. Esta sentencia tuvo varias consecuencias con carácter inmediato, fundamentalmente de dos órdenes: 1.-Las CCAA se apresuraron en aprobar las normas correspondientes en el ejercicio de las competencias reconocidas por la citada STC. La mayoría de ellas se limitaron a reproducir, con leves variaciones, el TR declarado inconstitucional por el TC por razones competenciales; 2.- El Estado promulgó la Ley 6/1998, de 13 de abril sobre el Régimen del Suelo y Valoraciones cuyo contenido se limitaba al ámbito competencial reconocido al Estado por la citada STC, pese a lo cual, parte del mismo -artículos 16.1 y 38- fue declarada inconstitucional por la STC 164/2001, de 11 de julio.

La consecuencia práctica de esta discutida sentencia del Tribunal Constitucional ha sido una profunda revolución en la situación urbanística creada al amparo del Texto Refundido, por dos razones:

1. En primer lugar, deroga, en gran medida, el Texto Refundido de 1992, dada la competencia de las Comunidades Autónomas para legislar en materia de urbanismo.
2. En segundo lugar, deja en vigor la normativa estatal anterior a la Constitución que el Texto Refundido de 1992 derogaba. Esta normativa tiene el carácter de supletoria y a ella habrá que acudir en la medida en que la normativa de las Comu-

nidades Autónomas no regule una normativa urbanística concreta o lo haga insuficientemente.

Como consecuencia de todo ello, la competencia estatal[268] para legislar al amparo del artículo 149.1.1.º CE sólo tiene por objeto garantizar la igualdad en las condiciones de ejercicio del derecho de propiedad del suelo y el cumplimiento de los deberes inherentes a su función social, pero no, en cambio, la ordenación de la ciudad, esto es, el urbanismo en un sentido estricto.

El Estado no puede, por lo tanto, invocando su competencia sobre esas condiciones básicas, configurar el modelo urbanístico que las Comunidades Autónomas y la Administración Local, en el ejercicio de sus respectivas competencias, han de diseñar, ni tampoco puede definir o predeterminar las técnicas o instrumentos urbanísticos, como hacía el Texto Refundido, cuya constitucionalidad enjuiciaba el Alto Tribunal.

La Sentencia ha establecido, pues, la siguiente distribución competencial que ACEDO-RICO HENNING sintetiza del modo que sigue[269]:

a) Al Estado compete fundamentalmente la definición del Estatuto de la Propiedad Urbana y las consecuencias inmediatas del mismo en el cumplimiento de los deberes inherentes a la función social. En consecuencia, la normativa estatal debe regular las siguientes materias:

-El Estatuto de la Propiedad del Suelo y lo que es inherente a la misma, los derechos y deberes de los afectados por el

---

268 ACEDO-RICO HENNING, F., "El Registro de la Propiedad y los sistemas de actuación urbanística con especial referencia a las Comunidades Autónomas", en *La política de la vivienda en España: Instrumentos jurídicos, urbanísticos y sociales,* RCDI, núm. 691, pág. 1562.

269 ACEDO-RICO HENNING, F., "El Registro de la Propiedad y los sistemas de actuación urbanística con especial referencia a las Comunidades Autónomas", en *La política de la vivienda en España: Instrumentos jurídicos, urbanísticos y sociales,* RCDI, núm. 691, pág. 1562.

proceso urbanizador, determinados en función de la clase de suelo donde se ubique dicha propiedad.

-Las valoraciones del suelo.

-Los procesos expropiatorios.

-Las indemnizaciones por alteración del planeamiento, vinculaciones singulares u otros supuestos.

Además, conserva la competencia en materia procedimental y la relativa a las relaciones entre el urbanismo y el Registro de la Propiedad (de acuerdo con el artículo 149.1.8 de la Constitución).

En este sentido, el Tribunal declara que corresponde al Estado la regulación de los actos inscribibles en el Registro de la Propiedad, los efectos y las operaciones registrales (Fundamentos 29-a y 39).[270]

b) A las comunidades autónomas corresponde el urbanismo propiamente dicho, esto es, la ordenación de la ciudad en sus facetas tradicionales de planeamiento y gestión. Así pues, les corresponden fundamentalmente las siguientes materias:

-*Planeamiento*: Las distintas clases de instrumentos de planeamiento, la formulación y elaboración de los planes, el distinto contenido de cada uno de ellos.

-*Gestión*: Las distintas formas de ejecución del planeamiento, sistemas de actuación, mecanismos de equidistribución de beneficios y cargas, etc.

-*Disciplina*: Distintos actos sometidos a licencia, infracciones urbanísticas y procedimiento sancionador, etc.

Por todo ello, y en resumen, el urbanismo, en España, salvo lo relativo al limitado contenido de competencia estatal, puede ser

---

270 Sobre la inserción constitucional del Registro de la Propiedad, véase PRETEL SERRANO J.J., Registro de la Propiedad, Constitución y Estado de las Autonomías, Ed.: Reus, 2023.

y es distinto, y debe ser estudiado en base a la legislación de cada una de las Comunidades Autónomas, pudiendo surgir en la regulación -como ya ha sucedido- grandes disparidades y debiendo acudirse, en caso de anomia, a la legislación urbanística estatal de forma supletoria.

La STC 61/1997 no afectó al articulo 37 del Texto Refundido de la Ley sobre Régimen del Suelo y Ordenación Urbana, aprobado por el Real Decreto Legislativo 1/1992 de 26 de junio y, poco después, se promulgó el Real Decreto 1093/1997, de 4 de julio, por el que se aprueban las normas complementarias al Reglamento para la ejecución de la Ley Hipotecaria sobre Inscripción en el Registro de la Propiedad de Actos de Naturaleza Urbanística, cuyos artículos 45 y siguientes del Capítulo VI regulan pormenorizadamente la inscripción de las declaraciones de obra nueva. En su Exposición de Motivos se hace referencia a que "*para evitar una regulación incompleta se han previsto otros extremos como la posibilidad de licencias obtenidas por acto administrativo presunto....*". De acuerdo con ello, el artículo 48.2 dispone:

" 2. En caso de que la concesión de la licencia tenga lugar por acto presunto, se incorporarán a la escritura, en original o por testimonio:

a) La certificación administrativa del acto presunto.

b) En caso de que no se hubiere expedido esta última, el escrito de solicitud de la licencia y, en su caso, el de denuncia de la mora, el escrito de solicitud de la certificación del acto presunto, todos ellos sellados por la Administración actuante, y la manifestación expresa del declarante de que, en los plazos legalmente establecidos para la concesión de la licencia solicitada y para la expedición de la certificación del acto presunto, no se le ha comunicado por la Administración la correspondiente resolución denegatoria de la licencia solicitada ni tampoco se le ha expedido la certificación del acto presunto."

En el ámbito sustantivo, se promulgó la Ley 8/2007, de 28 de mayo, del Suelo, cuya Disposición Adicional Segunda encargó al Gobierno la elaboración de un Texto Refundido con los preceptos aún vigentes del Real Decreto Legislativo 1/1992, Texto Refundido que fue aprobado por el Real Decreto Legislativo 2/2008, de 20 de junio. Simultáneamente, en el ámbito autonómico se fueron dictando diferentes leyes urbanísticas, en el ejercicio de las competencias reconocidas por el Tribunal Constitucional.

Al propio tiempo y en respuesta al impacto de la crisis hipotecaria sobre la solvencia de los deudores, se aprobó el Real Decreto-Ley 8/2011, de 1 de julio, de medidas de apoyo a los deudores hipotecarios, de gran interés a los efectos de este apartado, porque vetó la posibilidad de la inscripción de declaraciones de obra nueva (artículo 24), así como la constitución y modificación de complejos inmobiliarios por silencio administrativo positivo (artículo 25), modificando en este sentido el Texto Refundido de la Ley del Suelo.

Poco tiempo después se promulgó la Ley 8/2013 de 26 de junio, de rehabilitación, regeneración y renovación urbanas a fin de hacerlas viables, lo que resultaba necesario en un parque de viviendas envejecido.

Todo este conjunto normativo fue refundido en el Real Decreto Legislativo 7/2015, de 30 de octubre, por el que se aprueba el Texto Refundido de la Ley del Suelo y Rehabilitación Urbana, actualmente vigente, con excepción de los artículos declarados inconstitucionales por la STC 143/2017, de 14 de diciembre.

El artículo 28 regula la inscripción de la declaración de obra nueva y el artículo 65, los actos inscribibles. A estos artículos hay que añadir los artículos 9 y 202 de la Ley Hipotecaria en la redacción dada por la Ley 13/2015 de Reforma de la Ley Hipotecaria aprobada por Decreto de 8 de febrero de 1946 y del texto refundido de la Ley de Catastro Inmobiliario, aprobado por Real Decreto Legislativo 1/2004, de 5 de marzo, que ha añadido mayor complejidad técnica y, finalmente, los artículos 45 y siguientes del Real Decreto 1093/1997, de 4 de julio.

Por otro lado, como he expuesto en las páginas precedentes, fue el Real Decreto-Ley 8/2011, de 1 de julio, de medidas de apoyo a los deudores hipotecarios el que vetó la posibilidad de la inscripción de declaraciones de obra nueva por silencio administrativo positivo (artículo 24), así como la constitución y modificación de complejos inmobiliarios (artículo 25), modificando en este sentido el Texto Refundido de la Ley del Suelo y eliminando de ese modo las posibilidades abiertas por el Real Decreto 1093/1997, de 4 de julio que admite la obtención de licencia de obra nueva mediante acto presunto -silencio administrativo positivo-.

No obstante, el referido Proyecto de Ley por la que se modifica el Texto Refundido de la Ley de Suelo y Rehabilitación Urbana, aprobado por el Real Decreto Legislativo 7/2015, de 30 de octubre, modifica el articulo 11.4 del TRLSRU en los siguientes términos:

> *"4. Con independencia de lo establecido en el apartado anterior serán expresos, con silencio administrativo negativo, los actos que autoricen:*
>
> *b.-Las obras de edificación de nueva planta referidas en el artículo 2.2.a) y c) de la Ley 38/1999, de 5 de noviembre, de Ordenación de la Edificación, salvo que se trate de vivienda sometida a algún régimen de protección pública promovida por las propias Administraciones Públicas o sus entes dependientes".*

Tales obras son las siguientes:

> *"a) Obras de edificación de nueva construcción, excepto aquellas construcciones de escasa entidad constructiva y sencillez técnica que no tengan, de forma eventual o permanente, carácter residencial ni público y se desarrollen en una sola planta.*
>
> *c)Obras que tengan el carácter de intervención total en edificaciones catalogadas o que dispongan de algún tipo de protección de carácter ambiental o histórico-artístico, regulada a través de norma legal o documento urbanístico y aquellas otras de carácter parcial que afecten a los elementos o partes objeto de protección."*

A los efectos de este apartado, interesa destacar que el proyecto de ley pretende recuperar la posibilidad de la obtención de licencia por silencio positivo, sin bien limitada a la vivienda sometida a algún régimen de protección pública promovida por las propias Administraciones Públicas o sus entes dependientes.

Merece elogiarse la recuperación de dicha posibilidad, pero no su limitación, ni en cuanto al objeto ni en cuanto al sujeto. No existe razón alguna para no ampliarla a cualquier tipo de vivienda, sea quien sea su promotor.

Es más, debería considerarse la posibilidad de la innecesariedad de la licencia y su sustitución por una declaración responsable del arquitecto director de la obra. No debe olvidarse que el derecho a la edificación no surge de la licencia sino del plan y que, por lo tanto, la licencia no es ningún acto constitutivo de derechos, sino, teóricamente, de control preventivo del cumplimiento de la legalidad urbanística. La realidad, sin embargo, de muestra que las administraciones no siempre son neutrales en esta función, además de operar con una lentitud exasperante e injustificada, que contribuye a la inseguridad jurídica y actúa como factor retardatario del proceso de producción de edificios destinados en su mayor parte a viviendas.

Los arquitectos colegiados encargados de la dirección del proyecto tienen conocimientos más que suficientes para apreciar si el proyecto se adecúa al plan, debiendo abstenerse en caso contrario. Si consideran que se adecúa, debería bastar con una declaración responsable comunicada fehacientemente a la Administración competente, declaración que debería bastar para poder iniciar las obras pertinentes. Si la Administración considera que no se adecúa, debería iniciar acción judicial y, en su caso, solicitar la paralización de las obras, que el juez, a la vista de las alegaciones de las partes, podría o no admitir, debiendo exigir, en caso de admitir la paralización, la fianza correspondiente a fin de evitar comportamientos oportunistas por parte de las administraciones y, en última instancia, garantizar la indemnización por los daños y perjuicios causados en el caso de que la sentencia rechace la pretensión de la Administración. Paralelamente, el seguro de responsabilidad civil del arquitecto, debería incluir obligatoriamente el supuesto de que la Administración demandante ganase el pleito.

A mi juicio, no hay razón alguna de interés público, sino más bien lo contrario, para admitir este procedimiento para la declaración, inscripción y realización de obras nuevas situadas en suelo urbano no sometido a actuaciones de transformación urbanística[271]

7.8.2. En relación al cambio de uso

El cambio de uso de un espacio dedicado a local comercial o industrial destinándolo a usos habitacionales también puede ayudar a facilitar el aumento de oferta de vivienda, contribuyendo de este modo a la contención y/o bajada del precio y, por lo tanto, a su asequibilidad, esto es, a posibilitar el uso y disfrute de la misma bajo cualquier forma de tenencia sin necesidad de incurrir en sobreendeudamiento. Es conveniente, por ello, arbitrar medidas que faciliten dicho cambio.

Para proceder al mismo son necesarios diversos requisitos, tanto de Derecho Privado como de Derecho Público.

En el ámbito del Derecho privado rige el principio de autonomía de la voluntad, así como el de que las limitaciones al derecho de propiedad deben ser interpretadas restrictivamente, por lo que, salvo disposición contraria de los estatutos de la propiedad horizontal, el titular de un local comercial puede cambiarlo de uso sin necesidad de requerir el consentimiento de la Junta de Propietarios, según se deduce del artículo 17 de la Ley de Propiedad Horizontal de 21 de julio de 1960, así como de los artículos 553-10 y 553-11 del Código Civil de Cataluña, modificado por la Ley 5/2015, de 13 de mayo, de modificación del Libro Quinto del Código Civil de Cataluña, relativo a los derechos reales, y de

[271] De hecho, algunas CCAA admiten declaraciones responsables como sustitutivas de las licencias para ciertos supuestos limitados así como para la primera ocupación.

abundante jurisprudencia tanto del Tribunal Supremo como de la Dirección General de Seguridad Jurídica y Fe pública[272] .

Esto no obstante, hay que tener en cuenta que, como consecuencia del cambio de uso, pueden ser necesarias la realización de obras o instalación de servicios que requieran el consentimiento de la citada Junta y sin las cuales no sea posible obtener la licencia de primera ocupación.

El cambio de uso se halla sometido también a diferentes requisitos de Derecho Público, singularmente la obtención de la licencia correspondiente.

Con carácter general, el artículo 15.1.a del TRLSRU, dispone:

> *"El derecho de propiedad de los terrenos, las instalaciones, construcciones y edificaciones comprende, con carácter general, cualquiera que sea la situación en que se encuentren, los deberes de dedicarlos a usos que sean compatibles con la ordenación territorial y urbanística"*

La Resolución de la Dirección General de Seguridad Jurídica y Fe Pública de 27 de junio de 2018, que sintetiza la doctrina del Centro Directivo al respecto, afirma:

> *"….este Centro Directivo ha afirmado (vid. Resoluciones de 5 de agosto y 13 de noviembre de 2013, 21 de abril de 2014 y 13 de mayo, 12 de septiembre y 13 y 30 de noviembre de 2016), que el cambio de uso de la edificación es equiparable a la modificación de la declaración de obra inscrita, como elemento definitorio del objeto del derecho, y por tanto, su régimen de acceso registral se basará en cualquiera de las dos*

---

[272] Entre otra mucha jurisprudencia , RRDGSJFP de 5 de agosto y 13 de noviembre de 2013, 15, 21 y 28 de enero, 17 de febrero, 20 de marzo, 21 de abril, 7, 19 y 28 de mayo y 17 de octubre de 2014, 5 y 28 de mayo y 8 y 15 de julio de 2015, 11 de enero, 15 de febrero, 13 de mayo y 19 de julio de 2016 y 18 de abril, 5 de julio de 2017 o 27 de junio de 2018, así como SSTS de 23 de febrero de 2006, 20 de septiembre de 2007, 20 de octubre y 27 de noviembre de 2008, 30 de diciembre de 2010, 24 de octubre de 2011, 4 de marzo, 25 de junio y 1 y 9 de octubre de 2013, 3 de septiembre y 3 de diciembre de 2014 y 5 de mayo de 2015.).

vías previstas por el artículo 28 de la Ley estatal de Suelo, con independencia del uso urbanístico previsto en planeamiento y el uso efectivo que de hecho, se dé a la edificación."

Justificada la aplicación del régimen registral de edificaciones previsto en el artículo 28 de la actual Ley de Suelo a la constatación registral del cambio de uso de inmuebles, la inscripción que se practique exigirá la acreditación de los distintos requisitos a que se refiere el precepto en función de si la solicitud se lleva a cabo con aportación de la documentación urbanística a que se refiere su número 1 o con aportación de aquella otra documentación que acredite la improcedencia de adoptar medidas de restablecimiento de la legalidad urbanística que impliquen su demolición, por haber transcurrido los plazos de prescripción correspondientes, tal y como recoge su número 2."

En cuanto a la segunda vía de acceso al Registro del cambio de uso, señalada por el artículo 28 del TRLSRU, resulta de especial interés la Resolución de la Dirección General de Seguridad Jurídica y Fe Pública de 9 de abril de 2024, cuya doctrina resume LASO BAEZA[273] del siguiente modo:

a) La constancia registral del cambio de uso por aplicación del apartado 4 del artículo 28 del TRLSRU con base en la prescripción de la infracción o caducidad de la acción encaminada al restablecimiento de la legalidad urbanística vulnerada se condiciona a que tal prescripción quede posibilitada tanto por "*la normativa urbanística de aplicación como la jurisprudencia que la interpreta*", entendiéndose suficiente con que así estuviese previsto en la normativa urbanística.

b) Correlativamente, cuando la legislación autonómica no admitiera la prescripción de la modificación de uso, la inscripción registral de la modificación de uso requeriría la acreditación de su autorización por licencia o certificación

---

273 LASO BAEZA V., *La modificación del uso urbanístico de las edificaciones y su constancia registra,*RCDI,núm.:.804, 2024, pág.2391. En el mismo sentido dos resoluciones de 25 de marzo de 2024.

municipal acreditativa de su situación consolidada o en fuera de ordenación (artículo 28.1 del TRLSRU).

Junto con esta Resolución, es de especial interés la Sentencia del Tribunal Supremo de 15 de septiembre de 1989 , según la cual: *"el uso del suelo constituye ordinariamente una actividad continuada y por tanto el plazo de prescripción no empieza a correr hasta que tal actividad finaliza —art. 92.2 del Reglamento de Disciplina Urbanística—. Que haya prescrito con anterioridad la infracción integrada por las obras que dieron lugar a la edificación en la que se desarrolla el uso no es obstáculo para que subsista la posibilidad de sancionar dicho uso: mientras que las obras integran una actuación pasajera, el uso normalmente está destinado a desarrollarse activamente a lo largo del tiempo (...). Esta solución resulta coherente con el sistema del art. 184 del Texto Refundido de la Ley del Suelo: si la Administración puede impedir el uso ilegal en tanto que éste dure, será razonable que el plazo de prescripción, en cuanto a la potestad sancionadora, no empiece a correr mientras se mantenga el uso"*.

Por lo tanto, si el cambio de uso requiere, para su inscripción, los mismo requisitos de la declaración de obra nueva, procedería flexibilizarlos en el mismo sentido que el expuesto al tratar de la declaración de obra nueva.[274] Adicionalmente, debe considerarse

---

274 En la mayor parte de las comunidades autónomas se permite el cambio de uso mediante declaración responsable o comunicación previa. Así, por ejemplo, en Andalucía el artículo 137 de la Ley 7/2021, de 1 de diciembre, de impulso para la sostenibilidad del territorio de Andalucía, permite la declaración responsable para los "*cambios de uso en edificaciones o parte de ellas (...) siempre que no incrementen el número de viviendas y el uso a implementar se encuentre dentro de los permitidos por dicha ordenación*". En Castilla y León, el artículo 105-bis de la Ley 5/1999, de 8 de abril, en la redacción dada por el Decreto-Ley 4/2020, de 18 de junio, de impulso y simplificación de la actividad administrativa para el fomento de la reactivación productiva de Castilla y León, dispone: " *1.- Están sometidos al régimen de la declaración responsable, sin perjuicio de las demás intervenciones públicas que procedan, los siguientes actos: b) Cambio de uso de construcciones e instalaciones*". En Cataluña, se exige licencia en todo caso para el cambio a uso residencial. Así, el artículo 187-bis del

---

Decreto Legislativo 1/2010, de 3 de agosto, por el que se aprueba el TR de la Ley de Urbanismo de Cataluña, dispone:" *Están sujetos a comunicación previa, con las excepciones establecidas por los artículos 187.2 y 187 ter los siguientes actos: El cambio de uso de los edificios y las instalaciones, salvo a uso residencial".* Para la ciudad de Barcelona, sin embargo, el artículo 55.2 de la Ordenanza Reguladora de los Procedimientos de Intervención Municipal en las Obras, aprobada por Acuerdo del Plenario del Consejo Municipal de 25 de abril de 2011 y modificada por Acuerdo del Plenario del Consejo Municipal de 29 de junio de 2018, dispone: *"Están sujetas al régimen de comunicación de primera ocupación:...c) Las nuevas viviendas, resultantes de obras de reforma, rehabilitación o cambio de uso".* Dicho régimen sustituye la necesidad de licencia conforme al núm. 1 del artículo 55. En Extremadura, el artículo 146.1.l de la Ley 11/ 2018, de 21 de diciembre, de ordenación territorial y urbanística sostenible de Andalucía, exige licencia para el cambio de uso cuando este tiene por objeto "*la modificación del uso característico o mayoritario de los edificios, construcciones e instalaciones*" y declaración responsable cuando no tiene por objeto cambiar dichos usos característicos o mayoritarios. Por lo que se refiere a la Comunidad de Madrid, el artículo 155 c de la Ley 9/2001, de 17 de junio, del Suelo, de la Comunidad de Madrid, para el impulso y reactivación de la actividad urbanística, dispone lo siguiente: "*Con carácter general estarán sujetos a declaración responsable urbanística todos aquellos actos de transformación, construcción, edificación o uso del suelo no recogidos expresamente en los artículos 152 y 160 de la presente Ley, y en particular los siguientes:...i.-Los cambios del uso de los edificios e instalaciones, en tanto no tengan por objeto cambiar el uso característico del edificio".* El mismo régimen rige para la ciudad de Madrid en virtud de lo dispuesto por la Disposición Derogatoria única de la Ley 1/2020, de 8 de octubre y a su Disposición Final Quinta. En la Región de Murcia, el artículo 264.2.b de la Ley 13/2015 de Ordenación Territorial y Urbanística de la Región de Murcia dispone:" *Están sujetos a declaración responsable en materia de urbanismo los siguientes actos: Los cambios de uso en las edificaciones señaladas en el apartado a) o en parte de las mismas, dentro de los permitidos por la legislación urbanística vigente y siempre que se encuentren dentro de un ámbito ordenado pormenorizadamente".* El apartado a) se refiere a las *"obras de ampliación, modificación, reforma, rehabilitación o demolición sobre edificios existentes cuando no produzcan una variación esencial de la composición general exterior, la volumetría, la envolvente total, o no supongan la sustitución o reposición total de elementos estructurales principales".* En la Comunidad Valenciana, el artículo 233.2.a sujeta a declaración responsable acompañada se

que el plazo de prescripción, por lo que se refiere al cambio de uso, comience desde el momento en el que comienza el nuevo uso, de forma pacífica, continuada en el tiempo y no interrumpida. A estos efectos, podría ser suficiente un plazo de cuatro años.

Además, sería conveniente que los planes contuvieran previsiones específicas en cuanto a los requisitos arquitectónicos y urbanísticos sustantivos necesarios para que un local comercial o industrial, así como un edificio dedicado todo él a usos comerciales e industriales, pudiera mediante licencia o declaración responsable de un arquitecto cambiar de uso y convertirse en vivienda, facilitando dicho cambio de uso. Ello no solamente facilitaría la ampliación de la oferta de vivienda sino también la financiación de su adquisición, pues las entidades financieras no suelen conceder préstamos por encima del 50% del valor de tasación cuando se trata de un local comercial, mientras que llegan al 80% cuando se trata de una vivienda.[275]

7.9. MODIFICACIÓN DE LA LEGISLACIÓN CONCURSAL

Conforme al artículo 92 núm. 5º de la Ley 22/2003, de 9 de julio Concursal tienen la consideración de crédito subordinado:

"Los créditos de que fuera titular alguna de las personas especialmente relacionadas con el deudor a las que se refiere el artículo siguiente, excepto los comprendidos en el artículo 91.1.º cuando el deudor sea persona natural y los créditos diferentes de los préstamos o actos con análoga finalidad de los que

---

certificación emitida por u organismo de certificación administrativa o un colegio profesional, las obras de "*modificación del uso de las construcciones, edificaciones e instalaciones, así como el uso del vuelo sobre éstos*".

275 Es de subrayar la Ley 3/2024, de 28 de junio, de la Comunidad de Madrid, de medidas urbanísticas para la promoción de vivienda pública que abre la puerta a la recalificación *ex lege* del suelo sin necesidad de modificar el planeamiento al contemplar un régimen especial de cambio de uso en los suelos calificados con uso terciario para la implantación de viviendas sujetas a algún régimen de protección pública.

sean titulares los socios a los que se refiere el artículo 93.2.1.° y 3.° que reúnan las condiciones de participación en el capital que allí se indican.

Se exceptúan de esta regla los créditos por alimentos nacidos y vencidos antes de la declaración de concurso que tendrán la consideración de crédito ordinario."

Ello implica que, si alguien presta dinero a su cónyuge o pareja de hecho para la adquisición de una vivienda, incluida la familiar, y después entra en concurso, el crédito del cónyuge o pareja de hecho prestamista tiene la consideración de subordinado y, por lo tanto, con nulas posibilidades de cobro, lo que dificulta la financiación y, por lo tanto, la adquisición de la vivienda habitual. Por esta razón, este tipo de créditos deberían incluirse entre las excepciones contempladas por el propio número 5° del artículo 92.

7.10. UNA REFLEXIÓN SOBRE EL USO DEL SUELO

Como dice el Informe del Tribunal de Defensa de la Competencia (TDC) sobre *Remedios Políticos que pueden favorecer la libre competencia en los servicios y atajar el daño causado por los monopolios* (1993), en el capítulo diez dedicado a *la competencia en el suelo urbano*:

"Para cualquier actividad productiva o de servicios se necesita un sitio donde hacerla. Además el suelo es una parte esencial de uno de los bienes de consumo más importantes, como es la vivienda y, en consecuencia, su precio influye decisivamente en la formación de los salarios nominales y en el nivel de vida de los ciudadanos."

La superficie terrestre, además, no puede incrementarse y la población crece constantemente, por lo que es necesario un uso especialmente eficiente de la misma.

Por estas razones y otras de índole histórica y cultural, no está en discusión que el uso del suelo debe estar intervenido por los poderes públicos y así sucede en nuestro país, en los de nuestro entorno y en mayor o menor medida en todos los países. Ello obliga a planificar correctamente el uso del suelo, lo que no es tarea fácil. El futuro previsto por los planificadores no siempre se corresponde con la evolución de la realidad, por lo que nos podemos encontrar con paradojas propias de la planificación, como que sobre terreno para vivienda pero no haya suelo para edificar vivienda según el plan y, en consecuencia, suban los precios

El problema en España es, como señala el Tribunal de Defensa de la Competencia en su Informe "*que, en vez de fijar unas reglas generales de defensa de los intereses públicos, la autoridad urbanística va decidiendo todo hasta el extremo de poder determinar con el máximo detalle el uso de cada espacio*". Es un caso de intervencionismo extremo.

Esta forma de entender el urbanismo ha tenido varios efectos perversos, entre otros:" *que la Administración ha concentrado todos sus esfuerzos y sus recursos personales y de todo tipo en las actividades de prohibición y autorización, y no en las de vigilancia, control y sanción. En definitiva, se ha sustituido a los operadores económicos, en cuanto a decidir qué, cómo, y cuándo hacer las cosas y se han descuidado las funciones propiamente públicas.* "

La especial normativa española que se caracteriza por este intervencionismo extremo arranca en 1956.[276] Esta Ley, como señala el TDC, "*deja sin capacidad de acción al propietario y traslada todas las decisiones a la autoridad urbanística*", siendo éste "*el eje principal de una legislación que no ha cambiado en lo fundamental desde 1956*".

Todo ello se traduce en un sistema complejo, lento, plagado de tramitaciones, con gran poder discrecional de las administracio-

---

276 Señala TRAYTER JIMÉNEZ que en esta ley tuvo una gran influencia la *Town and Country Planning Act* de 1947,la cual permitió volver a planificar muchas zonas urbanas que habían quedado devastadas por la guerra e introdujo una nueva concepción del urbanismo en el Reino Unido, basada en tres informes precedentes: *Barlaw Report, Scott Report* y *Uthwatt Report.* TRAYTER JIMÉNEZ J.M., *Derecho Urbanístico de Cataluña,* Ed. Atelier, 2024, pág.61.

nes públicas, singularmente las municipales. Las consecuencias las señala el TDC:

> *"Esto tiene una trascendencia económica difícil de imaginar. El tiempo que media entre las solicitudes de los particulares y la efectiva autorización administrativa supone que el operador que ha sufrido ese largo período de espera, acabará trasladando sus costos en el producto final: la vivienda, los locales comerciales, etc. Y, lo que es peor, estos retrasos hacen que la oferta de servicios -que no tienen que ver con el suelo o la vivienda- no responda rápidamente a la demanda. Esta rigidez en la oferta es la que obliga a la política macroeconómica a subir tipos de interés, reducir la inversión pública, etc. para frenar la expansión. A los ojos de los ciudadanos la política macroeconómica es la responsable de parar el crecimiento cuando la principal responsabilidad recae en la rigidez de la oferta creada, entre otros factores, por el régimen del suelo."*

Se impone, por lo tanto, una simplificación de los procedimientos administrativos y una disminución, más bien eliminación, de las facultades discrecionales de las administraciones públicas, responsables de planificar y de que los operadores del mercado se atengan a lo planificado, no de sustituirlos o de imponerles deberes o cargas a las que no están obligados, pero que si no aceptan incidirán negativamente en el proceso de obtención de licencias que, no debe olvidarse, no son actos constitutivos sino solo declarativos de derechos y, por lo tanto, deberían ser sustituibles por declaraciones responsables de los arquitectos directores de las obras, al menos de aquellas edificaciones que se realicen en terrenos no sujetos a procesos de transformación urbanística.

La seguridad jurídica y la eliminación de los lapsos temporales para la ejecución de edificaciones y procesos urbanísticos es esencial para que la oferta pueda responder a la demanda y evitar así subidas injustificadas de precios.

Como señala acertadamente TRAITER JIMÉNEZ[277], los problemas de vivienda y la inmigración provocan un constante avance del territorio urbanizado, que se extiende como una "mancha de aceite desordenada", a veces caótica, desintegrada, que provoca una progresiva desestructuración de la ciudad, donde están apareciendo nuevos suburbios o guetos urbanos, fenómenos que se han frenado no gracias a las leyes urbanísticas sino a las crisis sociales, económicas e inmobiliarias que se han ido sucediendo.

Para combatir estos problemas, subraya este autor, se intenta superar el actual monofuncionalismo urbanístico y sus modernas concreciones como la construcción de grandes centros comerciales y de oficinas de la periferia o la especialización del centro, que tiende a ser convertido, a través de la peatonalización, en una gran superficie de comercio elegante, servicios financieros y equipamientos turísticos.

Se trata de crear ciudades que proporcionen un entorno atractivo para sus habitantes mediante la técnica de la planificación urbanística y la mezcla de usos -creación de espacios plurifuncionales y, por lo tanto, de diversos usos concurrentes-, incluida la protección ambiental como elemento esencial.

Esta evolución de la técnica urbanística puede hacer de las ciudades lugares más habitables, pero para que la vivienda sea más accesible se requiere, además, una planificación correcta, con flexibilidad en su ejecución, en la que las administraciones planifiquen, vigilen, controlen y sancionen, pero corresponda a los agentes del mercado tomar ellos las decisiones de uso del suelo en el nuevo urbanismo de espacios plurifuncionales, y, por lo tanto, con pluralidad de usos concurrentes, respetando las reglas contenidas en los planes sin interferencia administrativa, de modo que rijan las reglas generales, se simplifiquen trámites

---

277 TRAYTER JIMÉNEZ J.M., *Derecho Urbanístico de Cataluña*, Ed. Atelier, 2024, págs. 45-47.

y se disipe la discrecionalidad y su mal difícilmente evitable: la arbitrariedad.

Conviene, por último, recordar, que el artículo 47 CE impone a los poderes públicos la obligación de regular *"la utilización del suelo de acuerdo con el interés general para impedir la especulación"*, como instrumento para generar las condiciones que permitan a los ciudadanos el acceso a una vivienda digna y adecuada.

Es lógico que los inversores en suelo lo hagan impulsados por la voluntad de obtener un beneficio y ello no es criticable. Pero los poderes públicos, singularmente los ayuntamientos, no pueden utilizar los terrenos que los particulares están obligados a cederles en cumplimiento de los "*Deberes vinculados a la promoción de las actuaciones de transformación urbanística y a las actuaciones edificatorias*" -artículo 18 TRLSRU- con fines especulativos, pues la finalidad de las cesiones obligatorias es la creación suelo público para el cumplimiento de diversas finalidades sociales, entre otras, la construcción de viviendas con algún régimen de protección pública.

Por ello, en el caso de que los ayuntamientos u otros entes públicos hayan incurrido en una conducta especulativa y enajenen terrenos obtenidos mediante cesión obligatoria, los beneficios deberían ser compartidos con los sucesivos propietarios que vieron encarecida la adquisición de sus viviendas como consecuencia de las cesiones obligatorias en el correspondiente área de actuación urbanística. Todo ello sin perjuicio de las responsabilidades de todo tipo a que pudiere haber lugar.

8. El inquietante recurso a la función social de la propiedad privada como sustitutivo de la obligación de los poderes públicos de promover vivienda asequible en la Ley por el derecho a la vivienda

Como afirma acertadamente VERDERA SERVER[278], el apartado segundo del artículo 33 CE resulta doblemente singular por dos razones:

a) No hay en la Constitución ninguna otra mención a la "función social" que puede incidir en la configuración de un derecho, sea del tipo que sea.

b) No hay en la Constitución ninguna otra mención a la posibilidad de "delimitar" un derecho, sea del tipo que sea.

A ello hay que añadir que:

a.-Prácticamente no hay Ley que, cada vez que usa la expresión "derecho de propiedad" no añada inmediatamente la expresión "función social", como si la primera fuera algo vergonzante solo admisible porque desempeña una "función social", función, por otra parte, inherente a todo lo jurídico, al Derecho en general, el cual no tendría sentido si solo hubiese un habitante sobre la tierra.

---

278 VERDERA SERVER R., *Pro proprietate. Notas sobre la configuración constitucional de la propiedad privada* , ADC, tomo LXXVI, 2023, fasc. III (julio-septiembre),pág.891.

Sin pluralidad de personas gobernadas por la ley de la supervivencia en un contexto de recursos escasos, ni el Derecho ni la Economía tendrían sentido alguno. Sin embargo, la "función social" parece que solo es predicable del derecho de propiedad privada. Por la razón expuesta no hay ningún derecho absoluto, ni siquiera el derecho a la vida, pues cede, bajo ciertas condiciones, ante el derecho a la legítima defensa. Tampoco el derecho de propiedad lo es ni han reivindicado que sea un derecho absoluto ni siquiera las corrientes de pensamiento más firmemente defensoras del mismo, conscientes de que solo su función justifica su existencia y contenido, como sucede con cualquier otro derecho subjetivo.

b.- Como afirma MOLTÓ DARNER[279] , pese a que el concepto de función social de la propiedad es utilizado constantemente por la doctrina, la legislación y la jurisprudencia, además de por innumerables resoluciones administrativas, no está definido en lugar alguno.

Todo ello plantea la cuestión de qué debe entenderse por "función social" de la propiedad. Se trata de una cuestión compleja que requiere un estudio específico, por lo que aquí me limitaré a exponer unas reflexiones ligadas al derecho a una vivienda digna y adecuada, en expresión del artículo 47 CE.

Como sostiene VERDERA SERVER[280], en un primer momento, el planteamiento legislativo parece encaminarse a la previsión de limitaciones o de restricciones a las facultades del propietario, pero, en un segundo momento, la función social se traduce en la imposición al propietario de deberes, cargas u obligaciones positi-

---

279 MOLTÓ DARNER J.M., "Algunas reflexiones sobre la función social de la propiedad en el siglo XXI", en MOLTÓ DARNER J.M y PONCE SOLÉ J., *Derecho a la vivienda y función social de la propiedad*, Ed.: Thomson Reuters Aranzadi, 2017, pág.36.

280 VERDERA SERVER R., *Pro proprietate. Notas sobre la configuración constitucional de la propiedad privada* , ADC, tomo LXXVI, 2023, fasc. III (julio-septiembre),págs..894-895.

vas, habiendo sido aceptadas ambas vertientes por la jurisprudencia constitucional.

Parafraseando a MOLTÓ DARNER[281] y a VERDERA SERVER, la función social de la propiedad puede definirse como el conjunto de limitaciones y de deberes, cargas u obligaciones positivas establecidas por los poderes públicos, singularmente por ley, para conseguir finalidades de interés general que, por supuesto, se consideran prevalentes ante el puro interés particular.

Quizás con mayor precisión, DOMENECH[282] considera que la función social de la propiedad no está integrada tanto por las referidas limitaciones y los deberes cuanto por las razones de interés público que legitiman su imposición. Así, afirma: "*con la expresión "función social" se designan las razones de interés público que exigen limitar el derecho a la propiedad privada, es decir, que fundamentan la restricción de las facultades que los titulares de este derecho ostentan para usar con carácter exclusivo y disponer libremente de ciertos recursos. De acuerdo con esta idea, el ejercicio libre de las referidas facultades de uso y disposición no cumpliría una función social, no tendría valor o utilidad para el conjunto de la comunidad, sino una utilidad meramente individual; no serviría a los intereses de la colectividad, sino sólo al interés puramente privado del propietario. Lo que cumple una función social, lo*

---

281 MOLTÓ DARNER J.M., "Algunas reflexiones sobre la función social de la propiedad en el siglo XXI", en MOLTÓ DARNER J.M y PONCE SOLÉ J., *Derecho a la vivienda y función social de la propiedad*, Ed.: Thomson Reuters Aranzadi, 2017, pág.36.

282 DOMENECH G.,*La verdadera función social del derecho a la propiedad privada*, El Almacén del Derecho,jul,22,2024.https://almacendederecho.org/la-verdadera-funcion-social-del-derecho-a-la-propiedad-privada. Consultado el 5 de agosto de 2024. Como señala, esta concepción se refleja claramente, por ejemplo, en la STC 37/1987 (FJ 2), relativa a la reforma agraria andaluza. Y también se plasma en numerosas disposiciones legales, como la Ley 2/2017, de 3 de febrero, por la función social de la vivienda de la Comunitat Valenciana, en cuyo preámbulo se afirma que «*la función social de la vivienda configura el contenido esencial del derecho* [a la propiedad privada] *mediante la posibilidad de imponer deberes positivos a su titular que aseguren su uso efectivo para fines residenciales*».

que es de interés público, es restringir el derecho de propiedad, imponer a su titular ciertos deberes y obligaciones".

Esta concepción de la función social de la propiedad es la comúnmente aceptada por doctrina y jurisprudencia. Esta concepción parte de dos supuestos conceptuales no explicitados:

1.- De que la única función de la propiedad privada consiste en satisfacer el interés privado de su titular, función que, antes o después, entra en conflicto necesariamente con el interés social, concebido como una entidad propia distinta de la suma e interacción de los intereses de cada uno de los ciudadanos que integran la sociedad.

2.-De que para evitar que se produzca ese conflicto, o para limitarlo, la solución consiste en debilitar el contenido del derecho de propiedad hasta convertirlo en residual, lo cual permite proteger el interés social, tal y como lo entienda en cada momento el poder público y, además, sin necesidad de demostrar que es el derecho de propiedad el que perjudica dicho interés social, ni tampoco que no hay fórmulas alternativas que permitan protegerlo sin necesidad de debilitar el derecho de propiedad, o que la solución debería ser exactamente la contraria, esto es, el fortalecimiento de los derechos de propiedad.

Estos dos puntos de partida conceptuales revelan, a su vez, que se parte de la convicción de que, idealmente, la solución sería que no se reconociese el derecho de propiedad privada, pese a que la realidad histórica demuestra que la supresión del mismo ha sido la principal causa de pobreza, desigualdad y pérdida de libertad personal y política en las sociedades que lo han suprimido, el cual, para cumplir su función, necesita insertarse en un Estado democrático de derecho.

Dado que el derecho no se puede suprimir, pues la CE lo reconoce como un derecho fundamental, si bien devaluado[283], la función social de la propiedad viene operando como recurso para convertir el derecho de propiedad en meramente residual,

---

283 Véase REY F., *El devaluado'derecho de propiedad privada*, en Persona y Derecho, Vol.55,2006, págs. 959-995.

constreñido a las facultades y con los deberes que en cada momento decida el poder público, mediante ley, para cada tipo de bienes, sin que la obligación constitucional de respetar un contenido mínimo esencial opere, *de facto*, como límite, de modo que la propiedad puede acabar convertida en una titularidad puramente nominal, prácticamente vacía de contenido o, incluso, en determinadas circunstancias, con contenido negativo desde la perspectiva del valor o de la rentabilidad del bien para su titular[284].

Una construcción jurídica como la referida solo se explica si se prescinde de o se ignora la función del derecho de propiedad privada, esto es, la función que justifica su existencia[285]. Por ello, creo conveniente hacer una breve referencia a este asunto.

La forma más eficiente de explotación de los recursos escasos es, en general, la propiedad privada, cuando es posible, es decir, cuando los costes de establecimiento y mantenimiento de la misma son inferiores a las ganancias derivadas. Ello significa que cuanto menores sean tales costes mayor es el número de recursos susceptibles de ser explotados bajo este régimen y mayor el

---

284 En este aspecto, resulta de especial interés la Sentencia del Tribunal Europeo de Derechos Humanos de 2013 Nobel vs. Holanda , conforme a la cual : " *Incluso suponiendo que el alquiler pagado no cubra todos los gastos relacionados con la vivienda, no puede decirse que la decisión del Tribunal Regional haya sido desproporcionada. El solicitante compró el edificio consciente de la cuantía del alquiler. Además, cabe suponer que una persona que compra un edificio para alquilarlo es consciente de las restricciones impuestas por el derecho interno en cuanto a la cuantía máxima del alquiler exigible por una determinada norma y los máximos aumentos anuales de alquiler permitidos. El Tribunal está de acuerdo con las autoridades nacionales que era responsabilidad del segundo solicitante incorporar este conocimiento en las negociaciones del precio cuando compró el edificio*".

285 MÉNDEZ GONZÁLEZ F.P., *Fundamentación económica del derecho de propiedad privada e ingeniería jurídica del intercambio impersonal*, Ed.: Thomson Reuters, 2011, pp .51-64.

número potencial de propietarios. Ello, además, explica el papel esencial del Estado en relación con la propiedad privada.[286]

La razón por la cual la propiedad privada permite un mayor grado de bienestar que la propiedad comunal o el régimen de acceso libre radica en que posibilita una explotación más eficiente de los recursos -escasos por definición-, lo que significa la explotación de un mayor número de recursos por un mayor número de personas durante un periodo más prolongado de tiempo.

Ello se debe a que la exclusividad del derecho de aprovechamiento material del recurso que la propiedad privada confiere a su titular genera incentivos para que éste realice inversiones a largo plazo que redundan en una mejora de los recursos, y, a su vez, la libertad de transferencia, articulada mediante el *ius disponendi* del titular, junto con el reconocimiento general de la libertad contractual[287], permiten la acomodación constante de los derechos de propiedad y el intercambio voluntario de los mismos, esto es, el comercio, del cual deriva una reasignación permanente de los recursos hacia quienes, en cada momento, se hallan en condiciones de hacer un uso más eficiente de los mismos, lo cual facilita la especialización, el incremente de productividad, de competitividad y, en última instancia, de bienestar.

Ello es posible porque las diferentes facultades que integran el dominio – *ius utendi, ius fruendi et ius disponendi-* son, a su vez,

---

[286] MÉNDEZ GONZÁLEZ F.P., *Fundamentación económica del derecho de propiedad privada e ingeniería jurídica del intercambio impersonal*, Ed.: Thomson Reuters, 2011, págs..84-101.

[287] El *Code* –que inspira al Código civil en esta materia- construye el sistema jurídico-civil sobre la libertad, proyectando la idea de libertad sobre dos aspectos fundamentales: la libertad de gozar de los bienes y la libertad de intercambio de bienes y servicios. Esto es, la propiedad y el contrato. Es claro que la liberalización de la propiedad y la supresión de las cargas feudales hubiera tenido poco sentido si no hubiese sido acompañada por la plena posibilidad de hacer circular los bienes que son objeto de la misma propiedad. MONTÉS V.L., *La propiedad privada en el sistema del Derecho Civil contemporáneo*, Ed.: Civitas, Madrid, 1980. págs..54-58.

divisibles cada una de ellas –caben diferentes formas y grados de uso, de disfrute y de disposición- y, al propio tiempo, ampliamente combinables – y recombinables- entre sí, lo que suministra una panoplia, amplia y flexible a la vez, de modalidades de aprovechamiento, la cual posibilita una explotación eficiente de los recursos. Como observa LEPAGE, una de las características más valiosas del sistema de propiedad privada es, precisamente, la de permitir una gran flexibilidad en las formas en que se pueden organizar y reorganizar libremente, por medio de contratos, la asignación de los derechos de control y uso de los recursos productivos atribuidos al propietario[288].

Ahora bien, ¿por qué la propiedad privada puede cumplir esta función mejor que otras formas alternativas de explotación como la propiedad comunal o los regímenes de acceso libre?.

La respuesta la dio DEMSETZ[289] en un artículo que ha devenido un clásico del análisis económico de los derechos de propiedad: porque permite la internalización de las externalidades producidas por la acción humana dirigida a la explotación de los recursos, de donde deriva que los individuos se benefician de las consecuencias positivas y sufren las negativas derivadas de sus acciones de explotación de los recursos, a diferencia de lo que sucede en los demás regímenes, lo cual les obliga a comportarse eficientemente.

Posteriormente, DEMSETZ extrajo algunas de las consecuencias que se derivan de tal análisis[290]. Concretamente, que una estructura óptima de los derechos de propiedad no solamente

---

288 LEPAGE H. *¿Por qué la propiedad.* Ed.: Instituto de Estudios Económicos, 1986, pág.100

289 DEMSETZ H. *Toward a Theory of Property Rights.* American Economics Review, nº.: 57, mayo 1967, pp. 347 ss.

290 DEMSETZ H., *Ownership and The Externality Problem,* en *Property Rights. Cooperation, Conflict and Law,* pág. 145. Editores: ANDERSON T.L y McCHESNEY F.S, Princeton University Press, 2003, pp.: 282-301.

disminuye costes transaccionales sino que socava los problemas derivados de la existencia de externalidades.

Los derechos de propiedad privada solamente aparecen –solamente pueden aparecer- cuando la internalización de las externalidades produce beneficios superiores al coste mismo de la internalización, es decir, a los costes necesarios para el establecimiento y funcionamiento de los derechos de propiedad privada, los cuales varían en función de las características físicas de los recursos, de la evolución de las tecnologías de identificación y medición de sus atributos físicos, así como de identificación de los titulares, de los atributos jurídicos de los derechos, y de la tecnología jurídica disponible para posibilitar el intercambio, venciendo los obstáculos que lo dificultan en una sociedad impersonal. En la medida en que las tecnologías físicas, jurídicas e institucionales disponibles permitan rebajar tales costes, en tanta mayor medida podrá expandirse la explotación de los bienes mediante el régimen de propiedad privada, con todas las consecuencias expuestas.

La función del derecho de propiedad no es, por lo tanto, exclusivamente individual, sino, principalmente, social, lo que exige su expansión y fortalecimiento hasta donde sea posible, en lugar de su debilitamiento, que, por las razones expuestas, no actúa a favor, sino en contra del interés general. La función social de la propiedad consiste, por lo tanto, en generar y facilitar las condiciones para que pueda cumplir la función que justifican su existencia.

El hecho de que el régimen de propiedad privada, cuando es posible, sea el sistema más eficiente de explotación de los bienes no quiere decir que la regulación de tal régimen sea en todo momento la más eficiente. La razón de ello hay que buscarla en las urgencias fiscales de los gobernantes en el Antiguo Régimen, las cuales daban lugar a pactos con grupos especiales de interés, con un especial poder negociador, pactos que, a su vez, eran la fuente de una regulación ineficiente de los derechos de propiedad[291], lo que, a su vez, sofo-

---

291 Esta idea aparece desarrollada por NORTH D.C. y *en Instituciones, cambio institucional desempeño económico.* Ed.: Fondo de Cultura Económica, México 1995, especialmente págs.: 53 ss. En esta obra el autor sostiene y

caba la expansión económica. En los estados modernos, la razón habría que buscarla más bien en la existencia de grupos con especial poder electoral.

En el ámbito urbano, el aumento de la densidad demográfica junto con el desarrollo de nuevas tecnologías edificatorias en materia de vivienda, ha generalizado la propiedad en régimen de condominio o propiedad horizontal, una mezcla de propiedad comunal y de propiedad privada, en el que los problemas de gobernanza interna, característicos de la propiedad comunal[292], aparecen solventados o minimizados mediante la imposición de normas estatales imperativas y, parcialmente, dispositivas. Normas similares rigen el desarrollo de las urbanizaciones privadas.[293]

El desarrollo de estos regímenes obedece a la siguiente lógica: mantenimiento del régimen de propiedad privada hasta donde es posible –pisos, locales, plazas de aparcamiento-, e imposición de la propiedad comunal en aquellos ámbitos en los que las propias características de la tecnología edificatoria lo impone: escaleras, ascensores, pasillos de acceso, etc.

Conforme a todo ello, la regla general es que lo más conveniente para el interés público, entendido como interés general, no es

---

desarrolla la tesis, fundamental en toda su obra, de que la eficiencia del sistema de derechos de propiedad depende de la eficiencia del sistema político, por lo que se requiere la elaboración de una teoría del Estado.

292 En relación a los problemas sde gobernanza de la propiedad communal véase OSTROM E., *Governing the Commons, The Evolution of Institutions of Collective Action* , Cambridge University Press, primera edición, 1990, impresión –número veintidós- 2008-. También MÉNDEZ GONZÁLEZ F.P., *Fundamentación económica del derecho de propiedad privada e ingeniería jurídica del intercambio impersonal*, Ed.: Thomson Reuters, 2011, pág.:45.

293 Un excelente estudio de las diferentes tipologías edificatorias y de su evolución jurídica y urbanística puede verse en ARNAIZ EGUREN R., *Terreno y Edificación, propiedad horizontal y prehorizontalidad*, especialmente págs.: 109-120. Ed.: Thomson-Reuters, Cizur Menor, 2010. En el mismo sentido, véase el excelente trabajo de VIEIGAS DE LIMA F.H., *Condominio em Edificaçoes*, Editora Saraiva, Sao Paulo, 2010.

el debilitamiento ni de las facultades de aprovechamiento ni de las de disposición de los derechos de propiedad, sino , más bien, lo contrario: suprimir los obstáculos que permitan la explotación en régimen de propiedad privada del mayor número de bienes, así como fortalecer tanto las facultades de aprovechamiento como de disposición de los mismos, dada su función nuclear en cualquier sociedad democrática sustentada en un Estado de Derecho.

Sin embargo, como afirma DOMENECH[294]: "*La jurisprudencia y la doctrina dominantes, cuando enjuician si las restricciones de la propiedad examinadas logran un "justo equilibrio" entre todos los intereses en juego, efectúan una ponderación incompleta y sesgada de éstos. En el lado de la balanza de las razones para proteger el poder del propietario de usar y disponer libremente de sus bienes, colocan únicamente la utilidad puramente individual de éste, sus intereses estrictamente privados. En el lado de la balanza de las razones esgrimidas para dar soporte a las limitaciones legislativas del referido poder, colocan los "intereses de la colectividad*", la "*finalidad o utilidad social que cada categoría de bienes objeto de dominio está llamada a cumplir". Así las cosas, se comprende que estas segundas razones terminen pesando siempre más que las primeras. Este planteamiento ignora que, en el primer plato de la balanza, debe ponerse también la genuina función social del derecho a la propiedad privada, las razones de interés general que demandan la protección de la libertad del propietario para usar y disponer de sus bienes*".

A continuación, formula una acertada observación directamente relacionada con el objeto de este estudio: "*A la hora de ponderar los intereses afectados, hay que tener en cuenta que el aseguramiento de esa libertad de uso y disposición puede satisfacer y, de hecho, satisface normalmente también los intereses de la colectividad. Y, por lo tanto, que la limitación de esa libertad puede provocar graves perjuicios para el conjunto de la sociedad. Sirvan a modo de ejemplo las deletéreas consecuencias provocadas por ciertas regulaciones legislativas que han limitado*

---

294 DOMENECH G.,*La verdadera función social del derecho a la propiedad privada,* El Almacén del Derecho,jul,22,2024.https://almacendederecho.org/la-verdadera-funcion-social-del-derecho-a-la-propiedad-privada

el precio de los alquileres de viviendas, consecuencias que innumerables análisis teóricos han predicho y varios estudios empíricos han corroborado: reducción de la oferta de viviendas en alquiler, reducción de la calidad de las viviendas ofertadas, disminución de la movilidad social, aparición de mercados negros, discriminación de personas vulnerables, etc."

Excepcionalmente, cabe que el interés general exija una atenuación o debilitamiento del derecho de propiedad en determinadas situaciones o en relación a determinado tipo de bienes -he puesto el ejemplo de la propiedad horizontal-. Ahora bien, al tratarse de excepciones a la regla general, las mismas deberían justificarse plenamente para que no haya duda alguna de que no vulneran al derecho de propiedad reconocido por el artículo 33 CE. Para ello, en la técnica constitucional española, deberían superar el *test de proporcionalidad* exigido por la jurisprudencia del Tribunal Constitucional para determinar la adecuación a la CE de las leyes que restrinjan los derechos fundamentales, que expone claramente la STC 112/2021 (FJ 6).

Dicho test está integrado por:

> "*Tres pasos sucesivos dirigidos a comprobar:*
>
> *Si la medida es susceptible de conseguir el objetivo propuesto (juicio de idoneidad); si, además, es necesaria, en el sentido de que no exista otra medida más moderada para la consecución de tal propósito con igual eficacia (juicio de necesidad); y, finalmente, si la misma es ponderada o equilibrada, por derivarse de ella más beneficios o ventajas para el interés general que perjuicios sobre otros bienes o valores en conflicto (juicio de proporcionalidad en sentido estricto)*".

Sin embargo, para precisar si una concreta delimitación del derecho de propiedad en relación a determinados bienes no vulnera la regulación constitucional, el Tribunal Constitucional no exige que se supere el test de proporcionalidad, sino tan solo que respete un "*canon de justo equilibrio, razonabilidad o adecuación de las medidas al objeto perseguido, y al respeto del contenido esencial*", basándose en que "*decisiones de índole social y económica*"."*Cuando se trata de acomodar la explotación económica de bienes o empresas a intereses colectivos*[295]", es necesario reconocer "*al legislador un amplio margen de apreciación sobre la necesidad, los objetivos y las consecuencias de sus disposiciones*" (STC 112/2021, FJ 6). El TC no argumenta por qué en estos casos hay que dispensar al legislador de la necesidad de superar el test de proporcionalidad. A ello hay que añadir que la CE no establece distinciones entre derechos fundamentales a la hora de respetar su contenido esencial, ni tampoco el artículo 33CE en relación a la propiedad privada[296].

Como afirma DOMENECH[297], *"el trato especial y devaluador que se ha dispensado al derecho fundamental a la propiedad privada carece de justificación y soporte constitucional. Particularmente cuestionable resulta el hecho de que el Tribunal Constitucional utilice para enjuiciar las restricciones de este derecho (y las de las libertades empresarial y profesional) un canon de licitud constitucional distinto del utilizado para las limitaciones de los restantes derechos fundamentales y en virtud del cual no se enjuicia la necesidad ni la proporcionalidad en sentido estricto de aquéllas"*. Por el contrario, continúa el citado autor: *"Todos deberíamos*

---

295 DOMENECH G. *¿Son constitucionalmente lícitas las restricciones de la libertad de empresa innecesarias o desproporcionadas?*,publicado el 15 de julio de 2024 en El Almacén del Derecho. https://almacendederecho.org/son-constitucionalmente-licitas-las-restricciones-de-la-libertad-de-empresa-innecesarias-o-desproporcionadas.

296 No obstante, no está de más recordar que el derecho a la propiedad privada no está entre los derechos más intensamente protegidos por la Constitución, no está en la sección primera del capítulo 2° del Título 1, sino en la sección segunda. Concretamente, no puede ser objeto del recurso de amparo ante el Tribunal Constitucional, carece de la protección judicial ordinaria "preferente y sumaria" a la que alude el artículo 53.2 CE, su regulación no se reserva a ley orgánica (art. 81.1 CE), Y no está protegido por la reforma constitucional más agravada del artículo 168 CE. No extraña, por ello, que gran parte de la literatura española le niegue el carácter de "derecho fundamental". REY F., *El devaluado derecho de propiedad privada*, en Persona y Derecho, Vol.55,2006, págs. 962-963.

297 DOMENECH G.,*La verdadera función social del derecho a la propiedad privada*, El Almacén del Derecho,jul,22,2024.https://almacendederecho.org/la-verdadera-funcion-social-del-derecho-a-la-propiedad-privada

*hacer aquí, mutatis mutandis, algo similar a lo que el Tribunal Constitucional hace cuando enjuicia la proporcionalidad de las restricciones de las libertades de expresión e información: tomar en consideración que de su protección se derivan normalmente beneficios no sólo para sus titulares, sino también para el resto de la sociedad (*STC 172/1990, FJ 2*)."*

Adicionalmente, VERDERA SERVER [298], observa que, con ello, el Tribunal Constitucional prescinde de los criterios que suministra el artículo 52.1 de la Carta de Derechos Fundamentales de la Unión Europea, donde el respeto al contenido esencial de esos derechos y libertades solo permite la introducción de limitaciones que, a su vez, respeten el principio de proporcionalidad, y, además, sean necesarias y respondan efectivamente a objetivos de interés general reconocidos por la Unión Europea o a la necesidad de protección de los derechos y libertades de los demás.

Aunque el Tribunal Constitucional ha manifestado que esas limitaciones no pueden suponer "*la desaparición o negación del contenido esencial del derecho de propiedad, ni esa delimitación puede llevarse a cabo careciendo de fundamento o justificación constitucional*" (STC 89/1994, de 17 de marzo), sin embargo, como afirma VERDERA SERVER,[299] esa manifestación no se ha plasmado en un control efectivo sobre la concurrencia o no de ese fundamento constitucional para la delimitación de la propiedad.

Como consecuencia, tal y como afirma este autor[300], a pesar de su reconocimiento constitucional, el derecho a la propiedad

---

298 VERDERA SERVER R., *Pro proprietate. Notas sobre la configuración constitucional de la propiedad privada* , ADC, tomo LXXVI, 2023, fasc. III (julio-septiembre),pág.898.

299 VERDERA SERVER R., *Pro proprietate. Notas sobre la configuración constitucional de la propiedad privada* , ADC, tomo LXXVI, 2023, fasc. III (julio-septiembre),pág.896.

300 VERDERA SERVER R., *Pro proprietate. Notas sobre la configuración constitucional de la propiedad privada* , ADC, tomo LXXVI, 2023, fasc. III (julio-septiembre),págs..938-939.

privada ha experimentado un evidente vaciamiento, a través de su función social.

El límite que puede suponer el contenido esencial presenta tal grado de imprecisión que, en la abstracta valoración de su constitucionalidad que lleva a cabo el Tribunal Constitucional, cualquier delimitación que no sea la absoluta privación del derecho se considera admisible, hasta el punto de que la propiedad privada puede acabar identificada con una mera titularidad, que no necesariamente proporcione utilidad individual al propietario. Como afirmó el magistrado Rodriguez Bereijo en su voto particular a la STC 89/1994 de 17 de marzo, al que se adhirieron los magistrados Cruz Villalón y Gabaldón López, afirmación generalizable según REY[301] a toda la jurisprudencia constitucional sobre el artículo 33 CE, según resultaba de la sentencia de la que discrepaba, el contenido dominical *"será lo que el propio legislador diga en cada caso y según el criterio dominante en cada momento histórico"*; y, por ello, *"huérfano de todo referente ex constitutione, la garantía institucional que para el derecho de propiedad representa el concepto de 'contenido esencial' (art. 53.1 CE) se desvanece y volatiliza"*.

Toda esta arquitectura jurídica de la función social de la propiedad privada es, en cierto modo, como afirma REY[302] una consecuencia del importante asunto de la expropiación, mediante Real Decreto-ley 2/1983, de 23 de febrero, del grupo de empresas RUMASA, que ha originado cuatro sentencias del Tribunal Constitucional (111/1983, de 2 de diciembre; 166/1986, de 19 de diciembre; 67/1988, de 18 de abril y 6/1991, de 15 de enero), sosteniendo la adecuación a la Constitución de tan rigurosa medida,

---

301 REY F., *El devaluado derecho de propiedad privada,* en Persona y Derecho, Vol.55,2006, pág.964.

302 REY F., *El devaluado derecho de propiedad privada,* en Persona y Derecho, Vol.55,2006,pág.:962.

lo que ha hipotecado, en gran medida, su línea jurisprudencial posterior[303].

De ahí la idea defendida por el Tribunal Constitucional de que los deberes, prohibiciones y obligaciones impuestas al propietario en virtud de la función social del derecho de propiedad no constituyen limitaciones de éste, sino que forman parte del contenido mismo del derecho[304]. En palabras de la STC 37/1987 (FJ 2):

"*La Constitución reconoce un derecho a la propiedad privada que se configura y protege, ciertamente, como un haz de facultades individuales sobre las cosas, pero también, y al mismo tiempo, como un conjunto de deberes y obligaciones establecidos, de acuerdo con las Leyes, en atención a valores o intereses de la colectividad, es decir, a la finalidad o utilidad social que cada categoría de bienes objeto de dominio esté llamada a cumplir. Por ello, la fijación del "contenido esencial" de la propiedad privada no puede hacerse desde la exclusiva consideración subjetiva del derecho o de los intereses individuales que a éste subyacen, sino que debe incluir igualmente la necesaria referencia a la función social, entendida no como mero límite externo a su definición o a su ejercicio, sino como parte integrante del derecho mismo. Utilidad individual y función social definen, por tanto, inescindiblemente el contenido del derecho de propiedad sobre cada categoría o tipo de bienes*".

Esta tesis fundamenta, en general y en materia de vivienda en particular, la idea de que la vía para facilitar el acceso a una vivienda en cualquier modalidad de tenencia -a lo que se refiere el artículo 47

303 También es una consecuencia, según REY, del "arraigo que en la cultura jurídica española posee la concepción de la propiedad, prototípicamente la urbana, como un derecho de exclusiva configuración legislativa, ante el que la Constitución poco o nada tendría que decir, salvo, claro está, por lo que se refiere a la última (y casi única) barrera de protección, la garantía expropiatoria; por cierto, también muy debilitada a su vez". *El devaluado derecho de propiedad privada*, en Persona y Derecho, Vol.55,2006,pág.:962.

304 DOMENECH G.,*La verdadera función social del derecho a la propiedad privada*, El Almacén del Derecho,jul,22,2024.https://almacendederecho.org/la-verdadera-funcion-social-del-derecho-a-la-propiedad-privada

CE- consiste en debilitar el derecho de propiedad- al que se refiere el artículo 33 CE- o de cualquier derecho real limitado sobre la vivienda a sus titulares.

Se ha llegado a un punto en el que, como sostiene NOGUERA FERNANDEZ[305]: "*La función social de la propiedad es un recurso jurídico-discursivo mediante el cual el Estado (a través de leyes o políticas públicas) o los sujetos sociales (a través de ocupaciones, etc.) legitiman socialmente políticas y/o acciones de reasignación, reapropiación y/o redistribución de recursos, bienes y riqueza en los que hay unos beneficiados (los que no tienen) y unos perjudicados (los que tienen)*".

Nada de ello debe sorprendernos. Como ya constató GARCIA DE ENTERRIA[306] "*España es quizá el país occidental en el que el Legislador y la Administración exhiben una falta de respeto más marcada con la propiedad*". Ello tiene como consecuencia que, como afirma ARRUÑADA[307], con referencia a España: "*El derecho de propiedad sufre una desprotección creciente derivada de cambios legales y regulatorios que exceden los criterios de razonabilidad imperantes tanto en la Unión Europea como en el ámbito de las inversiones transnacionales; o que subvierten la propiedad privada para suplir, sin coste para el erario, las carencias de las políticas públicas*".

Este último aspecto viene ratificado no solo por la decreciente cantidad de recursos públicos dedicados a la vivienda social en los sucesivos planes de vivienda desde 2007, sino por el voto particular de Rodríguez Bereijo en la Sentencia 89/1994, según el cual

---

305 NOGUERA FERNANDEZ, A.: "Regular los alquileres en un entorno hostil: la función social de la propiedad y la lucha por el derecho a la vivienda en España", en AA.VV., *Regular los alquileres. La lucha por el derecho a una vivienda digna en España,* Tirant lo Blanch, Valencia, 2022, pág.24.

306 GARCIA DE ENTERRIA E: *Las expropiaciones legislativas desde la perspectiva constitucional. En particular, el caso de la Ley de Costas,* Revista de Administración Pública, 1996, n.º 141, p. 134

307 ARRUÑADA B *«La crisis del derecho de propiedad»*, en AA.VV., "La propiedad privada en España. La necesidad de reconocer los derechos de propiedad en materia de vivienda. Índice de Derecho de Propiedad 2020", Instituto de Estudios Económicos, Madrid, 2021,pag.54

el Alto Tribunal utilizó la fórmula de la función social como una exigencia de que el Estado realice la política social a costa de los derechos de los particulares, incluso aunque el beneficio de la medida no recaiga sobre la sociedad en su conjunto, sino sobre una categoría de ciudadanos (en este caso, los inquilinos de la vetusta Ley de Arrendamientos Urbanos), tratándose además de una medida de la que no siempre se puede probar su necesidad social. Tal es el caso de la Ley 12/23 de 24 de mayo por el derecho a la vivienda.

Se trata de una concepción que no está basada en ninguna concepción teórica mínimamente consistente y que, además, está refutada por las evidencias empíricas disponibles, pero que se ha convertido en la concepción imperante, que, por ello, se ha proyectado en numerosas normas jurídicas y que explica en gran parte la crisis habitacional que sufre una parte importante de los ciudadanos.

La Ley 12/23 de 24 de mayo denominada "por el derecho a la vivienda", es el más reciente y uno de los mejores ejemplos de ello. Y su impacto negativo sobre el acceso a la vivienda es una buena prueba de las consecuencias a las que conduce elaborar leyes basadas en perjuicios que contradicen las construcciones teóricas más sólidas sobre la función del derecho de propiedad privada, así como las evidencias empíricas disponibles.

Todo ello reviste una especial relevancia, si tenemos en cuenta la relación directa que existe entre propiedad privada, libertad individual y Estado de Derecho. Como recuerda VERDERA SERVER[308] esa conexión entre propiedad y libertad, concebida como un "símbolo cargado de contenido ideológico", permitió a los estados la creación de instrumentos técnico-constitucionales que configuraron el Estado Liberal de Derecho: derechos fundamentales, reserva de ley, división de poderes y control judicial del poder.

---

[308] VERDERA SERVER R., *Pro proprietate. Notas sobre la configuración constitucional de la propiedad privada* , ADC, tomo LXXVI, 2023, fasc. III (julio-septiembre),págs..875-876.

Recuerda también que quizá una prueba de la salud de nuestras instituciones es el grado de respeto del legislador hacia la propiedad. Por eso, como señala RODRIGUEZ SANTIAGO [309] llama la atención que esa conexión propiedad-libertad esté por completo ausente en nuestra jurisprudencia constitucional.

Paradójicamente, como señala DIEZ-PICAZO[310] se suele subrayar más la coexistencia de ese derecho a la propiedad privada con otros elementos más característicos de una democracia social, con la posibilidad de una configuración pública de la economía.

Por ello, la conexión entre propiedad y libertad, debe ser resaltada. Como subraya REY[311], parece del todo extrapolable a nuestro ordenamiento la conclusión que obtiene el Tribunal Constitucional Federal alemán en la Sentencia *Feldmühle*, de 7 de agosto de 1962: a la propiedad *"corresponde la tarea, dentro del contexto global de los derechos fundamentales, de posibilitar a su titular un espacio de libertad en el campo del derecho patrimonial*, por lo que el artículo 33 CE se convertiría en una garantía integral del patrimonio privado frente a los poderes públicos.

Este "*espacio de libertad*" preservaría al individuo " *de verse reducido a mero objeto del Estado"*. Precisa en esta dimensión esencial de la propiedad que "*cuanto más sirva el derecho de propiedad en cuestión a la protección de la libertad personal, tanto más fuerte ha de ser su protección y cuanto más se inscriba en el contexto social (por ejemplo, en el caso de las propiedades inmobiliarias urbanas o de empresas), tanto mayor*

---

309 RODRIGUEZ SANTIAGO , J. M: "Artículo 33", en AA.VV., *Comentarios a la Constitución Española. xl Aniversario,* Fundación Wolters Kluwer Boletín Oficial del Estado-Tribunal Constitucional-Ministerio de Justicia, Madrid, 2018, págs.1257-1258.

310 DÍEZ-PICAZO, L.: "Algunas reflexiones sobre el derecho de propiedad privada en la Constitución", en AA.VV., *Estudios sobre la Constitución Española. Homenaje al Profesor Eduardo García de Enterría, t. II, De los derechos y deberes fundamentales,* Civitas, Madrid, 1991, págs.152-1153.

311 REY F., *El devaluado derecho de propiedad privada,* en Persona y Derecho, Vol.55,2006,pág.974.

deberá ser la posibilidad de conformación legislativa de acuerdo con la función social del bien[312].

En este aspecto resulta especialmente relevante la observación formulada por RODRIGUEZ DE SANTIAGO[313] que, conectando el artículo 33 CE con los artículos 35.1 y 38 CE, considera que *"cuando el fundamento de una actividad económica es un bien y la actividad empresarial consiste en un determinado aprovechamiento de aquel, la protección de la libertad de empresa no puede ir más lejos que la de la propiedad; o, dicho de otro modo, los límites o las cargas u obligaciones que –en virtud de la función social de la propiedad– pesen sobre el bien, constituyen también cargas constitucionalmente admisibles del derecho a la libertad de empresa"*.

Por ello, no es de extrañar que la jurisprudencia del Tribunal Constitucional también sea laxa en cuanto a la exigencia de proporcionalidad para las restricciones introducidas por las leyes al ejercicio de la libertad de empresa, si bien no lo es para las introducidas en relación al acceso a la actividad empresarial[314], al igual que sucede con el derecho de propiedad.

Subraya REY a continuación que "*el derecho de propiedad privada no sólo está intrínsecamente ligado a la libertad y, por tanto, al Estado de Derecho; también lo está al principio democrático, pues constituye un*

---

312 REY F., *El devaluado derecho de propiedad privada,* en Persona y Derecho, Vol.55,2006, pág.975:"*Se impone, pues, como es corriente en la literatura y la jurisprudencia alemanas, una diferenciación "por escalas" de los distintos tipos de propiedad (semejante a la que se postula también en relación con otros derechos constitucionales igualmente abstractos, como los de libertad e intimidad)"*.

313 RODRIGUEZ SANTIAGO , J. M: "Artículo 33", en AA.VV., *Comentarios a la Constitución Española. xl Aniversario,* Fundación Wolters Kluwer Boletín Oficial del Estado-Tribunal Constitucional-Ministerio de Justicia, Madrid, 2018, págs.1257-1258.

314 Véase DOMENECH G. *¿Son constitucionalmente lícitas las restricciones de la libertad de empresa innecesarias o desproporcionadas?*. El Almacén del Derecho,15 de julio de 2024, https://almacendederecho.org/son-constitucionalmente-licitas-las-restricciones-de-la-libertad-de-empresa-innecesarias-o-desproporcionadas

presupuesto del pluralismo político. Sin propiedad privada no puede haber democracia"[315]. De ello eran perfectamente conscientes los constituyentes gaditanos, los cuales, junto con el sufragio censitario, manifestaron la necesidad de que fueran propietarios el mayor número de españoles.

Señala, por último[316], que "*a las dimensiones liberal y democrática del derecho de propiedad es preciso añadir una muy importante, ya desde el tenor literal de su reconocimiento constitucional, vertiente social, de la que derivarían dos cláusulas constitucionales: la de función social (principio de igualdad " en" la propiedad ya adquirida) y la de accesibilidad a la propiedad (principio de igualdad "ante" la adquisición de la propiedad, al menos de aquella propiedad indispensable para el desarrollo de la personalidad y dignidad humanas)*".

El Tribunal Constitucional parece centrado en la protección de esta última dimensión, incluso a costa de las dos primeras funciones, esenciales como presupuestos para la convivencia y la prosperidad y, por lo tanto, para la denominada vertiente social del derecho de propiedad privada, lo cual constituye un error, pues el desarrollo de la vertiente social depende directamente del grado de desarrollo de las dos primeras conexiones: con la libertad individual -y, por lo tanto, con la dignidad de la persona- y con el principio democrático. Con ello el Tribunal Constitucional se aproxima mucho a quienes creen, sin aportar evidencia empírica alguna, que la denominada función social de la propiedad solo puede conseguirse a costa de debilitar, incluso hasta convertirlas en residuales, las facultades de los propietarios.

La Ley 12/23 de 24 de mayo denominada "por el derecho a la vivienda" y la STC de 21 de mayo de 2024, primera de las que el TC ha pronunciado en relación a la misma, son buena prueba de ello.

---

[315] REY F., *El devaluado derecho de propiedad privada*, en Persona y Derecho, Vol.55,2006,pág.976.

[316] REY F., *El devaluado derecho de propiedad privada*, en Persona y Derecho, Vol.55,2006,pág.976.

Aun cuando la Ley 12/23 de 24 de mayo se denomine "por el derecho a la vivienda", en realidad, no lo define. Se limita a repetir el artículo 47 de la Constitución y a enumerar ciertas facultades de actuación de los ciudadanos tales como acceder a información pública (artículo 8.b), inscribirse en los registros de solicitantes de vivienda protegida (artículo 8.c) o participar en los programas públicos (8.d).

Ninguna de estas facultades atribuye a los ciudadanos posibilidades de actuación que no tuvieran ya, por obvias, ni les atribuyen el derecho a acceder a una vivienda digna, en los términos que resultan del artículo 47CE, puesto en relación con los artículos 96.1 CE, con el artículo 34.3 de la Carta de los Derechos Fundamentales de la Unión Europea, con el Auto del Tribunal de Justicia de la Unión Europea (TJUE) de 16 de julio de 2015 conforme al cual el artículo 34.3 de la Carta Social Europea "*no garantiza el derecho a la vivienda sino el derecho a una ayuda social y a una ayuda de vivienda basadas en el marco de las políticas sociales basadas en el artículo 153 del Tratado de Funcionamiento de la Unión Europea*" o con la STC de 21 de mayo de 2024, conforme a la cual "l*os compromisos internacionales de España en materia de derechos humanos refrendan la existencia de un derecho a la vivienda (...) cuya efectividad es precisamente lo que se encomienda a todos los poderes públicos en el art.47 CE*".

Dado que esta Ley no regula un derecho subjetivo a la vivienda, no menciona nada parecido a la obligación de proveer de vivienda a quien no la tenga ni de facilitar una ayuda para acceder una vivienda a quien no posea medios suficientes para ello, obligaciones que, en todo caso, deberían recaer en los poderes públicos, pues el mandato constitucional del artículo 47CE va dirigido a ellos, no a los ciudadanos, por lo que el Estado no puede exonerarse de su responsabilidad traspasándosela a otros como sucede con cualquier obligación[317].

---

317 NASARRE AZNAR S. *El proyecto de Ley de vivienda de 2022*, en FEDEA, 2022, Informes y Papeles de Grupo de Trabajo Mixto, Covid-19, pág.5.

Sin embargo, la Ley introduce medidas en esta dirección.

Una de las características mas relevantes de la Ley por el derecho a la vivienda es la consideración de la vivienda como un "bien esencial de rango constitucional", según reza su Preámbulo, lo que fundamenta un cambio de paradigma en la consideración jurídica de la misma, reforzando su función como servicio social de interés general, función que, sin embargo, solo es predicable de la vivienda social, pero no de la vivienda en general[318].

Ello, a su vez, permite reforzar la concepción de la propiedad privada sobre la vivienda en general y no solo sobre la vivienda social como una institución de carácter estatutario, como ya sucede con la denominada propiedad urbanística y otras[319],esto es, como

---

318 **Los** servicios sociales de interés general son aquellos que atienden a las necesidades de los ciudadanos más vulnerables y se basan en los principios de solidaridad e igualdad de acceso. Pueden ser tanto económicos como no económicos. Como ejemplos cabe citar los regímenes de seguridad social, los servicios de empleo y la vivienda social. Por ello, solo la vivienda social puede ser considerada como servicio social de interés general, lo que no obsta pata poder considerarla como servicio de interés general, que son aquellos que las administraciones públicas de los Estados miembros de la UE consideran como tales y que, en consecuencia, están sujetos a obligaciones específicas de servicio público. Pueden prestarlos tanto el Estado como el sector privado. Algunos ejemplos de servicios de interés general son los transportes públicos, los servicios postales y la asistencia sanitaria. Y, concretamente. como un servicio de interés general, de carácter no económico. Los **servicios** no económicos —por ejemplo, la policía, la justicia y los regímenes obligatorios de seguridad social— no están sometidos a ninguna legislación europea específica ni a las normas de competencia y mercado interior. Véase file:///Users/fpmendez/Documents/Vivienda%20Servicios%20de%20interés%20general%20-%20Comisión%20Europea.webarchive. Consultado el 28 de marzo de 2024.

319 En este sentido NASARRE AZNAR S. *El proyecto de Ley de vivienda de 2022*, en FEDEA, 2022, Informes y Papeles de Grupo de Trabajo Mixto, Covid-19, págs. 9 y 10. GÓMZ GÁLLIGO J., *El Registro de la Propiedad forma parte del núcleo esencial del dominio*, RCDI, núm.801, enero-febrero-2024, págs. 21-31

un conjunto de derechos y de deberes, fundamentados estos últimos en la denominada función social de la propiedad proclamada por el artículo 33 CE, o, al menos, sobre una determinada concepción de la misma.

Con base en ello, el articulo 1.2 de la Ley dispone:

> " *Con objeto de asegurar el ejercicio del derecho a la vivienda, será asimismo objeto de esta Ley la regulación del contenido básico del derecho de propiedad de la vivienda en relación con su función social, que incluye el deber de destinar la misma al uso habitacional previsto por el ordenamiento jurídico, en el marco de los instrumentos de ordenación territorial y urbanística, así como de mantener, conservar y rehabilitar la vivienda, atribuyendo a los poderes públicos la función de asegurar su adecuado cumplimiento, en el ámbito de sus respectivas competencias*".

El contenido básico al que se refiere el artículo 1.2 aparece regulado en los artículos 9 y 10 de la Ley, para los cuales la Disposición Final Séptima invoca como título competencial *"la competencia que* el *artículo 149.1.8.ª de la Constitución Española atribuye al Estado en materia de legislación civil."*

Ello significa un cambio conceptual sustancial, pues implica que la regulación de los derechos y deberes en materia de vivienda deja de ser administrativa, basada en una concreta política de vivienda, para formar parte del contenido civil del derecho de propiedad.

Con ello, el legislador parece pretender circunvenir lo determinado por, entre otras, la STC 93/2015 referente al Decreto Ley 6/2013 de la Junta de Andalucía, que declaró inconstitucional la imposición a los propietarios de una vivienda del "*deber de destinar de forma efectiva el bien al uso habitacional previsto por el ordenamiento jurídico*" . Limitando el uso de este tipo de bien inmueble a uno solo, afectaba, dice el TC, al poder de disposición, reduciéndose el número de compradores; dijo que eso era parte del contenido esencial del derecho de propiedad y que no podía regularse por Decreto-Ley (artículo 86.1 CE).

No obstante, el Tribunal Constitucional precisaba que: *"Esta conclusión no significa que la configuración constitucional del derecho de propiedad impida al legislador restringir de ese modo la amplitud de las facultades de uso y disposición del propietario de vivienda, análisis que no procede desarrollar en este momento"*.

Ello abre la puerta a que el Tribunal Constitucional pueda declarar constitucionales los artículos 10 y 11[320] de la Ley por el derecho a la vivienda. De ser declarados constitucionales estos preceptos, ello implicaría que, los poderes públicos, en tanto que tutores de que la vivienda cumpla su función social, podrían intervenir directamente si el propietario, por ejemplo, incumple su deber de "uso" y "disfrute" "propio" y "efectivo" que le impone el artículo 11 1.a de la Ley, en los términos del número del citado artículo:

*"**2.** Corresponde a las Administraciones competentes en materia de vivienda la declaración del incumplimiento de los deberes asociados a la propiedad de la vivienda, habilitando a adoptar, de oficio o a instancia de parte y previa audiencia, en todo caso, del obligado, cuantas medidas prevea la legislación de ordenación territorial y urbanística y la de vivienda"*.

Y esa legislación no tendría como límite que, por ejemplo, la Administración pudiera subrogarse en las facultades del propietario si no realiza actos de disfrute propios, tales como la percepción de frutos civiles derivados de un contrato de arrendamiento, pues los derechos del propietario sobre la vivienda

---

320 En el recurso interpuesto por la Junta de Andalucía no se impugna el artículo 10 y del artículo 11 solamente el núm.1. e, sin trascendencia alguna en relación a las facultades de los propietarios. El 11.1.e dispone: *"1. Además de los deberes establecidos en la legislación estatal de suelo en función de la situación básica de los terrenos en los que se sitúe la vivienda, de conformidad con la legislación en materia de ordenación territorial y urbanística de aplicación, el derecho de propiedad de vivienda queda delimitado por su función social y comprende los siguientes deberes:… e) En caso de que la vivienda se ubique en una zona de mercado residencial tensionado, cumplir las obligaciones de colaboración con la Administración competente y suministro de información en los términos establecidos en el Título II de esta Ley."*

son los que deriven de la legislación estatal del suelo (artículo 1.1.), sin referencia alguna a la necesidad de respetar un contenido mínimo esencial, tal y como exige el artículo 33 de la Constitución, al configurar el derecho de propiedad como un derecho de garantía institucional[321]. Por ello, a juicio de NASARRE AZNAR[322], la Ley por el derecho a la vivienda no introduce -no puede introducir-, una delimitación de la propiedad no indemnizable, porque las SSTC 227/1988, 204/2004 y 112/2006 afirman que *"la delimitación legal del contenido de los derechos patrimoniales o la introducción de nuevas limitaciones no pueden desconocer su contenido esencial, pues en tal caso no cabría hablar de una regulación general del derecho, sino de una privación o supresión del mismo que, aunque predicada por la norma de manera generalizada, se traduciría en un despojo de situaciones jurídicas individualizadas, no tolerado por la norma constitucional, salvo que medie la indemnización correspondiente*".

No obstante, por la vía referida, los poderes públicos pueden trasladar a los ciudadanos las responsabilidades que en materia de vivienda impone a tales poderes, no a los ciudadanos, el artículo

---

321 El concepto de derechos de garantía institucional fue elaborado por C. SCHMITT partiendo del concepto de institución de M. HAURIOU. Afirma SCHMITT: "*Mediante la regulación constitucional puede garantizarse una especial protección a ciertas instituciones. La regulación constitucional tiene entonces la finalidad de hacer imposible una supresión en vía legislativa ordinaria.*" SCHMITT C., *Teoría de la Constitución,* Ed.: Alianza, Madrid, 2001,pág.175. Esta concepción tuvo una gran repercusión posterior entre la doctrina iuspublicista y fue recogida en la Ley Fundamental de Bonn, cuyo artículo 19.2 dispone:" *En ningún caso un derecho fundamental podrá ser afectado en su contenido esencial*". Siguiendo esta misma línea, el artículo 53.1 CE dispone:"*Los derechos vinculan a todos los poderes públicos. Solo por ley que en todo caso deberá respetar su contenido esencial, podrá respetarse el ejercicio de los derechos y libertades*". No cabe, por lo tanto, invocar la función social de la propiedad, a la que se refiere el artículo 33.2 CE, para erosionar el contenido esencial del derecho.

322 NASARRE AZNAR S. *El proyecto de Ley de vivienda de 2022,* en FEDEA, 2022, Informes y Papeles de Grupo de Trabajo Mixto, Covid-19, pág.19

47CE[323], tal y como puso de manifiesto el voto particular de Rodríguez Bereijo en la Sentencia 89/1994,que, dada su importancia, reitero: el Alto Tribunal utilizó la fórmula de la función social como una exigencia de que el Estado realice la política social a costa de los derechos de los particulares, incluso aunque el beneficio de la medida no recaiga sobre la sociedad en su conjunto, sino sobre una categoría de ciudadanos, tratándose ade-

---

323 Si llegan a declararse constitucionales los artículos 10 y 11 de la Ley por el derecho a la vivienda, entonces podrían ser constitucionales medidas contenidas en leyes que el Tribunal Constitucional ha declarado inconstitucionales, como ha puesto de manifiesto NASARRE AZNAR :"...la STC 106/2018 (sobre la Ley 2/2017 de vivienda de Extremadura) afirmó que lo de imponer sanciones por viviendas vacías "no implica necesariamente una regulación que imponga el 'deber de destinar de forma efectiva el bien al uso habitacional previsto en el ordenamiento jurídico' como configurador del real contenido esencial de aquel derecho". Esta sentencia, recoge lo que previamente habían ya estipulado las SSTS 16/2018 (sobre Ley de vivienda de Navarra) y 32/2018 sobre la de Andalucía (esta vez, su Ley 4/2013 en este punto con el contenido del DL 6/2013 mencionado), pronunciándose esta segunda, en el sentido que "este tipo de previsiones autonómicas en que se establece el deber de destinar la vivienda de un modo efectivo a habitación, en la medida en que en el contexto normativo en que se inserta no se configura como real deber del propietario, sino como un objetivo que persigue el poder público mediante su política de vivienda, no puede afirmarse que forme parte del contenido esencial de ese tipo de derecho de propiedad". Y la primera que: "Ello supone que el destino efectivo de la vivienda al uso residencial [...] no es un deber del propietario sino un objetivo que persigue el poder público mediante su política de vivienda" y que "[los preceptos impugnados] no prevén, ni siquiera de un modo tácito, que el deber de destinar la vivienda de un modo efectivo a habitación forme parte del contenido esencial de ese tipo de derecho de propiedad como manifestación de su función social", de manera que el TC no vio que se habían vulnerado las competencias de los arts. 149.1.1 ni 149.1.8, es decir, competencia en Derecho civil." NASARRE AZNAR S. *El proyecto de Ley de vivienda de 2022*, en FEDEA, 2022, Informes y Papeles de Grupo de Trabajo Mixto, Covid-19, pág.9

más de una medida de la que no siempre se puede probar su necesidad social. Tal es el caso de la Ley 12/23 de 24 de mayo por el derecho a la vivienda.

Como última reflexión, no deja de sorprender que en un país en que el régimen de tenencia muy mayoritario de la vivienda -del 76% aproximadamente- es el de propiedad privada, adquirida con un gran esfuerzo ahorrador durante muchos años y mediante el recurso a préstamos hipotecarios en la gran mayoría de los casos, se haya desarrollado esta concepción de la función social de la propiedad, en general, y de la propiedad de la vivienda en particular.

Sorprende, además, que se considere que la severa limitación de las facultades de goce y disposición que la misma puede implicar, no solo para los dueños de su propia vivienda sino, especialmente, para los inversores en vivienda para destinarla al arrendamiento y en tanta mayor medida cuanto más inviertan, es el instrumento adecuado para que quienes no han podido o querido asumir sacrificios equivalentes para acceder a una vivienda en cualquier régimen de tenencia puedan hacerlo.

Tanto las concepciones teóricas mas fundamentadas y generalmente aceptadas en nuestro entorno económico, político y cultural como las evidencias empíricas ponen de manifiesto tozudamente que la línea a seguir es exactamente la opuesta, por las razones expuestas a lo largo de las páginas precedentes. A ello hay que añadir que en un Estado social y democrático de Derecho, los ciudadanos ya colaboran, mediante el pago de impuestos, para que los poderes públicos creen las condiciones necesarias para que los ciudadanos puedan acceder a una vivienda digna y adecuada.

A la actual crisis de acceso a la vivienda para una parte de la población no se ha llegado por una falta de contribución fiscal de los ciudadanos, sino por una regulación errónea y por la falta de respeto a los derechos de los propietarios y de los inversores en vivienda, en general.

9. Reflexión final

El crecimiento económico consiste, esencialmente, en la adecuada estructuración de los incentivos que dan forma a la acción humana, mediante una adecuada configuración de los derechos de propiedad, pues, básicamente, en eso consiste una organización económica eficaz, de cuya consecución depende que haya crecimiento económico, así como el grado relativo del mismo[324] .

Como afirma OLSON[325], si una sociedad tiene derechos individuales claros y seguros, hay poderosos incentivos para producir, invertir y embarcarse en un comercio mutuamente ventajoso y, como consecuencia, se produce, al menos, un cierto grado de avance económico. Ello explica por qué todas las cuestiones relativas a los derechos de propiedad constituyen el núcleo esencial el sistema económico.

También explica por qué los diferentes grados de desarrollo y de bienestar que se observan a lo largo de la historia entre países con niveles similares de recursos se hallan íntimamente relacionados con los diferentes modos de organización de la propiedad en los diferentes países[326].

---

324 NORTH D.C y THOMAS R.P., *El nacimiento del mundo occidental. Una nueva Historia económica (900-1700)*. Ed.: Siglo XXI, Madrid, 1990. pág. 5. Sostienen que La razón del desarrollo de Occidentes radica, en la construcción de una organización económica eficaz en Europa occidental.

325 OLSON M. *Poder y prosperidad. La superación de las dictaduras comunistas y capitalistas*. Ed. Siglo XXI, Madrid, 2001, pp. 230 ss.

326 LIBECAP G. D., *Contracting for Property Rights*, Cambridge, University Press, 1989, pág. 2.

En efecto, como han observado NORTH D. C y THOMAS R.P, las causas por las que se produce este fenómeno en las diversas sociedades hay que buscarlas en una organización social eficiente y, más concretamente, en el establecimiento de un sistema eficiente de derechos de propiedad, que hacen que valga la pena emprender actividades socialmente productivas.[327]

En este sentido afirman que una organización eficaz implica el establecimiento de un marco institucional y de una estructura de la propiedad capaces de canalizar los esfuerzos económicos individuales hacia actividades que supongan una aproximación de la tasa privada respecto a la tasa social de beneficios.

Los beneficios o costes privados son las ganancias o pérdidas de quien participa individualmente en cualquier transacción económica. Los costes o beneficios sociales son los que afectan al conjunto de la sociedad. La discrepancia entre los beneficios o costes sociales significa que un tercero, sin su consentimiento, recibe parte de los beneficios o incurre en parte de los costes. Esta diferencia ocurre siempre que el derecho de propiedad no está suficientemente definido o no se hace respetar. Si los costes privados exceden de los beneficios privados, los individuos no estarán dispuestos a emprender esa actividad, aun cuando sea socialmente provechosa[328], pero sí lo estarán en caso contrario.

---

327 NORTH D.C y THOMAS R.P. *El nacimiento del mundo occidental. Una nueva Historia económica (900-1700).* Ed.: Siglo XXI, Madrid, 1990. Pp. 5-7)

328 NORTH D.C y THOMAS R. P. dan, además, muy sólidos argumentos al respecto desde la perspectiva de la historia económica. Entre otros exhiben el ejemplo español de los privilegios de la Mesta sobre los agricultores como ejemplo de derechos – los de los agricultores, que, por no ser exclusivos dificultaron el desarrollo económico en España. En efecto, los agricultores de diversas zonas no tenían la seguridad de recoger su cosecha –es decir, de apropiarse

En efecto, aun admitiendo que los miembros de una sociedad pueden ignorar tales estímulos positivos y que en todas las sociedades algunos se contentan con su situación actual, la experiencia demuestra que la mayoría prefiere tener más bienes a tener menos y que actúa de acuerdo con esta premisa.

Por ello, para que se produzca el crecimiento bastará con que una parte de la sociedad sea ambiciosa y que la organización económica sea eficaz, es decir, que los derechos de propiedad estén adecuadamente estructurados, en el sentido de que incentiven adecuadamente la conducta de los individuos, o, expuesto de otro modo, en el sentido de que, por un lado, ofrezcan incentivos suficientes para que a los individuos les

---

de sus ganancias- puesto que no podían evitar que los ganaderos llevaran sus ovejas a pastar a sus tierras. Los efectos del privilegio dado a la Mesta –e inversamente la falta de propiedad exclusiva de los agricultores – tuvieron efectos muy perniciosos, no solo sobre la voluntad de los agricultores de plantar sus cosechas cada año, sino sobre las inversiones en equipo capital –semillas, abancalamientos, drenajes- que aumentan la productividad y son la base del crecimiento a largo plazo.

Los derechos de propiedad los concedió el Rey a cambio de unos ingresos fiscales. De esta forma se estipularon unos derechos de propiedad que impidieron que el aumento de la tasa social de beneficios derivada e los aumentos potenciales de la productividad de la tierra los llevasen a cabo los agricultores, porque no se podían apropiar de estos beneficios potenciales.

En conclusión, el sistema ineficiente de derechos de propiedad – la falta de derechos exclusivos- frenó el desarrollo en España. Algo parecido sucedió en Francia con los privilegios de ciertos monopolios locales. Por el contrario, en Inglaterra y Países Bajos, donde los intereses comerciales eran políticamente más fuertes, y la sociedad tenía cuerpos representativos más poderosos, el sistema institucional de derechos de propiedad permitió un uso más ágil de los recursos que, de un lado, promovía y, de otro, respondía a las necesidades crecientes de los mercados. Véase capítulo 8 de *El nacimiento del mundo occidental. Una nueva Historia económica (900-1700)*. Ed.: Siglo XXI, Madrid, 1990.

merezca la pena iniciar actividades y, por otro, dichas actividades sean socialmente rentables. Estas condiciones no son las causas del crecimiento sino que son el crecimiento mismo.[329]

El respeto a la normas imperativas, en la medida en que fijan los límites del marco institucional, que define lo que a los individuos les está permitido hacer, y, por tanto, en la medida en que estructuran incentivos de la conducta humana, es una cuestión crítica, pues de ello dependerá, por un lado, que el sistema de incentivos, si es acertado, produzca los resultados deseados, y, de otro, que se mantenga el consenso social en torno al aprovechamiento de bienes y recursos en que la propiedad consiste.

Una política de vivienda, para ser eficiente, debe moverse dentro de estos parámetros teóricos. Debe ajustar incentivos para que los individuos, al perseguir su propio interés, generen la mayor rentabilidad social posible. En otros términos, debe ajustar incentivos para que el mercado genere la vivienda que una sociedad necesita. Solo donde no llegue el mercado, debe intervenir el Estado mediante la política social financiada con recursos fiscales.

Si, por el contrario, el Estado, en lugar de ajustar incentivos, pretende sustituir a los agentes del mercado, entonces impedirá que éste cumpla su función. El Estado puede sustituir a los agentes de un modo directo o, indirectamente, restringiendo la libertad contractual y debilitando el contenido de los derechos de propiedad. La consecuencia será, por un lado, que el Estado no cumplirá con su obligación de llevar a cabo una política social que cubra las necesidades de los sectores de población con menos recursos y, por otro, impedirá que el mercado cumpla con su función, por lo que el problema de la vivienda, inexorablemente, se agravará. La historia del arrendamiento

---

329 NORTH D.C y THOMAS R.P. *El nacimiento del mundo occidental. Una nueva Historia económica (900-1700)*. Ed.: Siglo XXI, Madrid, 1990, págs. 7-9.

de vivienda en España o el impacto negativo que está teniendo la Ley por el derecho a la vivienda, entre otros ejemplos, son buena prueba de ello.

La vivienda, para satisfacer las necesidades individuales, familiares y sociales, debe cumplir ciertos parámetros mínimos que sí es función del Estado definir. Por ello, son importantes, entre otras, las normas técnicas de la edificación, o las exigencias de unas superficies y servicios mínimos, o la configuración urbanística. El ser humano se caracteriza por ser el que mantiene una mas intensa interactuación con sus semejantes, gracias a la cual se genera conocimiento y progreso. De ahí el triunfo de la ciudad.

Todo ello exige que la vivienda, por un lado, preserve la intimidad y, por otro, facilite las relaciones con los demás. En este sentido, las tipologías de viviendas adaptadas a las nuevas realidades sociales -gran proporción de gente mayor, de individuos que viven solos, entre otras realidades- juegan un papel esencial, así como las nuevas corrientes arquitectónicas, singularmente la neuroarquitectura, que priorizan el impacto del diseño arquitectónico sobre las emociones humanas, realizando mediciones del mismo y generando diseños que optimicen dicho impacto, contribuyendo de modo decisivo al bienestar individual, familiar y social.

10. Anexo. Referencia general a la fiscalidad sobre la vivienda

10.1. MEDIDAS FISCALES EN RELACIÓN CON EL ARRENDAMIENTO DE VIVIENDAS[330]

10.1.1. Régimen general

El régimen fiscal del arrendamiento de viviendas, supone, para el arrendatario, la sujeción del mismo siempre al Impuesto sobre Transmisiones Patrimoniales y Actos Jurídicos Documentados (ITPAJD), modalidad "transmisiones patrimoniales onerosas" tributando según lo dispuesto en el artículo 12 del Texto Refundido del Impuesto sobre Transmisiones Patrimoniales y Actos Jurídicos Documentados.[331]

---

330 Quiero agradecer a Carlos Colomer Ferrándiz, Director del Departamento Fiscal del Colegio de Registradores de España, la ayuda prestada. El me ha facilitado los datos contenidos en este epígrafe dedicado a establecer una comparación entre los regímenes fiscales del arrendamiento y la propiedad de la vivienda en España.

331 Según el citado artículo; *La cuota tributaria de los arrendamientos se obtendrá aplicando sobre la base liquidable la tarifa que fije la Comunidad Autónoma.*
Si la Comunidad Autónoma no hubiese aprobado la tarifa a que se refiere el párrafo anterior, se aplicará la siguiente escala:

	Euros
Hasta 30,05 euros	*0,09*
De 30,06 a 60,10	*0,18*
De 60,11 a 120,20	*0,39*
De 120,21 a 240,40	*0,78*
De 240,41 a 480,81	*1,68*
De 480,82 a 961,62	*3,37*

En cuanto a la tributación de los ingresos por arrendamiento de vivienda, los ingresos tributan en el Impuesto sobre la Renta de las Personas Físicas (IRPF) por el concepto de rendimiento del capital inmobiliario (con una reducción variable, establecida por la Ley 12/2023, de 24 de mayo por el derecho a la vivienda[332], salvo que desarrolle una actividad empresarial inmobiliaria (que

---

	Euros
De 961,63 a 1.923,24	*7,21*
De 1.923,25 a 3.846,48	*14,42*
De 3.846,49 a 7.692,95	*30,77*

De 7.692,96 en adelante, 0,024040 euros por cada 6,01 euros o fracción.

La sujeción por ITP se produce aunque el arrendador sea empresario por cuanto así lo dispone la Ley del IVA al establecer en su art. 20. Uno.23.b la exención del IVA para estos arrendamientos y su sujeción por el ITPO (de acuerdo con lo dispuesto en el art. 4.Cuatro de la Ley del IVA) exención que no es renunciable, si bien con alguna excepción para arrendamiento de empresario a sus empleados o arrendamientos de apartamentos turísticos con servicios de hostelería, en los que se cargaría el IVA.

332 En los supuestos de arrendamiento de bienes inmuebles destinados a vivienda, el rendimiento neto positivo se reducirá:

a) En un 90 por ciento cuando se hubiera formalizado por el mismo arrendador un nuevo contrato de arrendamiento sobre una vivienda situada en una zona de mercado residencial tensionado, en el que la renta inicial se hubiera rebajado en más de un 5 por ciento en relación con la última renta del anterior contrato de arrendamiento de la misma vivienda, una vez aplicada, en su caso, la cláusula de actualización anual del contrato anterior.

b) En un 70 por ciento cuando no cumpliéndose los requisitos señalados en la letra a) anterior, se produzca alguna de las circunstancias siguientes:

1.º Que el contribuyente hubiera alquilado por primera vez la vivienda, siempre que ésta se encuentre situada en una zona de mercado residencial tensionado y el arrendatario tenga una edad comprendida entre 18 y 35 años. Cuando existan varios arrendatarios de una misma vivienda, esta reducción se aplicará sobre la parte del rendimiento neto que proporcionalmente corresponda a los arrendatarios que cumplan los requisitos previstos en esta letra.

exige disponer de una persona empleado con contrato para su gestión) en cuyo caso tributan como rendimiento de actividad económica.[333]

2.º Cuando el arrendatario sea una Administración Pública o entidad sin fines lucrativos a las que sea de aplicación el régimen especial regulado en el título II de la Ley 49/2002, de 23 de diciembre, de régimen fiscal de las entidades sin fines lucrativos y de los incentivos fiscales al mecenazgo, que destine la vivienda al alquiler social con una renta mensual inferior a la establecida en el programa de ayudas al alquiler del plan estatal de vivienda, o al alojamiento de personas en situación de vulnerabilidad económica a que se refiere la Ley 19/2021, de 20 de diciembre, por la que se establece el ingreso mínimo vital, o cuando la vivienda esté acogida a algún programa público de vivienda o calificación en virtud del cual la Administración competente establezca una limitación en la renta del alquiler.
c) En un 60 por ciento cuando, no cumpliéndose los requisitos de las letras anteriores, la vivienda hubiera sido objeto de una actuación de rehabilitación en los términos previstos en el apartado 1 del artículo 41 del Reglamento del Impuesto que hubiera finalizado en los dos años anteriores a la fecha de la celebración del contrato de arrendamiento.
d) En un 50 por ciento, en cualquier otro caso.
Las zonas de mercado residencial tensionado a las que podrá resultar de aplicación lo previsto en este apartado serán las recogidas en la resolución que, de acuerdo con lo dispuesto en la legislación estatal en materia de vivienda, apruebe el Ministerio de Transportes, Movilidad y Agenda urbana.
Los rendimientos netos con un período de generación superior a dos años, así como los que se califiquen reglamentariamente como obtenidos de forma notoriamente irregular en el tiempo, se reducirán en un 30 por ciento, cuando, en ambos casos, se imputen en un único período impositivo.
La cuantía del rendimiento neto a que se refiere este apartado sobre la que se aplicará la citada reducción no podrá superar el importe de 300.000 euros anuales.

333 En algunas Comunidades Autónomas existen beneficios menores en el IRPF para los arrendatarios jóvenes o que lo son por razones de necesidad. (P.ej. En Aragón, vinculado a operaciones de dación en pago o viviendas sociales con rentas bajas; en Asturias y Cantabria arrendamiento de vivienda habitual para jóvenes, mayores y discapacitados; Castilla-La Mancha y Extremadura menores de 36 años por vivienda

10.1.2. Regímenes especiales en el Impuesto de Sociedades relacionados con el arrendamiento de vivienda.

Además, existen dos regímenes especiales tendentes a favorecer el arrendamiento de viviendas:

10.1.2.1 El régimen de las SOCIMI

Las SOCIMI tributan a un tipo de **gravamen especial del 19 por ciento** sobre el importe íntegro de dividendos o participaciones en beneficios distribuidos a los socios cuando:

a.-La participación en el capital social de la entidad sea igual o superior al 5 por ciento y

b.-Dichos dividendos en sede de sus socios estén exentos o tributen a un tipo inferior al 10 por ciento.

Este gravamen tendrá la consideración de **cuota** del Impuesto sobre Sociedades.

Este gravamen no se aplicará cuando el socio que percibe el dividendo sea una entidad a la que se aplique la Ley 11/2009.

Tampoco resultará de aplicación cuando los dividendos o participaciones en beneficios sean percibidos por entidades no residentes que tengan por objeto social principal la tenencia de participaciones en el capital de otras SOCIMI o en el de otras entidades no residentes en territorio español que tengan el mismo objeto social que aquéllas y que estén sometidas a un régimen similar al establecido para las SOCIMI en cuanto a la política obligatoria, legal o estatutaria, de distribución de beneficios, respecto de aquellos socios que:

---

habitual; Galicia, distintos supuestos; Madrid, por gastos de arrendamiento; Baleares, en diversos supuestos; La Rioja, familias numerosas; Comunidad Valenciana alquiler de viviendas que no superen el precio de referencia).

a.-Posean una **participación igual o superior al 5 por ciento** en el capital social de aquellas, y

b.-Tributen por dichos dividendos o participaciones en beneficios, al menos, al tipo de gravamen del **10 por ciento**.

10.1.2.2. El régimen de las entidades dedicadas al arrendamiento de viviendas

El régimen fiscal de las entidades dedicadas al arrendamiento de vivienda es de aplicación opcional, y su principal incentivo fiscal consiste en una **bonificación** del 40% de la cuota íntegra que corresponda a las rentas derivadas del arrendamiento de viviendas, siempre que se cumplan determinados **requisitos**:

a) El **objeto social** principal de la sociedad debe ser el arrendamiento de viviendas situadas en España.

b) El **número de viviendas** arrendadas u ofrecidas en arrendamiento por la entidad en cada período impositivo debe ser en todo momento igual o superior a 8.

c) Las viviendas deben **permanecer** arrendadas u ofrecidas en arrendamiento **durante** al menos 3 años.

d) Las actividades de promoción inmobiliaria y de arrendamiento deben **contabilizarse** de forma separada para cada inmueble adquirido o promovido, con el desglose que resulte necesario para conocer la renta correspondiente a cada vivienda, local o finca registral independiente en que éstos se dividan.

e) Si la entidad desarrolla **actividades complementarias** a la actividad económica principal de arrendamiento de viviendas, se requiere:

f) Que las rentas susceptibles de gozar de bonificación sean al menos el 55% del total de las rentas del período impositivo, excluidas las derivadas de la transmisión de los inmuebles arrendados una vez transcurrido el período mínimo de mantenimiento; o que, al menos el 55% del valor del activo de la entidad sea susceptible de generar rentas con derecho a la aplicación de la bonificación.

10.2. MEDIDAS FISCALES EN RELACIÓN CON LA PROPIEDAD SOBRE LA VIVIENDA

Paralelamente, la fiscalidad sobre la vivienda en propiedad se ha ido endureciendo.

La vivienda propia no tributa en el IRPF en la medida que sea vivienda habitual del adquirente[334].

La fiscalidad indirecta varía según se trate de una vivienda nueva, adquirida del promotor o constructor, o de una vivienda usada.

10.2.1. Vivienda nueva

Se considera **vivienda nueva**, o primera entrega de vivienda, con arreglo al art. 20.Uno.22.A de la Ley del Impuesto sobre el valor añadido (LIVA) :

> *"(la)realizada por el promotor que tenga por objeto una edificación cuya construcción o rehabilitación esté terminada. No obstante, no tendrá la consideración de primera entrega la realizada por el promotor después de la utilización ininterrumpida del inmueble por un plazo igual o superior a dos años por su propietario o por titulares de derechos reales de goce o disfrute o en virtud de contratos de arrendamiento sin opción de compra, salvo que el adquirente sea quien utilizó la edificación durante el referido plazo. No se computarán a estos efectos los períodos de utilización de edificaciones por los adquirentes de los mismos en los casos de resolución de las operaciones en cuya virtud se efectuaron las correspondientes transmisiones"*

---

[334] Si no tiene el carácter de primera vivienda o habitual del contribuyente tributa por el régimen de imputación de rentas recogido en el art. 85 de la Ley del IRPF

Con arreglo al art. 91 de la LIVA tributan **al 10%** :

"Los edificios o partes de los mismos aptos para su utilización como viviendas, incluidas las plazas de garaje, con un máximo de dos unidades, y anexos en ellos situados que se transmitan conjuntamente".

Y **al 4%**

"Las viviendas calificadas administrativamente como de protección oficial de régimen especial o de promoción pública, cuando las entregas se efectúen por sus promotores, incluidos los garajes y anexos situados en el mismo edificio que se transmitan conjuntamente. A estos efectos, el número de plazas de garaje no podrá exceder de dos unidades".

10.2.2. Vivienda usada

El mosaico de tipos aplicables a la vivienda usada es extraordinariamente variado según CCAA, pero en todas ellas han ido subiendo en los últimos años, incluso por encima del 10% en algunas CCAA., situándose en la fiscalidad más alta de Europa[335]

La **tenencia** de la vivienda soporta dos gravámenes fundamentales, el Impuesto sobre Bienes Inmuebles (IBI) y por el Impuesto sobre el Patrimonio

El IBI Sujeta a gravamen (arts. 60 del TR de la Ley de Régimen Jurídico de las Haciendas Locales, aprobada por el Real Decreto Legislativo 2/2004 de 5 de marzo) a los inmuebles urbanos y rústicos, estableciendo unos tipos de gravamen que varían en función de municipios y valoración catastral.

En el Impuesto sobre el Patrimonio la vivienda tributa por el artículo 10 de la Ley 19/1991, que se refiere a los bienes inmuebles tanto de naturaleza urbana como rústica y señala que deben

---

[335] Para una información exhaustiva al respecto, véase BIT PLUS. Boletín Informativo Tributario. Registradores de España. Núm.: 192. Febrero 2016.

valorarse en el Impuesto sobre el Patrimonio de acuerdo con las reglas que señala el propio artículo.

En cuanto al régimen fiscal de la deducción por compra o financiación, hay que estar a los dispuesto por la Disposición Transitoria decimoctava de la Ley del Impuesto sobre la Renta de las Personas Físicas en la redacción dada por la Ley 35/3006, que tiende a la supresión de dichas deducciones.

El tratamiento fiscal de la vivienda en propiedad ha seguido, por lo tanto, una línea muy distinta al de la vivienda en arrendamiento, lo que, unido al tratamiento fiscal de este último constituye una medida incentivadora para que los ciudadanos opten por el arrendamiento como fórmula para acceder a una vivienda.

BIBLIOGRAFIA

ACEDO-RICO HENNING, F., “El Registro de la Propiedad y los sistemas de actuación urbanística con especial referencia a las Comunidades Autónomas”, en *La política de la vivienda en España: Instrumentos jurídicos, urbanísticos y sociales*, RCDI, núm. 691

AA.VV, *Conclusions del cicle de trobades sobre el dret a l'habitatge celebrat durant 2022 i organitzat per la Càtedra barcelona d'estudis d'habitatge i l'Instituto Pascual Madoz de la Universidad Carlos III de Madrid*, Càtedra Barcelona d´Estudis d´Habitatge i Instituto Pascual Madoz de la Universidad Carlos III de Madrid, Barcelona, 2022, disponible en:

www.cbeh.cat/wp-content/uploads/2022/12/CONCLUSIONS-DEL-CICLE-SOBRE-EL-DRET-A-L´HABITATGE-CBEH-UC3M-_-Catala.pdf

AGENCE DÉPARTAMENTALE D´INFORMATION SUR LE LOGEMENT DE PARIS, *Le logement parisien en chifres*, nº.: 23, diciembre de 2023.

AHERN, K. R., y GIACOLETTI M. (2022): *Robbing Peter to Pay Paul? The Redistribution of Wealth Caused by Rent Control* ,DIAMOND, American Economic Review, 109 (9), 2019,», 18 de marzo. Citados por ARRUÑADA B, op. cit., pág.3

ALEXY R.,*Teoría de la argumentación jurídica: La teoría del discurso racional como teoría de la argumentación jurídica*, Ed.: Centro de Estudios Políticos y Constitucionales, Madrid, 2007

ANALISTAS FINANCIEROS INTERNACIONALES, *La función económica del Registro de la Propiedad Inmobiliaria,* elaborado en 2005, Colegio de Registradores de la Propiedad, Mercantiles y Bienes Muebles de España

ARGELICH C.,*La evolución histórica del arrendamiento forzoso de vivienda: de la imposición a la expropiación,* e-Legal History Review, 2017, 25 de julio

ARNÁIZ EGUREN R. *Aspecto civiles y registrales en la declaración de obra nueva. El alcance y significado del artículo 25 de la Ley de Reforma del Régimen Urbanístico y Valoraciones del Suelo de 25 de julio de 1990,* RCDI núm.697

ARNÁIZ EGUREN R., *La inscripción registral de actos urbanísticos,* Ed.: Marcial Pons. 1999

ARNAIZ EGUREN R., *Terreno y Edificación, propiedad horizontal y prehorizontalidad.* Ed.: Thomson-Reuters, 2010.

ARNÁIZ RAMOS R., *La inscripción en el Registro de la Propiedad de la declaración de obra nueva,* Ed.: Bosch, 2012.

ARNAIZ RAMOS R., "Las actuaciones legislativas sobre el derecho de propiedad por razón de la protección del derecho a una vivienda digna", en VAQUER CABALLERÍA M., PONCE SOLÉ J. y ARNAIZ RAMOS R., *Propuestas jurídicas para facilitar el acceso a la vivienda,* Fundación Coloquio Jurídico Europeo, 2016

ARRUÑADA B. y CASAS-ARCE, P., "Préstamos hipotecarios y limitaciones al tipo de interés", en GANUZA, J.J. y GÓMEZ-POMAR, F., *El mercado hipotecario español: Análisis económico y jurídico,* Aranzadi, 2017

ARRUÑADA B. "La crisis del derecho de propiedad", en AA.VV., *La propiedad privada en España. La necesidad de reconocer los derechos de propiedad en materia de vivienda. Índice de Derecho de Propiedad 2020,* Instituto de Estudios Económicos, Madrid, 2021

ARRUÑADA B., *Comentarios a las nuevas regulaciones del alquiler,* Revista del Instituto de Estudios Económicos núm.3, 2022

ASOCIACION HIPOTECARIA ESPAÑOLA, Informe del Presidente de la Asociación Hipotecaria Española a la Asamblea de dicha Asociación correspondiente al año 2007

BANCO DE ESPAÑA, E*l mercado de la vivienda en España: evolución reciente, riesgos y problemas de accesibilidad,* Informe Anual 2023

BARGELLI F y DONADIO G., "The impact of Directive 2014/17/EU in Italy",en ANDERSON M y ARROYO E., *The impact of mortgage directive in Europe,* Europa Law Publishing, 2018

BERMÚDEZ T. y TRILLA C, *Un parque de viviendas de alquiler social. Una asignatura pendiente en Cataluña.* Debats Catalunya Social ,núm.30, octubre 2014

BIT PLUS. Boletín Informativo Tributario. Registradores de España. Núm.: 192. Febrero 2016

BOVÉ J.M., *Retos de Viena,* conferencia pronunciada en a Universidad Internacional de Cataluña el 7 de febrero de 2024

BUENO MALUENDA Mª C., "El régimen fiscal de las SOCIMI en el impuesto sobre sociedades: evolución y evaluación", en MATE SATUÉ L.C., HERNÁNDEZ SAINZ E., ALONSO PÉREZ M.T., *El derecho a la vivienda en tiempos de incertidumbre, Aranzadi, 2024*

BUSOM I., LÓPEZ-MAYANA C., & PANADÉS J. *Student´s persistent preconceptions and learning economic principles.* The Journal of Economic Educatio*n,* 2017

CABRILLO F., *Si no Hay desahucios no habrá alquileres,* en Expansión, de 21 de enero de 2024

CALZADA CRIADO D. Y LUCAS CHINCHILLA J.L.,(Dirs.) *Tratado de la SOCIMI. Un análisis multidisciplinar del REIT español,* Ed Thomnson Reuters, 2018

CAMBRA DE LA PROPIETAT URBANA DE BARCELONA, Revista de la Cambra de la Propietat Urbana de Barcelona, junio de 2018, ~~pág.3~~

CAMBRA DE LA PROPIETAT URBANA DE BARCELONA, Extracto del documento de la AGENCE DÉPARTAMENTALE D´INFORMATION SUR LE LOGEMENT DE PARIS, *Le logement parisien en chifres,* nº.: 23, diciembre de 2023, Documents nº. : 3, Febrero de 2024

CÁRDENAS F. *El Derecho Moderno, núm.8,* 1850

CENSO DE POBLACION Y VIVIENDA -INE- de 2021

CERCLE D´ECONOMIA, *De la desconfianza a la colaboración. Por un partenariado entre el sector público y el privado que resuelva de verdad el problema del acceso a la vivienda en Cataluña y en España.* https://admin.cercledeconomia.com/content/uploads/2024/06/nota-de-opinion-cde_vivienda_junio24.pdf

CIRCULO DE EMPRESARIOS : *El acceso a la vivienda: Un problema de oferta,* pág.20 junio 2020, Madrid. https://circulodeempresarios.org/publicaciones/acceso-la-vivienda-problema-oferta/

COMISION EUROPEA *Libro Blanco sobre Integración de los mercados de crédito hipotecario de la Unión Europea.* https://www.bing.com/search?q=Libro+Blanco+sobre+Integraci%C3%B3n+de+los+mercados+de+cr%C3%A9dito+hipotecario+de+la+Uni%C3%B3n+Europea&form=APMCS1&PC=APMC

CONTHE, M, *Cláusulas-suelo: un borrón supremo,* en, *El sueño de Jardiel, Expansión,* el 17-09-13

CORBISHLEY, N., *How Spain Became a Squatter's Paradise* https://wolfstreet.com/2020/09/12/how-spain-became-a-squatters-paradise/, consultado el 25-septiembre-2024

CUENA CASAS M., *La ocupación ilegal de inmuebles: un necesario enfoque global, Cuadernos de Derecho Transnacional (Octubre 2023), Vol. 15, Nº 2*

CUENA CASAS M. en "¿La okupación de inmuebles como instrumento para garantizar el derecho a la vivienda?", en MATE SATUÉ L.C., HERNÁNDEZ SAINZ E., ALONSO PÉREZ M.T., *El derecho a la vivienda en tiempos de incertidumbre, Aranzadi, 2024*

DE LA DEHESA, G., *Fallos de diseño y de gestión del área euro,* en El País Negocios, de 8 de mayo de 2011

DE LA QUADRA-SALCEDO-JANINI T., *Los derechos fundamentales económicos del Estado social,* Ed.: Marcial Pons, 2022

DELGADO RAMOS J. en https://regispro.es/sentencia-tjue-26-1-2017-sobre-clausulas-de-vencimiento-anticipado-y-otras-cuestiones/, consultado el 28 de marzo de 2024

DEFENSOR DEL PUEBLO (2019). *La vivienda protegida y el alquiler social en España.* Separata del volumen II del Informe anual 2018. Madrid. En https://www.defensordelpueblo.es/wp-content/uploads/2019/09/Separata_vivienda_protegida.pdf.

DEMSETZ H. *Toward a Theory of Property Rights.* American Economics Review, nº.: 57, mayo 1967,

DEMSETZ H., *Information and Efficiency: Another Viewpoint,* Journal of Law and Economics 12 (abril1969)

DEMSETZ H., "Ownership and The Externality Problem", en *Property Rights. Cooperation, Conflict and Law,*. Editores: ANDERSON T.L y McCHESNEY F.S, Princeton University Press, 2003

DIAMOND, R., McQUADE, T. y QIAN F. *The Effects of Rent Control Expansion on Tenants, Landlords, and Inequality: Evidence from San Francisco,* American Economic Review, 109 (9), 2019

DÍAZ FRAILE J.M.,*Evolución de la jurisprudencia del Tribunal Supremo en relación con la limitación temporal de los efectos restitutorios derivados de la nulidad de las clausulas suelo no transparentes /abusivas* , Boletín del Colegio de Registradores de España, ISSN 1135-0180,núm.:52, 2018

DIAZ FRAILE J.M., *Intereses de demora en los préstamos hipotecarios. La jurisprudencia del Tribunal Supremo y su compatibilidad con el Derecho comunitario,* Revista de Derecho Civil, ISSN 2341-2216, Vol. 5, Nº. 2 (abril-junio, 2018), 2018

DIAZ FRAILE J.M. *Comentario a la sentencia del Tribunal de Justicia de la Unión Europea (Gran Sala), de 26 de marzo de 2019, sobre la abusividad de determinadas clausulas de vencimiento anticipado de préstamos hipotecarios (de Modestino a Bauman, o del "derecho sólido" al "derecho líquido")* Cuadernos de derecho transnacional, ISSN-e 1989-4570, Vol. 11, Nº. 2, 2019

DÍEZ-PICAZO, L.: "Algunas reflexiones sobre el derecho de propiedad privada en la Constitución", en AA.VV., *Estudios sobre la Constitución Española. Homenaje al Profesor Eduardo García de Enterría, t. II, De los derechos y deberes fundamentales*, Civitas, Madrid, 1991

DOMENECH G. *¿Son constitucionalmente lícitas las restricciones de la libertad de empresa innecesarias o desproporcionadas?*,publicado el 15 de julio de 2024 en El Almacén del Derecho. https://almacendederecho.org/son-constitucionalmente-licitas-las-restricciones-de-la-libertad-de-empresa-innecesarias-o-desproporcionadas.

DOMENECH G.,*La verdadera función social del derecho a la propiedad privada*, El Almacén del Derecho, jul,22,2024. https://almacendederecho.org/la-verdadera-funcion-social-del-derecho-a-la-propiedad-privada.

ESTEVE PARDO J., *El pensamiento antiparlamentario y la formación del Derecho Público en Europa*, segunda edición, Ed.: M. Pons, 2020.

EUROPEAN MORTGAGE FEDERATION, *Efficiency of the Mortgage Collateral in the European Union*, 2007

FERNÁNDEZ CARBAJAL A., *Veinticinco años de política de vivienda en España (1976-2001), una visión panorámica*, Tribuna Económica, ICE, julio-agosto, 2004

FOMENT DEL TREBALL NACIONAL, *Libro Verde sobre la fiscalidad de Cataluña*, abril 2024

Financial Crisis Inquiry Report. Final Report of the National Comission on the Causes of the Financial and Economic Crisis in the United States, de enero de 2011

GARCIA DE ENTERRIA E: *Las expropiaciones legislativas desde la perspectiva constitucional. En particular, el caso de la Ley de Costas*, Revista de Administración Pública, 1996, n.º 141, pp. 131-154

GARCÍA-HINOJAL LÓPEZ V.J.,*La revitalización del censo como instrumento para políticas públicas de vivienda,* conferencia pronunciada en el Decanato de los Registradores de Cataluña el 17 de octubre de octubre de 2024

GARCIA MONTALVO J., MONRÀS J y RAYA J M, *Los efectos de la limitación de precios de los alquileres en Cataluña*, Esade Ec Pol Insight, 4,Febrero 2023

GARCÍA TERUEL, R. Mª y NASARRE AZNAR, S.: *Quince años sin solución para la vivienda. La innovación legal y la ciencia de datos en política de vivienda*, RCDI, núm.789, enero-febrero 2022.

GOMA LANZON F., "Las subrogaciones hipotecarias; en especial el cambio de acreedor", en MURGA FERNÁNDEZ J.P. y HORNERO MÉNDEZ C., (Coords.),*Estudios sobre la Ley reguladora de los contratos de crédito inmobiliario,* ed.: Reus, 2020.

GÓMEZ GÁLLIGO J., *El Registro de la Propiedad forma parte del núcleo esencial del dominio,* RCDI, núm.801, enero-febrero-2024.

GONZÁLEZ SÁNCHEZ S., conferencia titulada "*Consideraciones sobre el mercado inmobiliario. Su financiación*", pronunciada en el Congreso Internacional «Vivienda: Cuestiones Actuales», en la Universidad de Alicante, el 30 de noviembre de 2023.

GRADO SANZ Mª C. y RUANO BORRELLA J.P., *Inscripción del arrendamiento de bienes inmuebles. Efectos en cuanto a tercero del arrendamiento no inscrito. El derecho de retorno,* RCDI, núm.583, noviembre-diciembre de 1987,

HAURIOU M., *La teoría de la institución y de la fundación, (Ensayo de vitalismo social),*1925. Traducción y prólogo de A. Enrique Sampay, Buenos Aires, Abeledo-Perrot, 1968

INURRIETA BERUETE A., *Mercado de vivienda en alquiler en España, más vivienda social y más mercado profesional,* Working Paper 113/2007, Fundación Alternativas

INSTITUT CERDÀ, *"La ocupación ilegal: realidad social, urbana y económica. Un problema que necesita solución", 2017*

INSTITUTO DE ESTUDIOS ECONOMICOS, *La colaboración público-privada y el reto de la vivienda. Índice Internacional de Derechos de Propiedad 2023.* file:///Users/fpmendez/Documents/Vivienda%20La%20colaboración%20público-privada%20y%20el%20reto%20de%20la%20vivienda.%20Índice%20Internacional%20de%20Derechos%20de%20Propie.webarchive

KAY J., *El dinero de los demás,* RBA, 2017

KRIMPHOVE D. Y LÜKE C, "The transformation of the Mortgage Credit Directive in German Law, "en ANDERSON M y ARROYO E, *The impact of mortgage directive in Europe, en Europa Law Publishing,* 2018

KRUGMAN P., *The Mortgage Morass,* en The New York Times, 14 de octubre de 2010

LEAL MALDONADO J. L. (Coord.), *Las políticas de vivienda en alquiler en las grandes ciudades europeas.*, Ayuntamiento de Madrid, 2008

LEAL MALDONADO J. L. y MARTÍNEZ DEL OLMO, *Tendencias recientes de la política de vivienda en España,* en Cuaderno de Relaciones Laborales, Vol.35, núm. 1,2017

LEAL MALDONADO J.L, *La política de vivienda en España.* Documentación social. Revista de Estudios sociales y sociología aplicada, núm.138

LEPAGE H. *¿Por qué la propiedad.* Ed.: Instituto de Estudios Económicos, 1986,

LIBECAP G. D., *Contracting for Property Rights,* Cambridge, University Press, 1989

LINDBECK, A., *The Political Economy of the New Left : An Outsider's View,* Harper & Row Publishers, 1971

MAGRO SERVET, V", *¿Delito de ocupación (art. 2452 CP) o allanamiento de morada (art. 202 CP)? ¿Medidas civiles o medidas cautelares penales de expulsión?"* Diario La Ley, nº 9680, 23 de julio de 2020.

MAGRO SERVET V., *Cómo afrontar jurídicamente la ocupación ilegal de un inmueble.* Ed.: La Ley, 2024

MALSCH L. y ROLANDER N., *Europe,s Great Housing Crisis Is Only Getting Started,* en Bloomberg, 2 de noviembre de 2023

MARIN CASTÁN F., *Ejecuciones hipotecarias, crisis económica y protección del deudor,* en XVIII Congreso Internacional IPRA-CINDER, Amsterdam 2012, Ed.Tirant Lo Blanch, 2016

MATE SATUÉ L.C., "La información precontractual en el arrendamiento de vivienda:¿un mecanismo eficaz para la protección del arrendatario: especial atención al vulnerable?", en MATE SATUÉ L.C., HERNÁNDEZ SAINZ E., ALONSO PÉREZ M.T., *El derecho a la vivienda en tiempos de incertidumbre, Aranzadi, 2024*

MATZNETTER W., "Un mercado de alquiler: el caso de Viena," en LEAL MALDONADO J. (Coord.), *Las políticas de vivienda en alquiler en las grandes ciudades europeas.*, Ayuntamiento de Madrid, 2008

MÉNDEZ GONZÁLEZ F.P. *Registro de la Propiedad y Ley del Suelo,* RCDI, nº 698, año 2006

MÉNDEZ GONZÁLEZ F.P., "Los Fondos de Inversión Inmobiliaria como instrumentos para el desarrollo del mercado de arrendamiento de vivienda," en ORTÍ VALLEJO A. y ROJO ALVAREZ-MANZANEDA R. (Coords.), *Estudios sobre los Fondos de Inversión Inmobiliaria,* Ed. Thomson-Reuters, Cizur Menor (Navarra), 2009

MÉNDEZ GONZÁLEZ F.P.,*Mortage Gate:Las incertidumbres sobre la ejecutabilidad de las hipotecas gestionadas por el Morgage Electronic Registration System en Estados Unidos.* Revista Crítica de Derecho Inmobiliario, núm. 724. ,2011

MÉNDEZ GONZÁLEZ F.P., *Intervenciones en el Congreso de los Diputados, Comisión de Vivienda y Comisión para la Reforma del Sistema Hipotecario,* RCDI, núm. 729

MÉNDEZ GONZÁLEZ F.P., *Fundamentación económica del derecho de propiedad privada e ingeniería jurídica del intercambio impersonal*, Ed.: Thomson Reuters, 2011

MÉNDEZ GONZÁLEZ F.P., *Derechos reales y titularidades reales.* RCDI, núm. 736, marzo de 2013.

MÉNDEZ GONZÁLEZ F.P., *Mercado hipotecario y sistemas registrales. Especial referencia a la ejecución hipotecaria*, en XVIII Congreso Internacional de Derecho Registral IPRA-CINDER, Amsterdam 2012, Ed.: Tirant Lo Blanch, 2016

MÉNDEZ GONZÁLE F.P., *La función de la fe pública registral en la transmisión de bienes inmuebles*, Ed.: Tirant Lo Blanch, 2017

MÉNDEZ GONZÁLEZ F.P., *Origen de la crisis hipotecaria y activismo judicial*, en RAED, Tribuna Plural,, núm.14, 1/2017

MÉNDEZ GONZÁLEZ F.P., "La conveniencia de desarrollar un mercado arrendaticio de vivienda eficiente", en MOLTÓ DARNER J.M y PONCE SOLÉ J. (Coords.)., *Derecho a la vivienda y función social d e la propiedad*, Ed.: Thomson Reuters- Registradores de España, 2017

MÉNDEZ GONZÁLEZ F.P., "Crisis hipotecaria y reacción institucional: una perspectiva registral, " en ANDERSON M., ARROYO E. APARICIO A . (Dirs.), en *Cuestiones hipotecarias e instrumentos de previsión. El impacto del Derecho de la Unión Europea*, Ed. Marcial Pons, 2021

MÉNDEZ GONZÁLEZ F.P., *Evolución institucional de los sistemas de transmisión onerosa*, Ed.: Tirant Lo Blanch, Valencia, 2023

MERRIL TH. W., "Ownership and possession", en YU-CHIEN-CHANG (Ed.), *Law and Economcs of Possession*, Cambridge University Press, 2015

MOLINA BALAGUER F., *Efficiency of direct enforcement on mortgaged property in Spain: its causes and defects. Overvalued appraisals*, en XVIII Congreso Internacional de Derecho Registral IPRA-CINDER, Amsterdam, Ed.: Tirant Lo Blanch, 2016

MOLINA IGLESIAS S., *Arrendamientos urbanos y Registro de la Propiedad*, Ed. Aranzadi, 2024

MOLL DE ALBA LACUVE CH.," La ley 12/2023 por el derecho a la vivienda y los contratos de arrendamiento", en ~~en~~ MATE SATUÉ L.C., HERNÁNDEZ SAINZ E., ALONSO PÉREZ M.T., *El derecho a la vivienda en tiempos de incertidumbre*, Aranzadi, 2024

MOLTÓ DARNER J.M., "Algunas reflexiones sobre la función social de la propiedad en el siglo XXI", en MOLTÓ DARNER J.M y PONCE SOLÉ J., *Derecho a la vivienda y función social de la propiedad*, Ed.: Thomson Reuters Aranzadi, 2017

MONTALVO, JM., “Financiación inmobiliaria, burbuja crediticia y crisis financiera: lecciones de la recesión 2008-09 https://jgmontalvo.com/wp/BURBUJAS%20 INMOBILIARIAS%20Y%20CRISIS%20FINANCIERAS.pdf

MONRÀS J. y GARCÍA MONTALVO J. (2022): *The Effect of Second Generation Rent Controls: New Evidence from Catalonia,* Pompeu Fabra University, Department of Economics and Business Working Papers Series 1836, abril.

MONTÉS PENADÉS V.L., *La propiedad privada en el sistema del Derecho Civil contemporáneo,* ed. Civitas, Madrid, 1980

NASARRE AZNAR S. “La insuficiencia de la normativa actual sobre acceso a la vivienda en propiedad y en alquiler: la necesidad de instituciones jurídico-privadas”, en NASARRE AZNAR S (Dir) , *El acceso a la vivienda en un contexto de crisis.* Ed.: Edisofer, 2011

NASARRE AZNAR S., SIMON H. Y MOLINS F., *Un nou dret d´arrendaments urbans per a afavorir l´acces a l´habitatge,* Ed. : Atelier, Barcelona, 2018

NASARRE AZNAR S.,*Los años de la crisis de la vivienda. De las hipotecas subprime a la vivienda colaborativa.* Ed.: Tirant lo Blanch, 2020

NASARRE AZNAR S., *El proyecto de ley de vivienda de 2022,* Apuntes 2022/11, abril 2022, FEDEA

NOGUERAS CAPILLAS, “La usurpación de inmuebles. Problemática del tratamiento penal como delito leve”, en IZQUIERDO BLANCO, P., y PICÓ I JUNOY (Dirs.), *El juicio verbal de desahucio y el desalojo de viviendas okupadas,* Ed, Bosch, 2018, p. 328

NOGUERA FERNANDEZ, A.: “Regular los alquileres en un entorno hostil: la función social de la propiedad y la lucha por el derecho a la vivienda en España”, en AA.VV., *Regular los alquileres. La lucha por el derecho a una vivienda digna en España,* Tirant lo Blanch, Valencia, 2022.

NORTH D.C y THOMAS R.P. *El nacimiento del mundo occidental. Una nueva Historia económica (900-1700).* Ed.: Siglo XXI, Madrid, 1990

NORTH D.C., *Instituciones, cambio institucional desempeño económico.* Ed.: Fondo de Cultura Económica, México 1995

OBSERVATORIO INMOBILIARIO, 19 de febrero de 2024

OBSERVATORIO METROPOLITÀ DE L´HABITATGE DE BARCELONA, *Impacto de la Ley 11/2020 en el mercado del alquiler en la demarción de Barcelona,* emitido en julio de 2022. Puede consultarse en https://www.ohb.cat/wp-content/uploads/2022/07/O22015_LAB_Control-lloguer_avenc_v_ampliada_Informe-v.CAST_.pdf

OCDE, Estudio económico sobre España 2023. https://issuu.com/oecd.publishing/docs/ppt-spain_en_web-osg-sparev#:~:text=ESTUDIO%20

ECONÓMICO%20DE%20LA%20OCDE%20DE%20ESPAÑA%20 Promoviendo,interno%20bruto%20Volumen%2C%20base%20 2019T4%20%3D%20100%20105. Consultado el 29 de marzo de 2024

OLIVA IZQUIERDO A.M., *Las declaraciones de obra nueva y el Registro de la Propiedad,* Ed.: Basconfer, 2022

OLSON M. *Poder y prosperidad. La superación de las dictaduras comunistas y capitalistas.* Ed. Siglo XXI, Madrid, 2001

OROZCO MARTÍNEZ C.,BAYONA-I-CARRASCO J.,GIL ALONSO F.,*Vivienda e inmigración: el subarriendo y la vivienda compartida a través de los hogares sin núcleo,* Ciudad y Territorio, Vol.LVI, núm 221,Otoño 2024

OSTROM E., *Governing the Commons, The Evolution of Institutions of Collective Action* , Cambridge University Press, primera edición, 1990, impresión –número veintidós- 2008-

PAREJA EASTWAY M. y SÁNCHEZ MARTÍNEZ M.T., *El sistema de vivienda en España y el papel de las políticas ¿qué falta por resolver?,* en Cuadernos Económicos de ICE, núm. 90, 2015

PAREJO ALFONSO, L."Vivienda y urbanismo, mercado tensionado y acción de las Administraciones Públicas" en *Práctica Urbanísitica: La nueva Ley de vivienda a debate,* núm. I/2023

PAU PEDRÓN A. *La protección del arrendamiento urbano,* Civitas, Madrid,1991,

PAU PEDRÓN A. *La inscripción de los arrendamientos de bienes inmuebles,* Boletín del CORPME, núm.1 -segunda época-, febrero de 1995

PEREZ DAUDI V., "Las opciones procesales frente a la okupación y la protección de los colectivos vulnerables", en MATE SATUÉ L.C., HERNÁNDEZ SAINZ E., ALONSO PÉREZ M.T., *El derecho a la vivienda en tiempos de incertidumbre, Aranzadi, 2024*

PONCE SOLÉ J., "El derecho subjetivo a la vivienda exigible judicialmente: papel de la legislación. Análisis jurisprudencial y gasto público", en VAQUER CABALLERÍA M., PONCE SOLÉ J. y ARNAIZ RAMOS R., *Propuestas jurídicas para facilitar el acceso a la vivienda,* Fundación Coloquio Jurídico Europeo, 2016.

PONCE SOLÉ , J., "La tutela judicial del derecho a la vivienda y el papel del Tribunal Constitucional español: luces y sombras en el contexto europeo e internacional. "En MOLTÓ DARNER J.M y PONCE SOLÉ J. (coord..), *Derecho a la vivienda y función social de la propiedad,* Ed.: Thomson Reuters Aranzadi, 2017

PONCE SOLE J, "Zones de mercat residencial tensionat en la nova Llei estatal 12/2023, de 24 de maig, pel dret a l´habitatge" ,en VÁZQUEZ ALBERT (Dir.) y ARNAIZ RAMOS R. y PONCE SOLÉ J., *La ley por el derecho a la vivienda. Balance de un año de aplicación,* Revista Jurídica de Catalunta, Tirant lo Blanch, 2024.

PONCE SOLE J., *Un nuevo hallazgo jurídico: el art.47 de la Constitución contiene un auténtico derecho subjetivo. A propósito de la Sentencia del Tribunal Constitucional nº.79/2024, de 21 de mayo, el derecho a la vivienda y la Ley estatal 12/2023, de 24 de mayo, por el derecho a la vivienda,* en Acento Local,.Blog de Actualidad Jurídica Local. https://www.gobiernolocal.org/acento-local/un-nuevo-hallazgo-juridico-el-art-47-de-la-constitucion-contiene-un-autentico-derecho-subjetivo-a-proposito-de-la-sentencia-del-tribunal-constitucional-n-o-79-2024-de-21-de-mayo-el-derecho-a-la-v/.

PRETEL SERRANO J.J., *Registro de la Propiedad, Constitución y Estado de las Autonomías,* Ed.: Reus, 2023

RÀFOLS ESTEVE J. *El control de alquileres como medida de política de vivienda en España,* Información Comercial Español*a,* núm 548, abril, 1979

RAJAN R.J., *Grietas del sistema,* Ed.Deusto, 2011

Reforming America´s Housing Market. A Report To Congress, de febrero de 2011, realizado conjuntamente por el Departamento del Tesoro y el de Vivienda y Desarrollo Urbano de EEUU

REY F., *El devaluado derecho de propiedad privada,* en Persona y Derecho, Vol.55,2006,

RODRIGUEZ DE SANTIAGO J.M., *Responsabilidad del Estado por leyes inconstitucionales o contrarias al Derecho Europeo,*Almacén del Derecho, 17 de noviembre de 2015 file:///Users/fpmendez/Documents/Vivienda%20Responsabilidad%20del%20Estado%20por%20leyes%20inconstitucionales%20o%20contrarias%20al%20Derecho%20Europeo%20-%20Almacén%20de.webarchive

RODRIGUEZ SANTIAGO , J. M: "Artículo 33", en AA.VV., *Comentarios a la Constitución Española. xl Aniversario,* Fundación Wolters Kluwer Boletín Oficial del Estado-Tribunal Constitucional-Ministerio de Justicia, Madrid, 2018

RYDENFELL, S.,"The Rise, Fall and Revival of Swedish Rent Control", en BLOCK W. y OLSEN E. eds., *Rent Control: Myths and Realities,* Vancouver, The Fraser Institute, 1981

SCHILLER J. R., *The Subprime Solution,* Princeton University Press, 2008

SCHMITT C., *Teoría de la Constitución,* Ed.: Alianza, Madrid, 2001

SIMON MORENO H., "Comentarios al art.547-8 y al art.556-5", en NASARRE AZNAR S.(Dir.) *La propiedad compartida y la propiedad tempora*l, Ed.: Tirant lo Blanch, Valencia, 2017

SIMON MORENO H., *La ocupación de viviendas sin título habilitante y los derechos fundamentales y humanos en conflicto,* RCDI núm. 786

STÖCKER O. M. y STÜRNER R., *Security and Efficiency of Security Rights over Real Property in Europe,* Verland Deutscher Pfandbriefbanken, Berlin, 2008

TENZA LLORENTE M., *La tutela del deudor y del garante hipotecario en la contratación de préstamos inmobiliarios. El ámbito de aplicación de la Ley 5/2019, de 15 de marzo, reguladora de los contratos de crédito inmobiliario.* Ed.: Thomson Reuters Aranzadi, 2022.

The Economist, el 18 de noviembre de 2010, *Taking Von Misses to pieces, Why is the Austrian Explanation for the crisis so little discussed?*–Economist.com/blogs/buttonwood/

The Financial Crisis InquiryReport. Final Report of the National Comission on the Causes of the Financial and Economic Crisis in the United States, de enero de 2011

THOMSKE L. (2016): *Distributional Price Effects of Rent Controls in Berlin: When Expectation Meets Reality,* CAWM Discussion Paper, 89, Westfälische Wilhelms-Universität Münster

TORRAS COLL J.M., "La problemática de la okupación ilegal de inmuebles. Aspectos penales", en VÁZQUEZ ALBERT (Dir.), ARNÁIZ RAMOS R. y PONCE SOLÉ J, *La Ley por el derecho a la vivienda. Balance de un año de aplicación.* Ed. Tirant Lo Blanch, 2024, pág.139

TRAYTER JIMÉNEZ J.M., *Derecho Urbanístico de Cataluña,* Ed. Atelier, 2024

TRIBUNAL DE DEFENSA DE LA COMPETENCIA, *Remedios Políticos que pueden favorecer la libre competencia en los servicios y atajar el daño causado por los monopolios* (1993)

TRILLA C. *La política de vivienda en una en una perspectiva europea comparada,* Fundación La Caixa, Barcelona, 2001

UNITED NATIONS ECONOMIC COMISSION FOR EUROPE, *Geneva UN Charter on Sustainable Housing.* https://unece.org/housing/charter

VALERO FERNÁNDEZ-REYES A. *Comentario a la Sentencia del TJUE de 26 de marzo de 2019,* en https://regispro.es/angel-valero-comentario-a-la-sentencia-del-tjue-de-26-de-marzo-de-2019-asuntos-c-70-17-abanca-corporacion-bancaria-y-c-179-17-bankia-sa-sobre-clausulas-de-vencimiento-anticipado-en-caso-de-impa/#1a-el-rechazo-a-la-reduccion-conservadora-de-la-clausula-abusiva

VALERO FERNÁNDEZ-REYES A., *La Ley de los contratos de crédito inmobiliario: aspectos registrales y relacionados con la jurisprudencia del TJUE. Especial referencia a la Sentencia del TJUE de 26 de marzo de 2019 sobre cláusulas de vencimiento anticipado,* Boletín del CORPME, núm.: 62, 3ª época, 2019.

VALLEJO ROS C.,"La ocupación de vivienda. Aspectos civiles y procesales", en VÁZQUEZ ALBERT (Dir.), ARNÁIZ RAMOS R. y PONCE SOLÉ J, *La Ley por el derecho a la vivienda. Balance de un año de aplicación.* Ed. Tirant Lo Blanch, 2024

VAQUER CABALLERÍA M., "Retos y oportunidades para una política cabal de vivienda tras la crisis económica" en VAQUER CABALLERÍA M., PONCE SOLÉ J. y ARNAIZ RAMOS R., *Propuestas jurídicas para facilitar el acceso a la vivienda,* Fundación Coloquio Jurídico Europeo, 2016

VERDERA SERVER R., *Pro proprietate. Notas sobre la configuración constitucional de la propiedad privada* , ADC, tomo LXXVI, 2023, fasc. III (julio-septiembre)

VERHEYE B. y SAGAERT V., "Consumer Credits for Immovables in Berlium and France, " en ANDERSON M y ARROYO E., The impact of mortgage directive in Europe, Europa Law Publishing, 2018

VIEIGAS DE LIMA F.H., *Condominio em Edificaçoes,* Editora Saraiva, Sao Paulo, 2010.

WOLF M., *La gran crisis: cambios y consecuencias.* Ed.: Deusto, 2014

WOODS TH.E., *La Iglesia y la economía. Una defensa católica de la economía libre,*El Buey Mudo, Madrid, 2010

WYMAN M.O., *Study on de Financial Integration of the European Mortgage Market,* elaborado en 2003 para la European Mortgage Federation

XERRI K., "The impact of Directive 2014/17/EU in Malta", en ANDERSON M y ARROYO E., *The impact of mortgage directive in Europe,* en Europa Law Publishing, 2018

Páginas web

https://ine.es/dyngs/INEbase/es/operacion.htm?c=Estadistica_C&cid=1254736176953&menu=ultiDatos&idp=1254735572981

https://www.gobiernolocal.org/acento-local/un-nuevo-hallazgo-juridico-el-art-47-de-la-constitucion-contiene-un-autentico-derecho-subjetivo-a-proposito-de-la-sentencia-del-tribunal-constitucional-n-o-79-2024-de-21-de-mayo-el-derecho-a-la-v/.

https://armanext.com/4-analisis-evolucion-socimi-2022, consultado el 11 de marzo de 2024

https://ceo.blog.gencat.cat/tag/enquestes/, consultado el dia 25 de marzo de 2024.

https://www.epdata.es/datos/principales-problemas-espanoles-cis/45. consultado el dia 25 de marzo de 2024.

htttps//ec.europa.eu/eurostat/statiscsexplained/inex.php/?titlr=File:Distribution of population by tenure status.2016 /%25 of population)YB18.png. Consultado, 14 de marzo de 2024.

http://www.ine.es/dyngs/INEbase/es/operacion.htm?c=Estadistica_C&cid 1254736176807&menu=ultiDatos&idp=1254735976608

https://admin.cercledeconomia.com/content/uploads/2024/06/nota-de-opinion-cde_vivienda_junio24.pdf

http://www.ine.es/dyngs/INEbase/es/operacion.htm?c=Estadistica_C&cid=1254736176807&menu=ultiDatos&idp=1254735976608

https://www.habitatge.barcelona/sites/default/files/documents/pdhb_volum_ii_pla_pel_dret_a_lhabitatge_2016-2025.pdf,

file:///Users/fpmendez/Documents/Vivienda%20Servicios%20de%20interés%20general%20-%20Comisión%20Europea.webarchive.

https://ec.europa.eu/eurostat/statistics-explained/index.php?oldid=498645#Asequibilidad_de_la_vivienda, consultado el 1 de abril de 2024

https://www.statista.com/chart/16764/mortgage-markets-in-europe/

file:///Users/fpmendez/Documents/Vivienda%20El%20stock%20de%20alquileres%20permanentes%20en%20Cataluña%20cae%20un%2013%25%20tras%20la%20entrada%20en%20vigor%20del%20control%20de%20pr.webarchive. Consultado el 18 de abril de 2024

file:///Users/fpmendez/Documents/Vivienda%20La%20colaboración%20público-privada%20y%20el%20reto%20de%20la%20vivienda.%20Índice%20Internacional%20de%20Derechos%20de%20Propie.webarchive.

https://unccc.org/housing/charter

Andalucia https://www.juntadeandalucia.es/servicios/sede/tramites/procedimientos/detalle/16413.html

Aragón https://www.aragon.es/-/ayudas-alquiler-vivienda

Asturias https://sede.asturias.es/-/dboid-6269000045385884007573

Baleares https://www.caib.es/webgoib/lloguer1

Canarias https://www.gobiernodecanarias.org/vivienda/

Castilla y Leon https://vivienda.jcyl.es/web/es/vivienda-urbanismo.html

Castilla-La Mancha https://vivienda.castillalamancha.es/ayudas-y-subvenciones/ayudas-al-alquiler

Cataluña https://web.gencat.cat/es/tramits/tramits-temes/20246_Subvencions-per-al-pagament-del-lloguer

Comunidad de Madrid https://www.comunidad.madrid/servicios/vivienda/ayudas-alquiler-vivienda-2023

Comunidad Valencisana https://ultimasayudas.com/ayudas-alquiler-en-comunidad-valenciana/

Extremadura https://www.juntaex.es/w/0623322

Galicia https://igvs.xunta.gal/areas/vivenda/aluguer/alugamento-2023?langId=es_ES

Rioja https://web.larioja.org/oficina-electronica/tramite?n=22627

Murcia https://sede.carm.es/web/pagina?IDCONTENIDO=3934&IDTIPO=240&RASTRO=c$m40288

Navarra http://www.navarra.es/home_es/Temas/Vivienda/Ciudadanos/Ayudas+y+subvenciones/

Pais Vasco https://www.euskadi.eus/gaztelagun_es/web01-tramite/es/